최성애·조벽 교수의
청소년 감정코칭

최성애·조벽 교수의

청소년 감정코칭

교사와 부모들을 위한 사랑의 기술

최성애·조벽 지음

해냄

프롤로그

화목한 가정, 활기찬 학교, 건강한 사회를 꿈꾸며

이 책은 부모와 교사를 위해 집필했습니다.
또한 예비부모와 예비교사를 위해 썼습니다.
그렇습니다. 이 책은 여러분 모두를 위해 쓴 책입니다.
그래야 할 절박한 이유가 있습니다.

　　가출 아동 10만 명
　　학업중단 청소년 20만 명
　　학교부적응 문제아 178만 명

참으로 많은 수입니다. 그러나 이마저 보수적 수치라고 합니다.
이 많은 아이들이 폭력과 각종 문제행동을 저지르고 있습니다.
무엇이 문제일까요?
어떻게 해야 이 심각한 사회 위기를 극복할 수 있을까요?

먼저 이 아이들을 다른 이름으로 불러야 한다고 생각합니다.

'탈가정 난민' 10만 명
'탈학교 난민' 20만 명
'사회부적응 예비사회인' 178만 명

달리 불러야 하는 이유가 있습니다.
가출 아동, 학업중단 청소년이라고 부를 때는
그 책임을 아이에게 돌리는 것이고,
탈가정 난민, 탈학교 난민이라 하면 어른이 책임지겠다는 것이죠.

학교부적응 문제아라 하면 개인 차원의 문제로 인식하는 것이지만
사회부적응 예비사회인이라 하면 우리 모두의 문제가 됩니다.
시각을 바꿔야 문제 해결의 실마리를 찾을 수 있습니다.

위기 청소년들은 태어났을 때부터
욕설을 퍼붓고 폭력을 휘두르거나 우울하고 불안했을까요?
아닙니다. 처음에는 모두 선하고, 예쁘고, 희망적이었을 것입니다.
그럼 어쩌다가 이토록 밉고 흉하고 절망적으로 변했을까요?
어른의 손에서 크면서 원래 모습을 잃어버린 것입니다.

그렇습니다.
아이는 어른이 하기 나름이고
아이 곁에는 어른이 있어야 합니다.

단지 나이 먹은 사람이 아니라 성숙한 어른이 있어주어야 합니다.

그러나 아이 곁에서는 점차 어른들이 사라지고 있습니다.
할머니, 할아버지가 아이 곁에서 사라진 지는 오래되었습니다.
이모, 삼촌, 고모는 물론, 큰형, 큰언니, 큰오빠도 사라졌습니다.
심지어 엄마와 아빠마저 사라지고 있습니다.
아이는 학교, 학원, 가상공간, 온라인세상을 옮겨 다니며
그들 또래의 세상에 흠뻑 빠져 있습니다.
미성숙한 세계에 고립되어 있습니다.

그나마 아이들 곁에 남아 있는 어른은 억압적인 경우가 흔합니다.
지금 아이들은 존중받고 보호받고 사랑받는 존재가 아닙니다.
부모가 하라는 대로, 선생님이 시키는 대로 해야 하고
노예같이 자신의 감정을 억눌러야 하며
기계같이 자신의 감정이 철저히 무시당한 채 살아야 합니다.
인성이 망가지는 것입니다.

아이에게는 부정적 감정의 찌꺼기가 쌓이고 또 쌓여서
어른과 아이 사이의 감정의 골만 깊어졌습니다.
결국 부자지간과 사제지간의 관계가 망가지고 있습니다.
인간이 망가지는 것입니다.

하수도가 막히면 썩은 냄새가 진동하듯이
잇몸에 찌꺼기가 쌓이면 악취가 풍기듯이

제대로 처리되지 못하고 쌓인 감정의 찌꺼기가
한꺼번에 터지고 무너지는 게 폭력이고 자살입니다.
인생이 망가지는 것입니다.

폭력 피해자가 훗날 폭력 가해자가 될 확률이 높듯이
가정붕괴가 학교붕괴로 이어지고 불행이 대물림되면서
결국 사회붕괴로 이어질 수 있습니다.
그래서 위기학생 문제는 더 이상 남의 문제인 양
못 본 척하거나 방치할 수 없습니다.
우리 아이의 문제이고, 내 문제이며, 우리 모두의 문제입니다.

어떻게 해야 할까요? 무엇을 해야 할까요?
어른이 만든 문제라면 어른이 해결할 수 있습니다.
이런 문제가 덜했던 적이 있었으니 분명 할 수 있는 일이 있습니다.
가정과 학교는 다시 정상화될 수 있습니다.

무엇보다도 인성도 실력임을 알아야 합니다.
'국영수사과'만이 능사가 아니라 인성도 교육의 핵심이란 것을요.
인성은 창의력의 핵심 요소요, 장기적 성공의 유일한 지표입니다.
그래서 학교는 홈페이지에 교육목표를 '인성교육'이라고 내세우고
온 국민에게 인성교육을 잘하겠다고 약속하지 않았던가요.
이제 그 약속을 지켜야 합니다.
가정에서는 교육을 전부 학교와 학원에 '아웃소싱'하는 대신
가정교육과 밥상머리교육에 충실해야 합니다.

대학은 학생의 인성을 입학기준에 포함시키고
기업체는 직원채용기준에 인성요인을 강화하고
정부는 교육의 방향을 틀어서
인성교육에 대한 국가적 가치관을 확립해야 합니다.
인성회복과 가정회복을 최우선 국정과제로 여겨야 합니다.
밥상머리교육이 그림의 떡이 되지 않도록
국민의 생태계를 돌봐야 합니다.

하지만 이런 거시적인 변화가 이루어질 날까지
마냥 기다릴 수는 없습니다.
그 사이 우리 모두 해야 하고 할 수 있는 일이 있습니다.
아이의 감정을 포착하고 존중하고 배려해 주고
아이와 다가가는 대화를 통해 한편이 되어주고
아이가 혼자서 대처하기 어려운 상황을 만날 때
믿고 의지할 수 있는 어른이 되어주는 것입니다.
그것이 바로 감정코칭입니다.

그런 어른이 곁에 있는 아이는
자연스럽게 어른스러움을 보고 따라하게 됩니다.
아이 스스로 문제를 해결할 수 있는 능력을 갖추게 됩니다.
그래서 인성은 가르치는 게 아니라 보여주는 것입니다.
아이에게 어른이 모델이요 멘토가 되는 것입니다.
그것이 감정코칭입니다.

감정코칭이 만병통치약은 아닙니다.
그러나 50년간 과학적 실험과 임상실험을 거쳐 검증되고 입증된
가장 효과적인 인성회복과 인간관계회복 방법입니다.
60년대에 이스라엘의 교사 하임 기너트의 철학으로 제시되었고
90년대에 미국의 심리학자 존 가트맨의 연구로 체계화되었으며
2000년대에 저희 부부가 교육학, 인간발달학, 뇌과학 등
학문적 바탕을 구축하여
한국을 비롯하여 중미, 남미, 중국, 동남아에 소개하면서
효력과 위력을 입증한 방법입니다.

세계 많은 나라를 방문해 보고 살아본 저희 부부는 압니다.
외국(특히 우리가 선망하는 선진국)의 경우 가정이 붕괴된 지
한두 세대가 지났기 때문에 회복이 매우 어렵다는 것을요.
미국의 경우, 아동 네 명 중 세 명이
친부모와 함께 살고 있지 못할 정도로 가정이 붕괴되었고
학교 역시 교정에서 총소리가 날 정도로 붕괴되었습니다.
국민 대다수가 '관계 상실의 늪과 혼란'에 빠져 있습니다.
그들은 단기간에 회복하기 어려울지 모릅니다.

그러나 한국은 가정붕괴와 학교붕괴가 막 시작되었습니다.
아직 우리에겐 화목한 가족과 평온한 교실의 기억이 뚜렷합니다.
더구나 우리는 인성을 중요시하는 전통을 물려받았습니다.
우리는 고대로부터 노래와 춤 등 감성이 풍요로웠고
남들은 우리를 동방예의지국이라 했습니다.

우리는 다시 인성강국이 될 수 있습니다.

이제 시간 싸움입니다.
기억을 더 이상 상실하기 전에 이 문제를 해결해야 합니다.
십 년만 더 지나면 외국처럼 회복불가상태에 빠질 수 있습니다.
그때 가서 후회한들 소용없고 그때 가서 열심히 한들 해결하기 어려울 것입니다.

부족한 시간을 효율적으로 쓰려면 기술이 필요합니다.
한국의 전통 가치관과 문화에
첨단과학과 연구에 기반을 둔 기술을 가미하면
우리 사회를 위협하는 문제를 충분히 해결해 나갈 수 있습니다.
저희가 도입하고자 하는 기술이 감정코칭입니다.

그래서 저희는 이 책을 학부모들과 교사들을 위해 썼습니다.
그리고 예비부모들과 예비교사들을 위해 썼습니다.
부모자식간과 사제지간을 염두에 두고 쓰긴 했지만
핵심내용은 부부, 학우, 동료 간에도 적용됩니다.
감정코칭은 모든 인간관계에 유효하기 때문입니다.
그래서 감히 여러분 모두를 위해 썼다고 말씀드리는 것입니다.

* * *

이 책은 총 7부, 30장으로 구성되어 있습니다.

1부에서는 감정코칭을 전반적으로 소개합니다.
감정코칭의 학문적 배경은 무엇이며 어떻게 진화하고
발전해 왔는지를 설명합니다.
또한 최근에 대두되고 있는 정서지능과의 연계성에 대해서도 설명합니다.

2부에서는 감정코칭을 받는 대상인 청소년에 대한 이해도를 높이기 위해
뇌과학과 심장과학의 연구를 바탕으로 청소년들의 특성과
그들이 스트레스에 취약한 이유를 설명합니다.

3부에서는 감정코칭을 하는 양육자의 습관과 행위를 깨달을 수 있도록
양육자 유형과 양육자 유형이 청소년에게 미치는 영향을 소개합니다.
초감정이라는 위력적인 신개념을
당위적 삶과 감정적 기억이라는 연구 결과를 통해 소개하고
자신을 알아가는 방법과 자신의 감정과 스트레스를 다스리는
구체적인 방법을 소개합니다.

4부에서 감정코칭의 다섯 단계가 구체적인 사례를 통해 소개됩니다.
각 단계를 적용하는 방법을 구체적인 사례로 설명합니다.

5부에서는 감정코칭을 효과적으로 하기 위한 팁을 제시합니다.
감정코칭을 하지 말아야 할 때를 비롯하여
아이의 기질, 발달단계, 가정환경, 애착형성상태에 따라
부모와 교사가 알면 도움이 되는 내용을 소개합니다.

6부에서는 심각한 상황에 따른 감정코칭법으로
외상후스트레스증후군(PTSD)을 지닌 아이
주의력결핍 과잉행동장애(ADHD)를 지닌 아이
학교폭력과 집단따돌림에 노출된 아이
학습이 부진한 아이를 감정코칭하는 방법을 제시합니다.

7부에서는 감정코칭을 통해 가정과 교실에서 긍정적인 문화를 만드는 구체적인 방법들을 소개합니다.

실로 방대한 내용을 다루고 있습니다만
4부만 잘 읽어도 감정코칭은 할 수 있을 것입니다.
1부~3부는 일종의 전제과정이라 할 수 있고
5부~7부는 고급과정으로
심각한 상황이나 위험군 청소년을 대하더라도
감정코칭을 효과적으로 잘하기 위해 필요한 내용입니다.
필요할 때 쉽게 참고할 수 있도록 주제별로 다루었습니다.

책에 거명되는 이름은 전부 가명임을 밝힙니다.
책은 공저이지만 '저'라는 표현을 사용했습니다.
'저'는 어떤 때는 최성애이고, 어떤 때는 조벽이며, 흔히 저희 둘을 가리킵니다.
부부일심동체이니 큰 무리는 없을 거라 생각합니다.

* * *

저희 부부는 꿈을 꿉니다.
가출 아동이 없는 가정
학교부적응 문제아가 없는 학교
학업중단 청소년이 없는 사회
화목한 가정, 활기찬 학교, 건강한 사회
편안한 학부모, 희망찬 학생
행복한 오늘.

저희 부부는 이런 꿈과 희망을 모두와 함께 나누고자
이 책을 집필했습니다.
여러분 모두에게 도움이 되기를 진심으로 바랍니다.

2012년 7월
최성애, 조벽

차례

프롤로그 화목한 가정, 활기찬 학교, 건강한 사회를 꿈꾸며 4

1부 아이에게 주는 최고의 선물 '감정코칭'
1장 감정은 받아주되 행동은 제한하라 18
2장 아이의 마음을 여는 신뢰의 기술 28
3장 21세기 생존력, 정서지능을 높이는 감정코칭 40

2부 교사와 부모들이 모르는 청소년 뇌의 비밀
4장 사춘기는 감정 기복이 심한 게 정상이다 54
5장 대한민국 청소년은 스트레스 덩어리 72
6장 아이와 감정 수위를 맞추어라 80

3부 아이의 마음을 보기 전에 나의 마음부터 살펴라
7장 나는 어떤 유형의 교사·부모인가? 88
8장 아이의 행동은 나를 비추는 거울이다 100
9장 아이를 대할 때 내 감정의 뿌리를 보라 110
10장 나의 상처를 대물림하지 마라 120
11장 '해야 한다'에서 '하고 싶다'로 132
12장 어떤 상황에서도 자신의 감정을 다스려야 한다 144

4부 아이와의 행복한 소통법, 감정코칭 5단계
13장 감정코칭 1단계 : 감정을 포착한다 154
14장 감정코칭 2단계 : 강한 감정을 표현할수록 좋은 기회다 164
15장 감정코칭 3단계 : 감정을 들어주고 공감한다 174

16장 감정코칭 4단계 : 감정에 이름을 붙인다 188
17장 감정코칭 5단계 : 바람직한 행동으로 이끈다 200
18장 역할극을 통해 배우는 감정코칭 212

5부 효과적인 감정코칭을 위해 꼭 알아야 할 것들

19장 감정코칭을 하지 말아야 할 때도 있다 226
20장 아이의 기질을 파악하라 236
21장 아이의 발달단계를 따라가라 248
22장 아이의 가정환경을 보라 260
23장 아이의 애착형성상태를 확인하라 274
24장 애착손상을 회복시켜 주는 놀이 288

6부 위기의 아이들, 어떻게 감정코칭할까

25장 외상후스트레스증후군을 지닌 아이들 298
26장 주의력결핍 과잉행동장애를 지닌 아이들 316
27장 학교폭력과 집단따돌림에 노출된 아이들 332
28장 학습이 부진한 아이들 350

7부 우리 청소년들의 내일에 희망을 심기 위하여

29장 모든 아이들에게는 심리적 면역성이 있다 364
30장 교실과 가정에서 아이와 함께하는 놀이 378

에필로그 누구나 감정코칭형 사람이 될 수 있다 392
감사의 글 395

감정코칭은 아이들이 마음의 문을 열게 해주고, 선생님이나 부모님과 신뢰감, 친밀감, 유대감을 쌓게 해줍니다. 쉽게 말해 아이와 어른이 적이 아닌 한편이 되도록 해줍니다. 감정코칭은 일방적으로 어른의 말을 따르게 하는 것이 아니라 아이 스스로 문제 상황을 좀더 넓게 보고 더 바람직하게 대처할 수 있도록 이끌어줍니다. 특히 감정적 상황에서 자신과 타인의 감정을 잘 이해할 수 있게 해주고, 이후 비슷한 상황이 벌어졌을 때 적절하고 현명하게 대처할 수 있는 능력을 키워줍니다.

1부

아이에게 주는 최고의 선물 '감정코칭'

1장

감정은 받아주되 행동은 제한하라

아이에게 마음으로 다가가는 감정코칭

　중학교에 근무 중인 백성희 선생님은 아침에 일어나기가 힘들었습니다. 심장이 두근거리고 머리가 아픈 것이 여간 기분 나쁘지 않았습니다. 올해 2학년 담임을 맡고부터 부쩍 교직생활이 힘에 부칩니다. 교실에 들어가는 것이 두렵고, 아이들과 실랑이를 벌일 생각만 해도 진저리가 쳐졌습니다.

　특히 속을 썩이는 아이 중 하나가 영석이입니다. 영석이는 학업 성적도 좋지 않고, 얼마 전에는 같은 반 창민이와 교복이 찢어지도록 싸웠습니다. 왜 싸웠는지 물어도 영석이는 말 한마디 하지 않았습니다.

　"너, 선생님이 묻는데 왜 대답이 없어? 왜 말을 안 해?"

　"내 말이 안 들리니? 선생님 말이 말 같지 않아?"

　"너 혼 좀 나야 정신 차릴 거야? 내가 정말 화를 내야 말할 거야? 좋게 말할 때 들어, 응?"

　이 정도로 화를 내며 야단치면 대개는 기어들어가는 소리로라도 잘못했다고 하는데, 영석이는 꿈쩍도 하지 않았습니다.

　결국 선생님은 영석이에게 학교 상담실에서 상담을 받도록 했습니다. 상담실에서는 과학 담당 유민정 선생님이 아이들을 상담하고 있었습니다. 상담을 받기 시작하고 한 달이 지나면서 영석이는 표정이 조금 밝아지는 듯했습니다. 여전히 말은 없었고 아이들과도 잘 어울리지 못했지만, 수업시간에 엎드려 자는 일은 상당히 줄었습니다. 놀라운 사실은 영석이가 유민정 선생님과는 대화를 잘 나눈다는 소식이었습니다.

　백성희 선생님은 유민정 선생님의 상담 능력과 비결이 궁금했습니다. 경력도 평범하고 특별한 이력도 없어 보이는 유민정 선생님에게 어떤 비결이 있는지 묻자, 유민정 선생님은 담담하게 대답했습니다.

"저는 상담법을 배운 적이 없어요. 그냥 아이들이 오면 이야기를 들어줘요. 편하게 해주니까 아이들이 부담 없이 말을 하는 게 아닐까 해요. 억지로 말을 하게 하지 않고 같이 보드게임 같은 것을 해요."

유민정 선생님의 말을 들으면서 백성희 선생님은 생각했습니다. '지금까지 나는 아이들의 귀를 열고, 입을 열려고 했어. 내 말을 듣게 하기 위해 온갖 회유와 협박을 하고 논리와 이론을 내세웠어. 그러니 아이들의 마음은 더 굳게 닫힌 거야. 맞아. 입이 아니라 마음을 열어야 하는 거야……'

유민정 선생님은 또 말했습니다. "혹시 '감정코칭'이라는 것 아세요? 저는 상담법은 잘 모르지만 감정코칭이 도움이 많이 되었어요. 제 조카가 유치원을 다니면서 하도 문제를 일으켜서 언니가 힘들어했는데, 이웃의 권유로 감정코칭을 배우고 도움이 많이 되었대요. 저도 배웠는데, 문제 학생들한테도 적용할 수 있어요."

백성희 선생님은 이날부터 감정코칭을 공부하기 시작했습니다. 그리고 공부하면서 세 번 놀랐습니다. 우선 이론이 너무 간단해서 놀랐고, 둘째로 이해는 쉽지만 실천하기는 어려워서 놀랐으며, 셋째로 일단 감정코칭을 시작하자 놀라운 효과를 발휘해서 놀랐습니다. '세상에, 이런 걸 진작 알았더라면……' 백성희 선생님은 체증이 한꺼번에 내려가는 기분이 들었습니다.

학교 선생님들이라면 백성희 선생님이 느꼈던 고민에 공감하는 분들이 많을 겁니다. 선생님이라면 학생들이 노고와 가치를 알아주고 선생님을 믿고 따를 때 보람을 느낄 겁니다. 그런데 현실은 그렇지 못한 경우가 많습니다. 선생님이 학생을 야단치면서 말이 조금 거칠었다고 해서 학생이 선생님을 신고하겠다고 하는 일도 빈번히 발생합니다. 학교에서 문제가 일어나면 언론에서는 교사들의 탓인 양 비난하기도 합니다.

그렇게 어려움을 겪고 있는 선생님들을 만나서 교육을 했는데, 교육 내용 중 하나가 감정코칭이었습니다.

감정코칭이란 무엇인가

감정코칭은 감정을 있는 그대로 자연스럽게 이해하고 받아들이되, 감정을 표현하는 방식인 행동에는 명확한 한계를 두고, 그 안에서 좀더 바람직한 방향으로 이끌어주는 것입니다. 이것이 감정코칭의 핵심입니다.

감정은 자연스러운 삶의 일부입니다. 추운 날도 있고, 더운 날도 있고, 비 오는 날도 있고, 해가 쨍쨍 나는 날도 있듯이, 여러 가지 감정도 자연스러운 삶의 일부입니다. 다양한 감정들이 있고, 어느 감정이 좋고 나쁜 게 아닙니다.

교사나 부모가 아이들의 감정을 꾸짖거나 부정하는 경우가 있습니다. "너 왜 화를 내?" "넌 지금 슬픈 게 아냐." 그러면 아이는 자신이 나쁜 사람이라고 생각하거나, 거부당하고 미움을 받는다고 믿어 자존감이 낮아집니다.

감정은 자연스러운 현상으로 있는 그대로 받아들여야 하지만, 감정과 행동은 다릅니다. 화가 난다고 해서 누구를 때리거나 물건을 던지거나 욕을 하는 건 행동입니다. 감정 자체는 날씨처럼, 색깔처럼 자연스러운 현상이지만, 그런 기분을 느낀다고 해서 아무렇게나 행동해도 되는 건 아닙니다. 감정코칭에서는 욕을 하거나 대들거나 폭력을 쓰거나 하는 행동에 대해서는 한계를 지어주고, 그 한계 안에서 좀더 바람직한 행동으로 선도해줍니다.

감정코칭을 할 때는 아이들의 감정을 아는 것이 중요한 만큼 교사나 부모가 자신의 감정을 아는 것이 매우 중요합니다. 자신의 감정을 알지 못하면 자녀나 학생의 감정도 제대로 이해할 수 없고, 어떤 행동을 하고 나서 후회하는 경우도 많기 때문입니다. 그래서 먼저 어른이 자신의 감정을 잘 알고 이해하는 것이 중요합니다.

감정코칭은 아이들이 마음의 문을 열게 해주고, 선생님이나 부모님과 신뢰감, 친밀감, 유대감을 쌓게 해줍니다. 쉽게 말해 아이와 어른이 적이 아닌 한편이 되도록 해줍니다.

감정코칭은 일방적으로 어른의 말을 따르게 하는 것이 아니라 아이 스스로 문제 상황을 좀더 넓게 보고 더 바람직하게 대처할 수 있도록 이끌어줍니다. 특히 감정적 상황에서 자신과 타인의 감정을 잘 이해할 수 있게 해주고, 이후 비슷한 상황이 벌어졌을 때 적절하고 현명하게 대처할 수 있는 능력을 키워줍니다.

감정코칭은 효과가 과학적으로 검증된 방법으로, 학생들과 자녀들을 기르고 교육하면서 답답하고, 화도 나고, 절망감을 느꼈던 선생님들과 부모님들께 희망을 드릴 수 있을 것입니다.

감정코칭은 다섯 단계로 나눌 수 있습니다. 1단계는 '감정 포착하기'로, 화를 낸다든지, 억울하다든지, 슬프다든지, 놀랐다든지, 무섭다든지, 그런 아이들의 감정을 알아차리는 것입니다. 2단계는 '좋은 기회로 여기기'로, 아이가 강한 감정을 보일 때 아이의 감정을 모른 척하거나 야단치지 않고 아이와 유대감을 쌓고 신뢰감을 형성할 수 있는 기회로 여기는 것입니다.

아이들이 화를 내거나 슬퍼할 때 모른 체하고 싶을 수 있습니다. 하지만 감정코칭을 하려면 아이들의 감정적 상황을 좋은 기회로 여겨야 합니다. 감정코칭의 1단계와 2단계는 마음속에서 벌어지는 일이고, 아직 어떤 행동을 하는 건 아닙니다.

3단계는 '감정을 경청하고 수용하기'입니다. 아이의 감정을 잘 들어주고, 수용하고, 공감도 하면서 아이와 심리적으로 연결을 하는 것이지요. 그렇게 아이의 감정을 듣고 공감하다가 여러 가지 감정을 좀더 명료하게 인식할 수 있도록 '감정에 이름 붙이기'가 4단계입니다. 여기까지 하고 나면 대개의 경우 아이 스스로 좀더 바람직한 행동이나 문제의 해결책을 생각할 수 있게 됩니다.

사실 감정코칭에서는 어른들이 문제를 해결해 주는 게 아닙니다. 아이 스스로 좀더 바람직한 행동을 생각할 수 있도록 코치해 주는 '바람직한 행동으로 이끌어주기'가 감정코칭의 마지막 5단계입니다.

감정코칭은 어떤 변화를 가져올까

감정코칭을 하면 우선 교사나 부모와 학생 및 자녀의 관계가 좋아집니다. 관계가 제대로 형성되지 않으면 교사가 지식을 전달하려 해도 학생이 받아들이지 않을 수 있고, 선의로 훈육을 하려 해도 거부하거나 왜곡할 수 있습니다. 따라서 서로에게 믿음을 갖는 유대관계를 형성하는 것이 중요한데, 감정코칭을 통해 이러한 관계의 기술을 배울 수 있습니다. 그로써 유대감을 형성할 수 있고 신뢰를 회복할 수 있습니다.

감정코칭은 감정을 조절하는 데도 도움을 줍니다. 흥분하거나 화가 나는 등 감정적인 상황에서도 진정하고 감정을 조절할 수 있습니다.

감정코칭을 받은 아이들은 공부도 잘합니다. 전두엽이 아직 미성숙한 아동기와 전두엽이 리모델링을 하는 청소년기에는 집중력이 떨어지고 산만하며 충동적입니다. 이런 시기에 감정코칭을 통해 감정적 안정감을 얻으면 스트레스가 낮아지면서 전두엽에 혈류를 공급해 주어 학습에 집중할 수 있게 됩니다. 아울러 학습에 대한 욕구와 성취동기가 생기고, 자연히 학습성과가 올라갑니다.

아이들의 또래관계도 좋아집니다. 요즘 스스로 목숨을 끊는 학생들이 점점 늘어갑니다. 학업에 대한 비관이 원인인 경우도 있지만, 집단따돌림이나 폭력을 당하는 등 또래관계에서 심각한 어려움을 느껴서 그것이 우울증, 나아가 자살로 이어지는 경우가 많습니다. 감정코칭을 하면 또래관계가 좋아져서 비극적인 일들을 막을 수 있습니다.

감정코칭을 해주면 아이들이 스스로 문제를 좀더 크고 편하게 바라보고 자기 문제를 스스로 해결할 수 있습니다. 선생님들이나 부모님들이 아이들의 문제를 일일이 해결해 줄 수 있는 것도 아니고, 해결해 줄 필요도 없습니다. 따라서 부모님과 선생님들의 부담감이나 스트레스가 줄어듭니다.

결국 부모님과 선생님, 자녀와 학생 모두가 자신의 감정을 조절할 수 있게 되고, 스트레스도 낮아지며, 문제해결능력을 갖게 되고, 서로 간의 신뢰감과 유대감이 높아지는 것이 감정코칭의 목적이자 효과입니다.

감정코칭을 배운 부모님들과 선생님들은 이제 아이들이 두렵거나 밉지 않고, 아이를 이해할 수 있고, 아이가 사랑스럽고 믿음직스럽다고 말합니다. 또한 교사나 부모로서 스스로 성장했다는 마음이 들며 자긍심과 보람을 느끼게 되었다고 합니다.

중학교 1학년 학생들에게 수학을 가르치는 박희경 선생님은 육아 휴직 후 3년 만에 복귀했습니다. 그 사이에 학생들이 너무나 달라져서 당황했고, 교직을 그만두어야 하나 고민도 했습니다. 교실에서 막말하는 학생들이 대다수이고, 수업 중에 껌을 씹거나 과자를 먹어서 지적하면 비웃듯이 크게 웃거나 개의치 않는다는 태도를 보이는 학생들도 부쩍 늘었습니다.

처음에는 박 선생님이 그간 학생들과 멀어져서, 가르치는 실력이 예전보다 못해서 그렇다고 자책을 했습니다. 하지만 휴직 없이 근무해 오던 동료 교사들조차도 학생들을 다루기가 점점 힘들다며 불평과 고민을 토로했습니다.

그러던 중 비슷한 고민을 가진 교사들이 감정코칭을 배우고 행하면서 학생들과의 관계가 좋아지는 TV 프로그램을 본 후 감정코칭 교육을 받게 되었습니다. 감정코칭을 배운 후 박 선생님은 서투르나마 학생들의 감정을 읽어주려고 했고, 그러자 학생들의 반응이 우호적으로 변하는 걸 느꼈습니다. 다음은 그 사례입니다.

감정코칭을 배우기 전

선생님이 교실에 들어가도 학생들은 계속해서 소란을 피웁니다. 그 모습이 거슬리지만, 모른 체하고 수업을 시작합니다.

> 교사 : 자, 모두 조용히 하고 책 펴. 수업 시작됐잖아. (탁자를 치며) 조용!
> 학생들 : (전혀 개의치 않고 여전히 떠들면서 웃고 논다.)
> 교사 : (점점 부아가 나지만 화를 참는다. 아까보다 언성을 높여) 수학 책 꺼내고 조용! 오늘은 집합에 대해 공부한다.

학생들 : (아랑곳하지 않고 계속 떠든다. 과자를 꺼내 먹는 아이들도 있다.)

교사 : 야! 지금이 간식 시간이야? 너 과자 이리 내! 아님 나가!

과자 먹던 학생 : (과자 봉지를 들고 친구들과 웃음을 주고받으며 교실 뒷문으로 나가려 한다.)

교사 : (얼굴이 빨개지며) 야! 어딜 나가? 들어와! 너 수업 끝나고 상담실로 가!

학생들 : 우-우~ (야유하며 더 떠들고 웃는다.)

교사 : (수치심, 분노, 절망감, 무기력감 등을 느낀다.)

감정코칭을 배운 이후

교실에 들어가자 학생들의 소란하고 무질서한 모습이 눈에 들어옵니다. 순간적으로 화가 치밀었지만, 감정코칭에서 배운 대로 천천히 숨을 세 번 쉬고 편안하게 말을 시작합니다.

교사 : 시작종이 쳤는데도 여전히 하고 싶은 말들이 많은 것 같네. 무슨 일인지 선생님한테도 말해 줄 수 있겠니? (상황에 대해 이야기한다.)

학생1 : 수학 재미없어요! (학생들이 웃는다.)

교사 : 아, 수학이 재미없어서 수업이 시작되었는데도 공부하고 싶지 않은가 보구나. (학생들의 기분을 수용한다.)

학생들 : (갑자기 조용해진다.)

교사 : 그래, 나도 중1 때 수학이 참 재미없었어. (공감해 준다.)

학생2 : 그런데 어떻게 수학 선생님이 되셨어요? (아이들이 웃는다.)

교사 : 중1 때는 수학 선생님이 재미없고 무서워서 수학을 싫어했는데, 중2 때 좋은 수학 선생님을 만난 덕분에 수학에 재미를 붙이게 되

었어. 내가 가르치는 방법이 재미없고 지루했던 모양인데, 혹시 나한테 바라는 점이 있으면 말해 주면 좋겠다.

학생3 : 선생님은 말씀을 너무 빨리 하셔서 잘 못 알아듣겠어요.

학생4 : 지난 시간에 배운 걸 복습하고 나서 새로운 걸 배우면 좋겠어요.

교사 : 다 좋은 제안들이네. 얘기해 줘서 고맙다. 우선 말부터 좀 천천히 해볼게. 새로운 걸 배우기 전에 잠깐 복습하는 것도 아주 좋은 생각이구나. (학생들의 이야기를 경청하고 수용한다.)

학생들 : 우리 수학 선생님 짱이에요! 감사합니다!

교사 : (흐뭇함, 안도감, 고마움이 느껴진다. 학생들에게 더 잘해주고 싶고, 더 잘 가르칠 수 있을 것 같고, 다음 수업이 기다려진다.)

2장

아이의 마음을 여는 신뢰의 기술

감정코칭의 역사

감정코칭은 이스라엘 출신의 교사이자 아동심리학자, 심리치료사였던 하임 기너트(Haim G. Ginott, 1922~1973) 박사로부터 시작됐습니다. 하임 기너트 박사는 오랫동안 원하던 교사가 된 후 이상과 달랐던 현실에 좌절했습니다. 그리고 부족한 부분을 더 공부하기로 마음먹고 미국 컬럼비아 대학교 사범대학에서 아동심리학을 공부했습니다. 그후 뉴욕에서 아동심리학자, 상담사, 심리치료사로 일했습니다.

그때 뉴욕의 '문제 청소년들'을 상담하다가 기너트 박사는 놀라운 사실을 발견했습니다. 청소년들이 담배를 피우거나 가출을 하는 등 문제행동을 보일 때, 그 행동을 교정하려고 하기보다 아이의 감정을 이해해 주자 아이들이 굉장히 호의적으로 변했습니다. 상담사에게 유대감과 신뢰를 느끼면서 행동이 교정됐던 것이지요.

그런 임상경험을 통해 하임 기너트 박사는 "아이의 기분이나 감정을 무시하지 마라"는 말을 남겼습니다. 그리고 많은 임상사례를 바탕으로 알게 된 사실을 『부모와 아이 사이(*Between Parent and Child*)』, 『부모와 십대 사이(*Between Parent and Teenager*)』, 『교사와 학생 사이(*Teacher and Child*)』라는 3부작의 책으로 펴냈습니다.

그로부터 20년쯤 후에 존 가트맨(John Gottman, 1942~) 박사가 하임 기너트 박사의 책들을 읽고 그 가치를 새롭게 발견합니다. 원래 MIT에서 수학과 물리학을 전공했던 가트맨 박사는 박사과정에서 인간발달학과 아동심리학을 공부하고 부부 관계와 부모-자녀 관계를 연구했습니다. 그리고 하임 기너트 박사의 교육철학을 임상적으로 연구했습니다.

그 연구 결과를 토대로, 누구라도 활용할 수 있는 감정코칭을 체계화하여 1998년에 『내 아이를 위한 사랑의 기술(Raising an Emotionally Intelligent Child)』이라는 책을 저술했습니다. 그로부터 8년 후인 2006년, 저희는 가트맨 박사가 체계화한 감정코칭을 〈MBC 스페셜〉이라는 프로그램의 '내 아이를 위한 사랑의 기술' 편을 통해 한국에 소개했습니다.

그 방송 전부터 저희는 사회에서 소외되고 어려움에 처한 아이들을 돕는 데 감정코칭을 활용해 보았고, 놀라운 효과가 있다는 걸 확인했습니다. 그리고 가트맨 박사의 감정코칭 5단계에 제가 지난 33년간 공부하고 가르쳐온 인간발달학, 아동심리학, 뇌과학, 심장과학, 긍정심리학의 학문적 토대와 아동심리치료, 치료놀이, 관계치료, 트라우마치료, 상상치료 등 임상경험을 접목하여 감정코칭의 효과를 향상시키는 방법과 도구를 개발했습니다. 또한 멕시코, 브라질, 필리핀 등에도 감정코칭을 전파하고 있습니다.

'감정코칭 이야기'는 앞으로도 계속될 것입니다. 그 이야기의 주인공은 바로 이 책을 읽고 있는 여러분, 부모님들과 선생님들입니다. 감정코칭을 배우고 실천하면서 놀라운 변화를 체험하시기를 응원합니다.

HD 교실 사례로 보는 감정코칭의 효과

저는 2009년에 한 학기 동안 중학교 2학년 학생들을 가르친 적이 있습니다. 그 학교 선생님들이 '포기하고 싶다'고 한 학생들이었죠. 한 학기 동안 담임교사로서 여느 선생님들과 똑같이 매일 아침 8시부터 오후 3시까지 학생들과 함께 지냈습니다.

그 학생들과 지내면서 기본적으로 '감정코칭'을 했습니다. 저는 '문제행동은 있되 문제학생은 없다'는 조벽 교수의 교육철학을 믿었고, 학생들의 문제행동을 꾸짖거나 고쳐주려고 하기보다는 신뢰를 회복하고 긍정적인 관계를 이루는 데 우선순위를 두었습니다.

그 학생들은 미혼부모에게서 태어난 아이들이었고, 대부분 태어났을 때부터 시설에서 자랐습니다. 학교에서 지도에 어려움을 겪던 학생들을 모아 하나의 반을 만들고, 그중 희망자 21명이 모인 학급이었습니다. 그 교실을 저희는 '희망(Hope)과 꿈(Dream)'을 뜻하는 'HD 교실'이라고 불렀습니다.

처음에 학생들은 감당할 수 없을 정도로 소란스러웠고, 선생님의 존재는 무시한 채 서로 욕하고 소리 지르느라 바빴습니다. 폭력이 오가기도 일쑤였죠. 학습 의욕도 전혀 없었고, 선생님을 비롯한 어른들에 대한 불신이 굉장히 컸기 때문에 자연히 태도는 몹시 무례했습니다. 너무나 무질서하고, 교실 바닥은 거의 쓰레기통 같았습니다. 학생 한 명도 제대로 다루기 힘든 상황이었기 때문에 보조교사들의 도움을 받아야 했습니다.

학생들은 저희를 믿지 않았고, 갖가지 고약한 방법으로 저희를 시험하는 듯했습니다. 대들거나, 욕하거나, 비웃거나, 소리를 지르거나, 잠을 자는 것이 일상이었습니다. 저희를 보며 '이래도 화를 내지 않을까? 이래도 나를 무시하지 않을까? 이래도 큰소리가 나오지 않을까?' 생각했는지도 모릅니다.

그런데 저희가 감정을 받아주자 '이 사람들은 다르구나. 우리를 존중하는구나' 생각했던 것 같습니다. 학생들은 차츰 부드럽고 우호적인 태도로 바뀌기 시작했습니다.

뇌과학자들의 연구에 의하면 습관이 형성되는 데는 3주 정도가 걸린다고 합니다. HD 교실의 학생들도 3주쯤까지는 저항이 심했습니다. 그러나 3주가 지나면서는 의자에도 잘 앉아 있고, 교복도 갖춰 입고 오고, 가방도 가져오는 등 변화를 보이기 시작했습니다.

태도가 달라지고 의욕이 생긴다

처음에 학생들은 서로의 장점을 적어보기 위해 했던 롤링페이퍼에 '학교라는 감옥에서 교복이라는 죄수복을 입고 출석부라는 죄수명단에 적힌 채 졸업이라는 석방을 기다린다'는 글을 적었습니다.

3주가 지나면서 조금씩 의욕이 생기기 시작했고, 태도가 달라졌습니다. 등교할 때의 표정부터 달라졌고, 서로를 배려하기 시작했으며, 말씨도 다정해졌고, 인사도 잘했습니다. 질서가 잡히면서 자연히 교실은 평화로워졌지요. 그리고 서로에 대한 믿음, 교사에 대한 믿음이 서서히 회복되었습니다.

또한 교과서나 공책을 가지고 오지 않는 학생들이 대다수였고, 수업을 할 수 없을 정도로 소란스럽고 무질서했습니다. 그래서 우선 공부보다는 교실이 안전하고 편안한 곳이라는 것을 느낄 수 있도록 분위기를 조성했습니다.

그러기 위해 수업시간에 여러 가지 놀이를 했습니다. 수수께끼 시합은 집중력을 기르고 흥미를 유발했습니다. 구슬 꿰기와 십자수는 차분하게 앉아서 작은 것이라도 목표를 이루는 체험을 할 수 있게 했습니다.

보드게임은 눈앞의 뚜렷한 목표에 도전하고 몰입의 즐거움을 느끼는 데 아주 효과적이었지요. 게임의 규칙을 지키고 순서를 기다리면서 다양한 감정을 느끼고 적절히 표현하는 연습도 했습니다. 특히 무기력감과 짜증을 보이던 학생들에게 보드게임은 흥미와 도전의욕을 불러일으켰습니다.

또래관계가 좋아진다

HD 교실의 학생들은 교사나 어른들에게만 적대감과 불신을 보인 게 아니었습니다. 반 친구들과도 욕을 하고 소리 지르며 다투거나 한 명을 지목하여 놀리고 괴롭혔습니다. 예를 들어 소현이라는 아이를 '돼지, 삼겹살, 튀긴 돼지 껍질' 등 심한 별명으로 부르며 놀렸고, 일거수일투족을 비웃고 흉내 내며 울 때까지 괴롭혔습니다.

예비소집날 그 모습을 보고 저는 '한 학생을 여럿이 놀리고 비웃는 것은 매우 나쁘고 절대로 허용할 수 없는 행동'이라고 단호히 말했습니다. 행동에 분명히 한계를 지어준 것이죠. 처음에 아이들은 제 말을 무시했지만, 같은 말을 분명히 반복하자 서서히 그런 행동을 멈췄습니다.

그후 미술을 좋아하는 소현이에게 색감이 무척 풍부하다고 몇 번 칭찬해 주자 자신감을 갖기 시작했고, 한두 명씩 친구를 사귀기 시작했습니다. 학기말 즈음의 어느 날, 쉬는 시간에 도란도란 이야기를 나누는 학생들 사이로 눈에 띄는 모습이 있었습니다. 예전에 소현이를 가장 심하게 놀리던 여학생이 소현이의 귀를 다정하게 파주고 있는 것이었습니다. 더욱 놀라운 것은 소현이가 그 친구에게 귀를 맡기고 곤하게 잠을 자는 모습이었습니다.

학생들 대부분이 이처럼 서로의 감정을 받아주고 존중하게 되면서 교실은 편안함과 즐거움이 넘치는 곳으로 변해갔고, 욕설과 별명 대신 서로를 배려하는 말을 나누게 되었습니다.

학습능력이 향상된다

태도가 달라지고 의욕이 생기며 또래관계가 좋아지니, 학생들은 자연히 공부를 하기 시작했습니다. 처음에 HD 교실 학생들은 학습에 대한 동기나 의욕이 전혀 없었고, 학습수준이 무척 낮았습니다. 중학교 2학년이었는데도 구구단을 다 외지 못하는 학생도 있었고, b와 d를 구별하지 못하는 학생도 있었습니다. 가방도 제대로 안 들고 오고, 가방 속에는 잡지, 과자, 화장품 등이 들어 있기 일쑤였습니다.

학습수준이 너무 낮았기 때문에 처음에는 수업의 90퍼센트를 놀이로 진행했습니다. 그냥 놀이가 아니라, 학생들이 삶의 질서나 규칙을 자연스럽게 몸에 익힐 수 있게 하는 놀이였습니다. 또한 새롭게 고안한 수업들을 통해 학교 수업에 흥미를 느낄 수 있게 했습니다.

하나는 '지구 언어'라는 수업이었는데, 이 수업에서는 영어로 동요를 가르치고 여러 번 같이 부르고 난 후, 가사에 나온 단어를 외웠습니다.

'지구 시민 이야기'라는 수업에서는 그 학생들처럼 큰 어려움에 처했었으나 역경을 극복하고 크게 성장한 사람들의 사례를 들려주었습니다. 오프라 윈프리처럼 어려운 환경에서도 자기 능력을 최대한으로 성장시키고 많은 이들에게 유익한 일을 하는 사람들을 '지구 시민'이라 칭하고, 그런 사람들의 이야기를 일주일에 두 번씩 들려주었지요.

세 번째 수업은 '라이프 코칭'이라고 해서 의사소통 방법, 관계의 기술 등 사회에서 꼭 필요한 삶의 기술을 가르쳤습니다.

그런 놀이와 수업을 통해서 학생들이 학교에 오는 게 꼭 지겨운 건 아니구나, 공부하는 게 어려운 것만은 아니구나, 하는 걸 느끼기 시작할 때 놀이의 비중을 조금씩 줄였습니다. 대신 국어, 수학, 과학 등의 수업을 추가하되, 직접 만들어보거나 활동하는 것으로 수업을 구성했습니다.

그 결과, 기말고사에서 전 과목의 학급 평균이 모두 향상됐습니다. 수학은 반 평균이 43점이나 올랐고, 영어는 30점 정도가 올랐습니다. 그렇게 전 과목에 걸쳐서 20~40점씩 향상되었습니다.

놀라운 점은 그런 학습능력과 태도가 계속 유지되고 있다는 점입니다.

저희가 그 학생들을 가르치고 몇 년이 지난 지금까지도 다들 공부를 재미있어하고 열심히 한다고 합니다.

집중력이 향상된다

학습능력이 향상된 데서 알 수 있듯이, 학생들의 집중력이 향상되었습니다. HD 교실의 학생들 중에는 초등학생 시절이나 유치원 시절부터 ADHD(주의력결핍 과잉행동장애) 판정을 받은 학생들도 많았습니다. 약물 치료로 호전이 안 되고 오히려 부작용이 커지던 학생들도 상당수 있었습니다. 그랬던 학생들이 3주가 지난 뒤에는 약을 복용하지 않고도 집중해서 수업을 들을 수 있었습니다.

첫날, 학생들은 제가 교실에 들어가도 아랑곳하지 않고 악을 쓰며 떠들었습니다. 제가 "10초만 제 이야기를 들어줄 수 있겠어요?"라고 말하자 학생들은 입을 다물었습니다. 그래서 제가 "고마워요" 했더니 또 떠들기 시작했지요. 그래서 다시 "15초만 조용히 해주시겠어요?" 했더니 다시 조용해졌습니다.

그때 한 학생이 "왜 우리한테 존댓말을 써요?" 하고 묻더군요." 제가 "여러분 스물 한 명의 나이를 다 합하면 저보다 많기 때문에 전체에게 이야기할 때는 존댓말을 쓸게요. 하지만 여러분 세 명의 나이를 합하면 저보다 적으니까 세 명 이하와 이야기할 때는 반말을 쓸게요" 했습니다. 그러자 비로소 학생들은 30초 이상 제 이야기를 집중해서 들었습니다.

그렇게 집중력이 없던 학생들이 감정코칭을 하자 10초, 30초, 1분, 5분…… 집중하는 시간이 늘었습니다. 나중에는 한 시간 두 시간도 거의 흐트러짐 없이 집중할 수 있게 되었습니다.

문제해결능력이 향상된다

HD 교실 학생들은 습관적으로 '짜증난다'는 말을 자주했습니다. 문제가 생기면 해결하려고 하기보다는 좌절감과 짜증을 느끼고 쉽게 포기하려 했지요. 그런 학생들의 문제해결능력을 키워주기 위해 저희는 '루미큐브'라는 보드게임을 함께 했습니다.

루미큐브는 색깔이나 숫자로 조합을 만들어서, 가지고 있던 타일을 먼저 다 내려놓는 사람이 이기는 게임입니다. 이 게임은 목표를 다양한 방법으로 유연하게 풀이하는 데 도움이 됩니다. 상당한 사고력과 문제해결능력을 요구하는 게임이지요.

저희 부부는 연애시절부터 이 게임을 즐겨 했기에 처음에는 학생들이 저희에게 번번이 졌습니다. 그러다가 두 달쯤 지나고부터는 몇 명의 학생들이 저희를 이기더군요. 학생들은 "우리가 박사 둘을 이겼다!" 하며 환호성을 질렀습니다. 그때까지 그 학생들은 스스로를 저능아나 바보라고 생각했는데, 루미큐브 등의 게임을 통해 스스로의 지적 능력을 확인하고 인정할 수 있었고, 문제해결능력도 키운 것입니다.

타인의 감정을 이해한다

감정코칭을 하기 어려운 학생들의 공통점은 다른 사람의 눈을 마주보지 않는다는 것입니다. HD 교실 학생들도 처음에는 대다수가 선생님들과 눈을 마주치지 않으려 했고, 말을 걸면 다른 곳을 보거나 고개를 숙이고 빨리 자리를 떠나고 싶어 했습니다. 그렇게 얼굴을 마주보려 하지 않으면 서로의 감정을 읽을 수가 없습니다. 하지만 감정코칭을 하면서 부드러운 말투로 얼굴을 잠깐이라도 쳐다보게 하자, 학생들은 편안하고 안전하게 느끼며 서서히 교사를 마주볼 수 있었습니다.

얼굴은 감정이 즉각적이고 다양하게 나타나는 신체 부위입니다. 얼굴을, 특히 눈을 바라보며 학생들은 교사들을 자신들처럼 다양한 감정을 느끼는 존재로 바라보기 시작했습니다. 학기말에는 "선생님, 요즘 기분이 좋아 보여요" "오늘은 안 좋은 일 있으신가 봐요" "요즘 힘드신가 봐요" 등 교사의 감정을 읽어주고 감정코칭을 해주는 학생까지 있었습니다.

자신의 감정을 잘 조절한다

자신의 감정을 알면 행동을 조절하기가 쉬워집니다. 거칠거나 무례한 행동은 대개 감정을 거부당하거나 무시당할 때 나타나고, 감정을 알아주기만 해도 수그러드는 경우가 많습니다. 또 감정코칭의 4단계인 '감정에 이름 붙이기'를 통해 감정을 명료화하면 자신의 감정을 잘 알 수 있을 뿐 아니라 스스로 진정할 수도 있습니다.

예전 같으면 HD 교실 학생들은 수업이 어렵거나 지루할 때 장난을 치거나 소리를 질렀을 것입니다. 하지만 감정코칭을 한 후에는 "수업이 지루해요" "너무 어려워요, 좀 쉽게 해주시면 안 될까요?" 하면서 자신의 기분을 정확하게 표현했습니다. 그리고 아무리 화가 나도 호흡을 두세 번 하면서 스스로 진정하는 모습도 보였습니다.

사회적 적응력이 우수해진다

HD 교실 학생들은 학기 중간쯤부터 '신용통장'이라는 것을 만들었습니다. 그래서 매일 자신의 감정과 생활을 모니터하여 교복을 단정히 입었거나 필기를 잘했을 때와 같이 적절하고 바람직한 행동을 했을 때는 스스로 플러스 점수를 적고, 지각하거나 욕을 하면 마이너스 점수를 적었습니다.

플러스 점수가 충분히 쌓이면 '서바이벌'이라고 해서 1박 2일 동안 여행을 떠나 다양한 상황을 접하고 미션을 수행하는 활동을 했습니다. 기차표를 사거나, 지도를 보고 목적지를 찾아가거나, 식사 메뉴를 짜고 시장에 가서 물건을 사는 등 사회에 적응해 보는 체험교육을 해보았지요.

이런 활동을 할 수 있었던 바탕은 서로에 대한 신뢰였으며, 결과적으로 신뢰를 쌓아 그런 활동을 해본 데 대한 자부심과 자신감도 생겼습니다.

변화에 능동적으로 대처한다

HD 교실 학생들이 다른 지역에 있는 고등학교를 방문한 적이 있습니다. 방문을 앞두고 학생들은 '프로젝트 수업'이라는 프로그램으로 4~5명씩 소그룹으로 나뉘어 방문을 계획하고 준비했습니다. 학교를 방문해서는 선생님들과 학생들을 만나서 인터뷰를 하고 사진을 찍는 등 여러 가지 미션을 수행했는데, 인터뷰의 질문에 예상외의 답이 나와도 웃으면서 더 묻거나 질문을 바꾸거나 할 수 있었습니다.

야외활동 계획을 세웠다가 날씨가 안 좋아서 못하게 되었을 때도 불평하지 않고 다음에 언제 갈지를 계획하는 등 긍정적이고 능동적으로 변화와 돌발상황에 대처하는 모습을 보였습니다.

질병에 덜 걸린다

가트맨 박사가 장기간에 걸쳐서 추적 연구를 해보니, 감정코칭을 받은 아이들이나 청소년들은 향후 질병에 잘 걸리지 않는 것으로 밝혀졌습니다. 병원에 가는 횟수도 훨씬 적었고, 특히 감염성 질병에 잘 걸리지 않았습니다. 감정코칭을 받으면 스트레스를 잘 관리할 수 있게 되고, 그 이전에 스트레스를 덜 받게 되기 때문입니다.

HD 교실 학생들도 스트레스를 덜 받고 또래관계가 좋아지자 피부가 고

와지고 얼굴이 예뻐지는 예상치 못했던 효과를 얻었습니다. 그리고 처음에는 아토피가 심한 학생들이 많았습니다. 21명 중에 30퍼센트에 가까운 7~8명이 무척 심한 아토피로 고생하고 있었지요. 그런데 눈에 띌 정도로 아토피가 치유되었고, 피부가 맑아지고 머릿결도 고와졌습니다. 이 모든 것이 감정코칭을 통해 감정이 신체에 긍정적인 효과를 미친 결과였습니다.

부모의 갈등이나 이혼에 대한 회복능력이 커진다

미국에서는 자기를 낳아준 부모님 밑에서 고등학교를 졸업할 때까지 자라는 아이들이 100명 중 25명밖에 안 된다고 합니다. 나머지 75퍼센트는 부모가 이혼을 했거나 별거를 해서 홀부모 밑에서 자라거나, 조부모에게 맡겨지거나, 새어머니나 새아버지 밑에서 자랍니다.

우리나라도 점점 이혼율이 높아지고 있는데, 부모의 이혼이나 갈등은 아이들에게 깊은 상처를 주고, 상당히 많은 문제를 일으킵니다. 그런 복잡하고 깊은 문제들에 치유 효과가 있다고 연구로 검증된 것은 현재로서는 감정코칭밖에 없습니다.

이상 살펴보았듯이, 감정코칭의 효과는 가정생활은 물론, 학업 및 학교생활과 직접적으로 관련이 있습니다. 자신의 감정을 잘 조절하고, 타인의 감정을 잘 이해하며, 또래관계와 사회 적응력이 좋고, 새로운 변화에 능동적으로 대처하는 것 등은 아이의 삶에 직접적으로 영향을 미칩니다. 따라서 감정코칭을 하면 아이들은 행복하고 성공적인 학교생활을 할 수 있으며, 선생님들 역시 본분에 집중하며 보람을 느낄 수 있습니다.

3장

21세기 생존력,
정서지능을 높이는 감정코칭

🌱 감정코칭의 효과를 뒷받침해 주는 심리학

이번에는 감정코칭을 심리학의 발전과 변화라는 큰 틀에서 보겠습니다. 패션·음악·미술에도 경향이 있듯이 심리학에도 경향이 있습니다.

과거 심리학이 정신분석이나 행동주의에 치중했다면, 최근의 심리학은 뇌과학에 기반을 두고 인지와 정서에 치중하고 있습니다. 또한 심리치료도 개인치료에서 관계치료로 바뀌고 있습니다. 향후 심리치료의 동향은 대부분 정서에 기초한 관계치료가 주류가 될 것입니다.

심리학이 예전에는 문제를 찾아서 고쳐주는 식으로 인간의 부정적인 모습에 집중했다면, 앞으로는 장점을 찾고 잠재력을 발견하여 키워주는 '긍정치료'에 집중할 것입니다. 그리고 요즘은 개인의 내적 의식과 무의식을 분석하기보다는 그 사람이 처해 있는 환경, 즉 학교나 집이나 사회를 함께 봅니다. 또한 예전에는 약물치료에 의존했다면, 앞으로는 점점 생태치료나 통합적인 치료로 나아갈 것입니다.

과거	현재	미래
정신분석	대상관계	정서 기반
행동주의	인지행동	관계치료
과거/환경/권위	현재/실존/자기계발	긍정치료
꿈 분석	생리학	뇌과학
개인	개인	공동체의 장(field)

심리학의 경향 변화

행동에서 감정으로

과거 심리학의 주류였던 행동주의는 잘하는 행동에는 상을 주고 못하는 행동에는 벌을 줌으로써 좋은 행동을 강화시켜 나간다는 것입니다. 그 자체로 나쁜 건 아니지만, 거기에 따르는 부작용과 역효과가 적지 않습니다. 그래서 요즘은 행동보다는 감정으로 관심을 돌리는 추세입니다.

행동주의에서는 보이는 것만 대상으로 하기 때문에 눈에 보이지 않는 감정은 연구대상이 아니었습니다. 그러나 최근 들어 최첨단 뇌과학을 접목해서 본 결과, 감정이 우리 신체의 세포 하나하나에, 호르몬과 자율신경계와 전반적 두뇌활동에 즉각적이고도 총체적으로 영향을 미친다는 것이 입증되고 있습니다.

하임 기너트 박사가 활동하던 당시는 행동주의가 미국 교육계를 장악하고 있을 때였습니다. 그런 상황에서 감정에 주목하라고 한 기너트 박사의 주장은 무척 앞선 생각이었고 뛰어난 통찰력이었습니다.

상과 벌에서 의미와 가치로

행동주의의 영향으로 지금도 아이들을 교육할 때 상과 벌의 개념을 사용하는 부모님들이나 선생님들이 많습니다. 그러나 상과 벌은 기껏해야 단기적인 효과밖에 보이지 않거나 오히려 역효과를 내는 경우도 있습니다. 잘한 행동에 상을 주는 방식은 점점 보상이 커지지 않으면 반응이 없어집니다. 처음에는 사탕 한 개로 효과를 보다가 다음에는 사탕 한 봉지, 그다음에는 장난감 하나, 그다음에는 자전거…… 이렇게 점점 더 큰 보상을 바라게 됩니다.

하지만 요즘은 물질적이고 외적인 보상보다 내적 만족과 보상이 더 효과적이라는 인식이 커지고 있습니다. 즉, 의미와 가치가 있는 일이라면 굳이 보상을 해주지 않아도 아이들이 자발적으로 바람직한 행동을 할 거라는 것이지요. 이런 변화의 가장 선구적인 연구자는 미국 시카고대학교의 미하이 칙센트미하이(Mihaly Csikszentmihalyi, 1934~) 교수입니다.

『몰입의 즐거움』이라는 책으로 잘 알려진 칙센트미하이 교수는 사람이 몰입의 즐거움에 빠지는 비결이 무엇인지를 40년 이상 연구했습니다. 제가 시카고대학교에서 박사과정을 공부하던 당시 지도교수였던 칙센트미하이 교수 덕에, 저도 당시 미국 교육계와 심리학계의 주류였던 행동주의보다 실존적 인본주의와 긍정주의 심리학을 좀더 빨리 접할 수 있었습니다. 그리고 상과 벌보다는 의미와 가치를 두는 일이 더 지속적이고 효과가 크다는 사실을 배울 수 있었습니다.

인지행동에서 뇌과학으로

행동에 기반을 두었던 심리치료가 행동에 인지를 접목한 인지행동치료로 변화했다가, 요즘은 뇌과학적으로 더 많은 것이 설명되고 이해되고 있으며, 치료 역시 뇌과학의 도움으로 이루어지고 있습니다. 예전에는 뇌 속의 활동을 실시간으로 보기가 어려웠고 사망 후에 해부를 하기 전에는 뇌 속을 보기 어려웠기 때문에, 뇌에서 어떤 일이 벌어지는지는 말, 글, 행동 등을 통해 추론할 수밖에 없었습니다.

최근 들어 뇌과학과 뇌 촬영 기술이 발달하면서 살아서 활동하는 사람들의 뇌 속 상황을 실시간으로 볼 수 있게 되었고, 뇌의 가소성과 신경전달물질, 뇌 신경세포들 사이의 교류와 소통까지 알 수 있게 되었습니다. 그 결과 감정코칭이 인지활동에 영향을 미칠 뿐 아니라 미주신경을 강화시켜 준다는 사실을 알게 되어 감정코칭의 효과를 과학적으로 입증할 수 있게 된 것입니다. 미주신경이 강화되면 놀라거나 화가 나더라도 빨리 진정할 수 있는 심리적·신체적 회복탄력성이 높아져서 스트레스에도 잘 견디어내고 건강하게 여러 가지 일을 해낼 수 있습니다.

약물치료에서 통합치료로

아직도 ADHD나 우울증, 불안증, 공황장애 등 정서장애를 약물에 의존하여 치료하는 경우가 많습니다. 약물치료가 무조건 나쁘다는 건 아니지만, 부작용의 우려가 있고, 장기적으로 봤을 때는 약물에만 의존하는 것보다는 통합적으로 치료하는 것이 바람직합니다. 개인만이 아니라 그 사람이 속해 있는 관계와 환경을, 그리고 그 사람의 행동만이 아니라 심리, 나아가 섭취하는 음식까지도 치료의 대상으로 보는 것입니다.

예를 들어, 부모의 갈등과 불화로 정서적인 불안과 공포를 자주 겪었던 학생이나, 부모가 맞벌이를 해서 양육자가 자주 바뀌었거나 이사, 전학, 별거, 이혼 등으로 양육자와의 사이에 애착을 제대로 형성하지 못한 학생이라면 개인 상담만이 아니라 부모 상담과 교육, 애착 회복과 공동체 소속감 회복 등이 함께 이루어져야 치료가 제대로 이루어지고 재발을 방지할 수 있습니다.

이제는 IQ가 아니라 정서지능이다

사람들은 1905년에 개발된 IQ(Intelligence Quotient, 지능지수)를 오랫동안 거의 절대적으로 신봉해 왔습니다. IQ가 높으면 공부를 잘하고, 공부를 잘하면 좋은 직장을 얻고, 결혼도 잘하고, 그래서 성공과 행복이 모두 보장될 것으로 믿었습니다. 그런데 여러 학자들이 장기적으로 연구한 결과, IQ에 대한 환상이 깨지기 시작했습니다.

많은 연구 가운데 가장 대표적인 것이 1921년에 스탠퍼드대학교의 루이스 터먼(Lewis M. Terman, 1877~1956) 교수가 시작했던 '터먼 연구(Terman Study)'입니다. 당시는 미국에서 IQ 검사가 막 도입되었을 때로, 두뇌의 능력을 측정하는 검사에 사람들이 굉장한 관심을 보였습니다. 터먼 교수 역시 IQ에 큰 흥미를 느꼈죠. 그래서 캘리포니아 주의 초등학생들 전체를 대상으로 IQ 검사를 실시하고, 그중 IQ가 135 이상인 학생 1,500명을 추렸습니다. 그리고 그 학생들이 정말 공부를 잘하는지, 예상대로 잘 살아가는지를 장기간에 걸쳐서 추적했습니다.

대상자들이 세상을 떠날 때까지 장기 추적 연구를 한 결과, IQ는 학업이나 직업적 성공, 결혼생활 등에 별 영향을 미치지 않는 것으로 나타났습니다. 연구가 계속될수록 IQ에 대한 환상이 깨지기 시작했지요.

또 다른 유명한 연구가 '그랜트 연구(Grant Study)'입니다. 우리나라에서는 『행복의 조건』이라는 책으로 그 내용이 알려진 이 연구는 268명의 하버드대학교 졸업생들을 70년간 추적 연구한 것입니다.

연구가 진행되면서 학자들이 처음에 예측했던 것과 다른 결과가 나오기 시작했습니다. 학벌이나 배경 같은 것이 인생에 그리 큰 영향을 미치지 않는 것으로 나타난 것이죠. 그래서 좀더 큰 그림을 보기 위해 하층 남성 456명과 터먼 연구 대상자 중 여성 90명을 연구대상에 포함시켰습니다.

그렇게 세 그룹 총 800명 정도의 사람들이 세상을 떠날 때까지 장기 추적을 하면서 무엇이 인생에 영향을 미치는지 알아보았습니다. 그 결과 이 연구에서도 IQ는 인생의 성공이나 행복에 별다른 영향을 미치지 않는다는 결과가 나왔습니다.

그렇다면 과연 IQ가 아닌 무엇이 사람의 장기적인 발전이나 성장에 영향을 미칠까요? 바로 정서지능입니다. '우리가 의식하는 것은 빙산의 일각이고, 실제로는 무의식이 우리를 지배한다'는 프로이드의 말을 빌려서, 'IQ는 지능의 일부분이고, 지능을 관장하는 더 큰 힘은 정서지능'이라고 말할 수 있을 것입니다.

정서지능은 간단히 말하면 '마음의 힘'입니다. 흔히 IQ로 대표되는 기억, 지각, 추리, 계산 등이 머리의 힘이라면, 공감, 소통, 이해, 감정표현과 관계대처능력 등을 정서지능이라고 할 수 있습니다. 자신의 감정을 잘 인식하고 표현하고 조절하며 다른 사람의 감정을 잘 읽고 공감하는 능력이지요.

정서지능이 높은 사람의 특징

정서지능을 연구한 사람들은 많지만, 그 가운데 대표적 인물이 대니얼 골먼(Daniel Goleman, 1946~)입니다. 대니얼 골먼은 오랜 연구를 통해 정서지능이 높은 사람의 특징을 몇 가지로 정리했습니다.

대니얼 골먼에 따르면, 정서지능이 높은 사람은 우선 자신의 감정을 잘 알아차립니다. 그리고 어떤 결정을 내릴 때 머리로만 따지기보다는 가슴이나 뱃속에서 느끼는 것에 따라 결정합니다. 또한 정서지능이 높은 사람은 충동을 통제하는 데 능하고, 자기관리를 잘하며, 변화하는 상황에 잘 적응합니다. 그리고 자신의 감정만이 아니라 타인의 감정도 잘 알아차리고, 타인에 대해 잘 이해하고 파악하면서 대처합니다.

마지막으로, 정서지능이 높은 사람은 관계를 잘 관리합니다. 갈등을 잘

해결하는 것은 물론이고, 타인에게 영감을 주거나 좋은 영향을 주고, 타인의 성장에 도움을 줍니다.

이처럼 정서지능이 높은 사람들이 행복하고, 성공하며, 건강하고, 다른 사람들에게도 좋은 영향을 준다는 것이 연구 결과 확인되었습니다. 다행스러운 점은 정서지능은 노력을 통해 발전시킬 수 있다는 사실입니다. 물론 타고나는 부분도 있지만, 후천적인 노력으로 발전시킬 수 있습니다.

정서지능은 아동들과 청소년들에게도 매우 중요합니다. 정서적으로 넉넉한 아이들은 잘 웃고, 너그럽습니다. 누가 툭 치고 장난을 해도 받아줄 수 있는 너그러움이 있고, 호감을 주고, 친근합니다. 또한 안정감 있고, 자신감 있으며, 긍정적이고, 희망적입니다.

정서적으로 고갈된 아이들은 그 반대입니다. 짜증이 많고, 쉽게 화를 내며, 우울해하고, 적개심이 많습니다. 사람들이 자신을 해치려 한다는 생각이 들어서 보복을 해야 한다거나 자신을 보호해야 한다고 생각하고, 자주 불안해합니다. 또한 자신감이 없고, 매사에 부정적이며 비관적입니다. 그만큼 학업이나 기타 생활, 자기 인생을 주도해 가는 측면에서 정서지능은 중요한 역할을 합니다.

감정코칭은 아이의 정서지능을 높인다

안타깝게도 요즘 십대들 가운데에는 정서적으로 고갈된 아이들이 많습니다. 생기발랄하고 즐거워야 할 나이에 가장 자주 쓰는 말 가운데 하나가 "짜증나!"입니다. 그것은 아이들만의 잘못이라기보다는 가정, 교육, 사회 등 총체적인 환경의 문제입니다. 요즘 아이들은 태어나고 얼마 안 되었을 때부터 공부와 경쟁 등 온갖 스트레스에 억눌려 정서적으로 풍요롭게 채워질 기회나 경험이 부족합니다. 다행스러운 점은 감정코칭을 통해 그런 아이들을 정서적으로 채워줄 희망이 있다는 것입니다.

〈MBC 스페셜〉 '내 아이를 위한 사랑의 기술' 편에 나왔던 유치원생 주훈이는 정서적으로 고갈된 아이의 전형적인 모습을 보였습니다. 수시로 짜증을 내고, 적개심이 많고, 엄마한테 대들고, 동생을 때리고, 유치원에서도 자기 마음대로 행동하고, 친구들을 밀치고, 친구들이 만든 것을 다 무너뜨리는 등 상태가 심각했습니다.

그때 저는 주훈이의 부모님께 감정코칭을 두 번 가르쳐드렸습니다. 엄마 아빠가 감정코칭을 배워서 주훈이에게 적용하자, 주훈이에게도 변화가 나타나기 시작했습니다. 감정코칭을 배운 엄마 아빠가 자신에게 하는 말투를 그대로 따라해서 "사과가 먹고 싶구나?" 하면서 사과를 씻어서 동생에게 주기도 했습니다.

엄마 아빠가 감정코칭을 배우고 실천하자 아이도 변했고, 가족 전체가 변했습니다. 엄마 아빠의 사이도 좋아지고, 부모와 자녀들의 사이도 좋아지고, 남매 사이도 좋아졌습니다. 감정코칭 두 번에 가족 전체가 정서적으로 풍요로워지는 변화가 생긴 것입니다.

17세의 남학생 정훈이의 부모님은 두 분 모두 교사였습니다. 바빠서 잘 놀아주지 못한 것 외에 부모님은 외아들 정훈이에게 정성을 다했습니다. 하지만 정훈이는 친구들과 어울리지 못했고, 초등학교 5학년 때는 집단따돌림을 당했습니다. 성적도 낮았으며, 6학년 때 한 IQ 검사에서 75점이 나왔습니다. 결국 중학교 2학년 때 학교폭력을 겪은 뒤 자퇴하고 말았습니다. 부모님은 정훈이를 뉴질랜드의 친척집으로 보내 그곳에서 중·고등학교를 다니게 했습니다. 그런데 고등학교 1학년 때 문제를 일으켜 한국으로 돌아오고 말았습니다.

제가 만나본 정훈이는 여러 종류의 트라우마를 입고 위축된 행동을 보이며 작은 일에도 과민반응을 보이고 있었습니다. 잠을 잘 못 자고, 스트레스가 매우 높으며, 불안증과 우울증도 일반 학생의 두 배 정도로 높았습니다. 무기력감과 우울, 무목적성으로 하루하루를 보내는 정훈이를 보며 부모님은 무엇을 어떻게 해줘야 할지 크게 걱정했습니다.

정훈이에게 제가 내린 진단은 애착손상과 외상후스트레스증후군(PTSD)이었습니다. 애착손상이란 중요한 욕구가 있을 때나 위기상황에 처했을 때 양육자에게서 적절한 보살핌을 받지 못해 생긴 상처입니다. 영유아기나 아동기에 주양육자로부터 적절하고 즉각적이며 일관적인 보살핌을 받지 못하거나 유기, 방치, 학대를 당하면 심각한 애착손상을 입을 수 있습니다.

생후 2개월 때부터 여러 가사도우미의 손을 거쳐 자란 정훈이는 부모가 모르는 사이에 가사도우미에게 지속적으로 방치되었고, 어른들의 폭력 장면을 목격한 트라우마도 있었습니다. 그 밖에 여러 형태의 학대를 받았을 가능성도 배재할 수 없었습니다.

애착손상은 식물로 치면 뿌리를 내리는 시기에 뿌리가 손상되는 것이라서, 그 위로 자라나는 줄기, 잎, 꽃, 열매에까지 악영향을 미칠 수 있습니다. 하지만 다행히도 애착손상은 치유가 가능하며, 뇌과학에서는 치유된 애착손상자의 뇌 속에 새로운 시냅스가 형성되고 결핍되었던 정서지능이 개발될 수 있음을 입증했습니다.

정훈이는 두 달간 집중치료를 받았고, 그동안 부모님은 감정코칭을 배웠습니다. 몇 달 후 IQ 검사를 다시 실시하자 놀랍게도 103으로 향상되었습니다. 이는 정서지능이 회복되면 인지능력이 발달한다는 이론 및 임상결과에 부합하는 결과입니다. 더욱 중요한 것은 부모님이 함께 노력하여 정훈이가 정서적인 유대감, 신뢰감, 친밀감을 회복하고 있다는 사실입니다.

상담을 받은 지 6개월이 지난 지금 정훈이는 스트레스를 스스로 조절할 수 있게 되었으며, 자신감이 많이 회복되었고, 우울증과 불안증에서도 벗어났습니다. 그리고 장차 스포츠심리학을 전공하여 올림픽 선수들을 배출하는 데 도움을 주고 싶다는 목표로 대학 입시 공부를 하고 있습니다.

이상의 사례들에서 볼 수 있듯 감정코칭은 아이들의 정서지능을 높여주는 데 확실하게 효과가 있습니다. 높아진 정서지능은 아이들의 학업과 인간관계를 포함한 삶 전체를 변화시킵니다.

정서적으로 풍요로울 때와 정서적으로 고갈되었을 때 어떻게 우리의 기분이 다르고 다른 상황이 벌어지는지를 보여주는 2분짜리 단편영화가 있습니다. 〈택시 라이드(Taxi Ride)〉라는 영화인데, 어떤 사람이 택시를 타고 뉴욕시내로 들어가는 장면을 보여줍니다.

영화의 첫 1분과 두 번째 1분이 장면은 똑같은데 배경음악이 다릅니다. 첫 1분은 배경음악이 무척 시끄럽죠. 그때 영화를 보는 이들의 기분은 대개 두렵고, 불안하고, 초조합니다. 뭔가 나쁜 일이 벌어질 것 같은 긴장감이 들기도 하고, 불쾌하기도 하죠.

한편, 편안한 음악이 흐르는 나머지 1분을 볼 때는 여유롭고, 활기차고, 역동적으로 느껴집니다. 사람들이 행복해 보이고, 자신도 행복하게 느껴집니다. 이 영화의 마지막에는 이런 자막이 나옵니다. '우리는 감정으로 세상을 본다.' 감정에 따라서 세상이 다르게 보인다는 뜻입니다.

부모가 늘 다투고, 소리 지르고, 화를 내는 환경에서 아이가 자란다고 생각해 보세요. 〈택시 라이드〉의 전반 1분처럼 그 아이가 경험하는 세상은 소란하고 불안하고 두렵고 긴장되고 짜증나고 불쾌할 것입니다. 반대로, 부모가 다정하고 서로 존중하고 배려하는 분위기에서 자란다면, 아이는 매일 아침 '오늘은 무슨 좋은 일이 있을까? 무슨 재미있는 일이 생길까?' 하는 마음이 들 겁니다.

아이가 어떤 환경에서 자라는가는 이처럼 그 아이의 정서에 크나큰 영향을 미칩니다. 그리고 아이의 정서지능은 그 아이의 삶을 지배합니다. 감정코칭을 통해 정서지능을 높여주는 일이 중요한 이유를 알 수 있습니다.

위에서 소개한 주훈이나 정훈이의 변화는 예외적인 경우가 아닙니다. 감정코칭을 실천해 보신 분들이 흔히 경험하는 변화입니다. 감정코칭을 통해 가족과 교실의 분위기를 바꾸고 아이들의 정서지능을 높여주는 노력, 지금 당장 시작하시기 바랍니다.

사춘기에는 공사 중인 집처럼 머릿속이 어수선하고 혼란스러운 상태가 정상입니다. 이전까지 약속도 잘 지키고 말도 잘 알아듣던 아이가 말을 못 알아듣는 것은 그 때문입니다. 그리고 공사 중인 뇌는 이전보다 더 많은 수면이 필요합니다. 특히 청소년기의 수면 특징은 밤늦게 자고 아침에 늦게 일어나는 것입니다. 확장공사를 하면서 뇌세포의 연결망이 과잉 생산되고, 마치 전선이 제대로 연결되지 않고 어질러져 있는 상태와도 같죠. 그러니 생각을 행동으로 옮기거나 올바른 판단을 내리기가 어려워지는 것입니다.

2부

교사와 부모들이 모르는
청소년 뇌의 비밀

4장

사춘기는 감정 기복이 심한 게 정상이다

🌱 우리는 청소년에 대해 얼마나 알고 있는가?

선영이 엄마는 장을 보고 집에 가는 길에 여학생 세 명과 마주쳤습니다. 딸 선영이와 친구들이었습니다. 셋 다 교복 치마가 짧아 허벅지가 훤히 보였고, 수진이는 염색한 머리에 화장까지 한 것이 분명했습니다. 혜선이는 손톱에 매니큐어까지 바른 것 같았습니다.

"학원 가니? 잘들 갔다 와." 아이들의 모습에 너무나 놀랐지만 선영이 엄마는 애써 밝은 표정을 지었습니다. 그러나 친구들과 시시덕거리던 선영이의 얼굴은 순간적으로 일그러졌습니다. "알았어." 선영이가 퉁명스럽게 대답하고는 친구의 팔을 잡고 걸음을 재촉했습니다.

거리에서 만난 선영이의 모습을 아빠에게 말해야 할지 고민하던 엄마는 선영이가 걱정되어 결국 아빠에게 말했습니다.

"선영이 이리 와서 앉아!" 선영이가 집에 들어오자마자 아빠의 불호령이 떨어졌습니다. 아빠 옆에는 회초리가 놓여 있었습니다.

"오늘 너 뭘 잘못했어? 너 아빠하고 한 약속을 네 가지나 어겼어. 알아? 빨리 말해 봐!" 검사 출신 아니랄까봐 아빠는 심문부터 시작합니다.

"……" 입을 열 선영이가 아니었습니다. 착하던 선영이는 중학생이 되면서 점점 말이 없어지다가 최근에는 늘 입을 다물고 있었습니다. 아빠가 계속 화를 내며 채근하자 몇 마디 대답을 하고는 다시 입을 다물고 고개를 돌렸습니다. 선영이 아빠가 가장 싫어하는 모습이었습니다.

"어따 대고 신경질이야! 누굴 닮아서 성깔을 부려? 당신, 애를 어떻게 키웠기에 이 지경이야? 선영이 너, 똑똑히 들어. 네가 잘못한 게 뭔지 말해줄 테니까! 첫째, 내 말을 어기고 혜선이와 어울린 것. 그딴 애랑 어울리지 말라고 열두 번도 더 말했잖아. 둘째, 치마 짧게 입은 것. 셋째, 화장한 것. 지가 연예인도 아니고! 넷째……"

"화장 안 했어요. 치마도 요즘은 다들 그 정도로 입어요." 이렇게 대꾸하고 고개를 돌리는 선영이의 눈에서 눈물이 뚝뚝 떨어졌습니다. 그러나 눈에는 슬픔이 아니라 독기가 서려 있었습니다. 아빠도 그 눈빛을 보았는지 멈칫했습니다. 엄마가 얼른 나서서 중재 역할을 하며 선영이의 등을 떠밀어 데리고 나갔고, 아빠는 못이기는 척 엄마가 하는 대로 놔두었습니다.

아빠는 분을 삭이지 못해서 베란다에서 담배를 꺼내 피웠습니다. 아빠는 자기 전에 선영이를 다시 앉혀놓고 말하지 못한 네 번째 이유를 설명할 것이 뻔했습니다. 선영이가 잘못했다는 것을 시인하기 전에는 끝나지 않았습니다. 그러나 선영이는 일주일이 지나자 똑같은 짓을 되풀이했습니다. 오히려 갈수록 반항심은 더 심해졌습니다.

선영이의 사례가 남의 일 같지 않은 부모님이나 선생님들이 많으실 겁니다. 청소년인 자녀나 학생의 행동을 이해하기 힘들었던 경험, 많은 분들이 해보셨을 겁니다.

훗날 선영이의 엄마는 자신과 남편의 훈육 방식이 선영이의 행동을 개선시키는 데 전혀 도움이 되지 않았고 악화시켰다는 사실을 깨달았습니다. 사춘기 아이들이 왜 감정 조절을 잘 못하고 쉽게 짜증을 내며 잘못된 판단을 내리는지, 왜 계획을 잘 세우지 못하고 지시를 제대로 따르지 못하는지를 알게 되었습니다. 그리고 왜 사춘기 아이들이 스트레스에 취약한지, 왜 쉽게 게임이나 담배, 인터넷 등 중독성 강한 것에 끌리는지도 이해하게 되었습니다. 비밀은 청소년의 뇌구조에 있었습니다.

청소년의 뇌에서는 도대체 무슨 일이 일어나고 있기에 그렇게 이해할 수 없는 행동을 하는 걸까요? 최근 들어 뇌과학이 발달하면서 그 질문이 풀려가고 있습니다.

여기서 잠깐 자가진단을 해보겠습니다. 여러분이 청소년에 대해 얼마나 알고 있는지 알아보는 것입니다. 각 항목에 '그렇다, 아니다'로 답하고, 답은 이 장이 끝날 때 확인해 보시기 바랍니다.

나는 청소년에 대해 얼마나 알고 있는가?	그렇다	아니다
1. 사춘기의 특징적 행동, 예를 들어 굉장히 충동적이거나 감정 조절이 잘 안 되는 것은 주로 호르몬 때문이다.	☐	☐
2. 청소년은 어른처럼 몇 가지 일을 동시에 할 수 있는 능력이 있다.	☐	☐
3. 청소년은 아동이나 성인보다 새로운 것에 대한 흥미가 훨씬 높다.	☐	☐
4. 청소년의 부적절한 행동을 다룰 때는 경고의 눈빛을 보내는 것이 효과적이다.	☐	☐
5. 청소년의 이해할 수 없는 행동은 주로 자기주장과 고집을 반영하는 것이다.	☐	☐
6. 사춘기에는 8시간 이상 잠을 잘 필요가 없다.	☐	☐
7. 뇌는 사춘기에 구조적으로 완성된다.	☐	☐

청소년의 뇌는 리모델링 중

청소년의 뇌 특성을 알아보기 전에 우선 인간의 뇌에 대해 간단히 살펴보겠습니다.

인간의 뇌는 크게 3층 구조로 이루어져 있습니다. 제일 아래층이 뇌간입니다. 뇌간은 기본적으로 생명을 유지하는 역할을 합니다. 집에 비유하면 지하층으로 볼 수 있지요. 지하층에 여러 가지 배선이나 보일러실이 있듯, 심장이 뛰거나 호흡을 하거나 체온을 조절하는 일 등은 뇌간에서 관장합니다. 뇌간은 엄마 뱃속에 있을 때 거의 완성됩니다. 그래서 아기들은 태어나자마자 젖도 빨고, 소화도 하고, 배설도 하고, 잠도 자고, 체온 조절도 할 수 있지요. 뇌간의 구조와 기능은 파충류와 같다고 해서 '파충류의 뇌'라고도 부릅니다.

그 위층이 변연계입니다. 영유아기, 아동기, 사춘기에는 변연계가 왕성하게 발달합니다. 변연계는 감정을 거의 주관하기에 '감정의 뇌'라고도 부릅

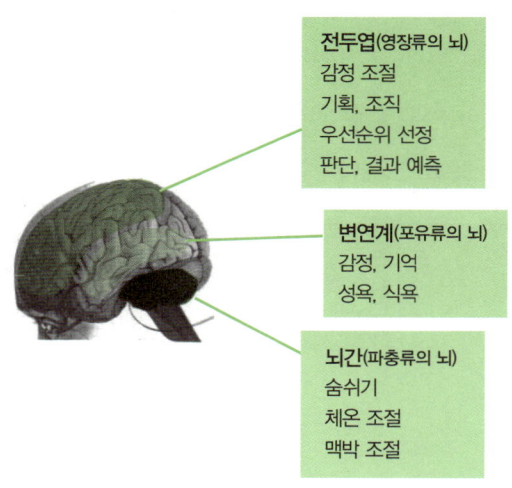

전두엽(영장류의 뇌)
감정 조절
기획, 조직
우선순위 선정
판단, 결과 예측

변연계(포유류의 뇌)
감정, 기억
성욕, 식욕

뇌간(파충류의 뇌)
숨쉬기
체온 조절
맥박 조절

니다. 감정뿐 아니라 기억, 식욕, 성욕도 주관하지요. 집에 비유하면 1층으로 볼 수 있습니다. 변연계의 구조와 기능은 포유류와 거의 같아서 '포유류의 뇌'라고도 합니다. 그래서 강아지나 고양이 등 포유류도 사람처럼 감정이 있습니다. 좋아하고, 싫어하고, 놀라고, 화내고, 무서워하는 등 감정이 있지요.

뇌의 맨 윗부분이 전두엽입니다. 말과 글을 배우고, 생각하고, 판단하고, 종합하고, 우선순위를 정하고, 정리정돈하고, 감정이나 충동을 조절하는 등의 일을 하는 부위입니다. 집에 비유하면 2층입니다. 전두엽은 언제 완성될까요? 과거에 장 피아제(Jean Piaget, 1896~1980)라는 심리학자이자 인지학자는 전두엽이 사춘기에 완성된다고 했습니다. 그러나 뇌과학에서 그보다 훨씬 늦게 완성된다는 걸 밝혀냈습니다.

뇌간이 엄마 뱃속에서 완성되고, 변연계는 영유아기와 사춘기에 완성된다면, 전두엽이 완성되는 시기는 평균 스물일곱 살 정도입니다. 여자들은 스물 네 살, 남자들은 그보다 늦은 서른 살쯤에 전두엽이 완성됩니다.

뇌과학이 연구되기 전에, 특히 청소년기에 전두엽이 완성되지 않는다는 연구가 이루어지기 전에는 많은 어른들이 오해를 했습니다. 체격이 크고 성숙해 보이는 청소년은 판단도 어른만큼 할 수 있을 거라고 생각했죠. 그래서 청소년들의 이해할 수 없는 언행을 사춘기의 의도적인 사악함으로 해석하는 경우도 많았습니다.

전두엽은 초등학교 4~5학년 때쯤 가완성이 되어 책을 읽고, 숙제를 하고, 거짓말하면 안 된다는 것을 알고, 부모의 말을 듣는 등의 일이 가능해집니다. 그러다가 빠르면 5~6학년, 늦어도 중학교 1~2학년 때 사춘기에 접어들면서 전두엽이 대대적인 리모델링에 들어갑니다. 그래서 이성적으로 행동하거나 논리적으로 사고하기가 힘들어집니다. 그러나 어른들은 아이들이 어른들을 골탕 먹이려 한다고 생각하거나, 고집을 피우거나 성질이 나쁜 것으로 오해하기도 합니다. 설명을 해줘도 못 알아듣는 것 같을 때는 아이가 연기를 한다고 오해하는 경우도 있습니다.

뇌의 1층에 머물러 있는 청소년들은 이성적이고 논리적으로 얘기하는 어른들과는 말이 안 통한다는 생각이 들고, 2층에 있는 어른들은 '도대체 이 아이는 왜 이럴까?' 하는 생각이 드는 것이죠. 그래서 소통이 단절되고 관계가 끊기는 것입니다.

한 번에 한 가지만 생각한다

백순미 선생님은 올해 중학교에 들어가는 딸 민주 걱정에 마음이 무겁습니다. 초등학교 5학년 때까지는 엄마와 아빠의 기대 이상으로 공부와 생활을 반듯하게 해주던 딸이었습니다. 그런데 6학년 겨울방학 무렵부터 이유 없이 짜증이 늘었고, 새벽 1, 2시까지 노래를 듣다 불을 켜둔 채로 잠들고 아침에는 못 일어나 힘들어하기 일쑤입니다. 부모님이 두 마디 이상 말을 하면 "네?" 하며 멍한 표정으로 쳐다보고, 방학 계획을 세우라고 했을 때는 한 시간 동안 공책을 만지작거리다가 낙서만 해놓았습니다.

초등학교 5학년 때까지와는 너무나 달라진 모습에 백순미 선생님은 걱정이 태산 같습니다. 아이가 중학교에 가면 키우기가 너무 힘들다는 부모들의 얘기는 남의 일로 여겼고, 자신의 딸은 안 그럴 거라고 믿어왔는데, 자부심과 자신감이 여지없이 무너지는 기분이었습니다.

민주 부모님과 면담을 하고 민주와 30분간 상호작용 놀이 관찰을 하고 나서 제가 내린 진단은 간단했습니다. 민주의 모습은 전두엽이 리모델링 중인 사춘기의 지극히 정상적인 행동이었습니다.

앞에서도 말했듯이 생각, 판단, 계획, 충동 조절, 감정 조절 등을 관장하는 전두엽은 사춘기에 대대적인 리모델링과 확장공사를 겪습니다. 집에 비유하자면 20평 아파트를 100평으로 확장하는 것으로 볼 수 있지요.

확장공사를 하는 이유가 무엇일까요? 4학년 때까지 가완성된 전두엽으로도 학교와 집을 오가는 데는 큰 문제가 없지만, 성인이 되어 정치, 경제, 사회, 문화의 복잡다단한 일들을 다면적으로 처리하려면 20평짜리 집으로는 부족하기 때문입니다. 그래서 청소년기 내내 전두엽의 확장공사가 이루어져서, 여자는 스물네 살쯤, 남자는 서른 살쯤 돼야 완성됩니다.

사춘기에는 공사 중인 집처럼 머릿속이 어수선하고 혼란스러운 상태가 정상입니다. 이전까지 약속도 잘 지키고 말도 잘 알아듣던 아이가 말을 못 알아듣는 것은 그 때문입니다. 그리고 공사 중인 뇌는 이전보다 더 많은 수면이 필요합니다. 특히 청소년기의 수면 특징은 밤늦게 자고 아침에 늦게 일어나는 것입니다.

확장공사를 하면서 뇌세포의 연결망이 과잉 생산되고, 뉴런과 시냅스의 연결이 굉장히 많이, 빠른 속도로 일어납니다. 연결망이 과잉 생산되면서 회질은 일 년에 두 배나 증가하고, 뉴런과 연결되는 시냅스가 너무 많아서 다면적인 사고를 잘 못합니다. 마치 전선이 제대로 연결되지 않고 어질러져 있는 상태와도 같죠. 그러니 생각을 행동으로 옮기거나 올바른 판단을 내리기가 어려워지는 것입니다.

고등학교 2학년 딸을 둔 어머니가 있었습니다. 그 딸은 미국의 대학에 진학할 예정이었습니다. 대학에 가면 기숙사에서 혼자 살아야 할 테니까 미리 딸에게 살림을 가르쳐줘야겠다고 생각한 엄마는 세탁하는 방법을 가르쳐주었습니다. 방법을 알려주고 쇼핑을 다녀왔더니 딸이 세탁을 했다고 아주 자랑스럽게 말하는데, 운동화 끈 두 줄을 세탁기에 넣고 한 시간 동안 돌렸던 것입니다.

순간 엄마는 '얘가 지금 나를 시험하나?' 하는 생각이 들면서 화가 나서 야단을 쳤습니다. 하지만 딸은 왜 엄마가 화를 내는지 이해하지 못했습니다. 사춘기에는 대개 한 번에 한 가지밖에 생각을 못합니다. 세탁법은 생각하지만 효율적인 세탁법은 생각하지 못하는 것입니다. 엄마를 골탕 먹이려는 게 아니고 뇌의 도로망이 제대로 연결되지 않아서 그런 것이죠.

사춘기에는 뇌세포의 회질이 일 년 사이에 두 배나 증가하는데, 경험을 하는 뇌세포는 강화되어 남고, 경험하지 않는 뇌세포는 소멸됩니다. 예를 들어 봉사활동을 통해 몸이 불편한 사람을 돌보는 경험을 했다면 훗날에도 그런 사람들에게 관심이 가고 쉽게 돌봐줄 수 있습니다. 하지만 그런 경험이 없는 사람에게는 지체장애인에 대한 연민이나 배려 또는 관심이 별로 생기지 않을 수 있습니다.

그래서 사춘기에 말썽을 피우고, 하지 말라는 행동도 하고, 동아리활동도 하고, 여행도 한 아이들이 사회에 나가면 다양한 상황에서 상황 판단에도 능하고 대처능력도 뛰어납니다. 그때 공부만 한 학생들은 학습을 관장하는 연결망은 무척 강화되겠지만 그 밖의 부분은 약할 수 있습니다. 관계의 기술, 연애하는 법, 스트레스 관리, 취미생활, 봉사활동 등에서는 미완성 상태일 뿐 아니라 개념조차 형성이 안 되어 있기도 합니다.

청소년들은 무엇을 생각하고 무엇을 느끼고 어떤 활동을 하느냐에 따라 자기 뇌를 창조할 수 있습니다. 이것은 놀라운 일이기도 하고, 무서운 일이기도 합니다.

감정 기복이 심하다

사춘기에는 감정과 기억, 욕구 등을 관장하는 변연계가 한층 예민해집니다. 덕분에 식욕과 성욕도 왕성해지죠. 또한 세로토닌이라는 신경전달물질이 아동기나 성인기보다 훨씬 적게 생성됩니다. 세로토닌은 감정의 기복을 완화시켜 주는 역할을 해서 감정조절제라고도 부릅니다. 이유는 아직 밝혀지지 않았지만, 사춘기에는 세로토닌이 아동기나 성인기보다 40퍼센트 적게 생성된다고 합니다.

그 결과 사춘기에는 감정의 기복이 무척 심해집니다. 10분 전에 여자 친구에게 좋아한다는 말을 듣고 하늘로 날아오를 듯한 기분이던 남자아이는 잠시 후 누군가에게 무슨 핀잔이라도 들으면 단 10분 만에 죽고 싶을 정도로 괴로운 기분이 됩니다. 이렇게 심한 감정의 기복이 사춘기에는 정상입니다.

수면이 굉장히 불규칙해지고 "우울해" "짜증나" 같은 말을 많이 하는 것 역시 세로토닌이 충분히 분비되지 않기 때문입니다. 특히 남자아이들이 더 심합니다. 사춘기 남자아이들 중에 화를 벌컥 내는 충동적인 아이들이 많은데, 이는 세로토닌이 적게 분비되기 때문입니다. 이 역시 정상이라고 볼 수 있습니다.

충동적이고 절제하지 못한다

사춘기 뇌의 특성을 조금 과장해서 '피냐스 게이지의 뇌'라고 부르기도 합니다. 피냐스 게이지(Phineas Gage)는 19세기에 실존했던 인물로, 미국에서 한창 철도 공사가 진행 중이던 19세기 중반에 철도공으로 일하던 사람입니다. 무척 성실하고 리더십도 있고 친화력도 있고 책임감이 뛰어나서 스물다섯 살에 팀장을 맡을 정도였다고 합니다.

그러던 어느 날 피냐스 게이지는 공사현장에서 다이너마이트가 폭발하면서 쇠파이프가 머리를 관통하는 사고를 당합니다. 그런 큰 사고를 겪고도 다행히 목숨을 건졌습니다. 그래서 다시 일을 하기 시작했는데, 문제는 이 사람이 예전과 너무 달라졌던 것이었습니다.

예의 바르고 점잖고 책임감 있던 사람이 무례해지고, 욕설도 심하게 하고, 무척 충동적이 되었습니다. 예쁜 여자가 지나가면 무작정 붙잡고 뽀뽀를 하려고 할 정도로 충동을 제어하지 못했고, 성질이 아주 고약해졌습니다. 당시로서는 왜 그렇게 되었는지 이해할 수가 없었습니다.

현대 뇌과학에서 전두엽의 역할을 이해하고 나서야 그 원인을 알 수 있었습니다. 피니스 게이지는 사고로 전두엽이 크게 손상을 입었던 것입니다.

전두엽에 손상을 입은 피니스 게이지의 뇌와 전두엽이 공사 중인 사춘기 아이들의 뇌를 유사한 상태로 볼 수 있습니다. 청소년도 개인차는 있겠지만 피니스 게이지처럼 충동적이고, 성욕과 식욕이 왕성하며, 욕도 잘하고, 무례하고, '짐승 같은' 행동도 서슴없이 하는 경우가 종종 있습니다.

사춘기 동안 뇌의 확장공사가 성공적으로 이루어지면 거실도 있고 정원도 있는 멋있는 집이 완성되겠지만, 그 시기에 부모님이나 선생님과 깊은 갈등을 빚는다거나, 부모님이 사이가 무척 안 좋거나 헤어진다거나 하여 가정환경이 좋지 않으면 건축자재에 깨진 유리조각, 지푸라기, 휴지 같은 것들이 들어가는 것과 같습니다.

사춘기에 집이 제대로 지어지면, 어른이 된 후 어떤 상처를 입더라도 벽지를 다시 바르는 정도로 치유가 됩니다. 하지만 집단따돌림이나 폭력을 당하거나, 부모님이나 선생님과 깊은 갈등을 빚는다면, 그 상처는 어른이 되어서도 치유하기 어렵습니다. 완전히 불가능한 건 아니지만, 구조적이고 근본적인 문제를 찾아서 치유해야 하기에 많은 노력이 필요하지요.

따라서 사춘기 자녀나 학생들은 성인을 대하는 것과는 다른 마음과 태도로 대해야 합니다. 구체적으로 어떻게 대해야 할까요?

🌱 뇌가 '공사 중'인 청소년을 대하는 법

충분한 수면이 필요함을 이해하라

영유아기 아이들은 뇌에서 뉴런들이 도로망을 연결하느라 많은 시간의 수면이 필요합니다. 신생아들은 18시간 정도 자기도 하죠. 마찬가지로 사춘기에는 뇌에서 연결망을 새롭게 하느라 무척 피곤합니다. 그래서 잠을 많이 자야 합니다. 뇌 속의 도로들이 경험했던 것이 잠을 자며 쉬는 동안 연결되고 기억되고 강화되는 등의 작용을 하기 때문입니다.

사춘기에는 평균 9시간 15분 정도는 자야 한다고 합니다. 그런데 한국의 학생들, 특히 고3 학생들은 잠이 부족합니다. 이 시기의 만성적인 수면 부족은 뇌의 성장을 방해할 뿐 아니라 스트레스로 직결되어 우울해지고, 기억력이 감퇴됩니다. 그러면 학습에도 집중할 수 없어집니다.

사춘기에는 또한 수면패턴이 변화합니다. 사춘기 아이들의 수면 패턴이 어떻게 달라지는지 알기 위해 실험을 한 적이 있습니다. 햇빛을 차단해서 시간을 알 수 없게 만든 공간에서 며칠간 사춘기 학생들을 생활하게 하면서, 먹고 싶을 때 먹고 자고 싶을 때 자는 등 본인의 생체리듬에 따라 생활하게 했습니다. 그 결과 대다수의 사춘기 아이들이 새벽 2~3시가 되어야 자고 낮 12시쯤 깼습니다. 이유는 아직 밝혀지지 않았지만, 그런 현상은 전 세계적으로 공통된 것으로 밝혀졌습니다. 사춘기가 지나면 수면패턴은 이전으로 돌아옵니다.

대화할 때는 감성적으로 접근하라

청소년과 대화할 때 이성, 논리, 합리의 차원에서 다가가면 아이들은 거의 마음의 문을 닫아버립니다. 감정과 느낌의 차원에서 "지금 기분이 어때?" 하고 접근해야 합니다. 평소 어른들에 대한 불신이 큰 학생들은 이럴 때 "몰라요"라고 답할 수 있습니다. 그럴 때는 그냥 "기분을 잘 모르겠다는 말이네" 하면 됩니다. 굳이 따져묻지 않는 게 좋습니다.

관리자가 아닌 컨설턴트 역할을 하라

청소년들에게는 관리자의 역할을 하기보다는 컨설턴트 역할을 해야 합니다. 학생들과 함께 생각하고, 좀더 큰 그림을 보여주고, 방향을 제시해 줄 수 있는 컨설턴트 역할을 해주면 관계가 돈독해질 수 있습니다.

미국에는 '헬리콥터 맘(helicopter mom)'이라는 유행어가 있습니다. 자녀가 대학에 진학한 후에도 주변을 맴돌며 관리해 주려는 부모들을 가리키지요. 이런 '관리자'는 아이의 일정부터 식생활, 용돈까지 관리하려 함으로써 자녀와 학생의 자율권과 선택권을 박탈할 수 있습니다. 더 잘하도록 도와주려는 좋은 의도일지라도 아이의 입장에서는 관리와 감시, 지배를 '당하는' 느낌이 들어 거부감과 반발심이 들거나 책임을 지지 않으려 합니다.

반면에 컨설턴트는 책임을 대신 져주는 것이 아니라, 충분히 대화하고 가능성을 열어두고 숙고한 뒤에 아이 스스로 판단하고 선택할 수 있게 해줍니다. 신중하고 현명한 선택을 할 때까지 제안하거나 기다려주되, 궁극적인 결정과 선택은 본인이 하도록 도와줍니다. 이 경우 선택에 대한 책임은 선택한 사람이 지므로, 결과가 좋지 않다면 아이가 책임을 지고 거기서 교훈을 얻어 성장할 수 있습니다.

실수에 관대하고 시행착오를 통해 배울 수 있게 하라

어른들은 완성된 두뇌의 2층에서 전체적인 상황을 볼 수 있지만, 사춘기 아이들은 아직 1층에 있기 때문에 2층의 상황이 머릿속에 그려지지 않습니다. 따라서 어른은 인내심이 많은 가이드 역할을 해야 합니다.

　새롭게 집을 짓고 새로운 도로망이 깔리려면 많은 것을 경험해야 하는데, 실수를 두려워하면 경험하기가 힘듭니다. 따라서 부모님이나 선생님은 아이들의 실수에 관대해야 합니다. 실수를 하면서 시행착오를 통해 많은 것을 배울 수 있으니까요.

다양한 경험을 하도록 격려하라

　주택의 확장공사를 하려면 무엇이 필요할까요? 건축자재가 필요합니다. 청소년기 두뇌의 건축자재는 바로 다양한 경험입니다.

　50년 이상 사용할 집을 지으려면 건축자재도 가능한 한 내구성 있고 좋은 것을 써야 합니다. 여행을 가거나, 책을 읽거나, 동아리활동을 하거나, 봉사활동을 하는 등 여러 가지 양질의 경험을 해야 합니다. 저속하고 위험한 자재로 두뇌의 집을 짓는다면 좋은 집을 지을 수 없을 것이고, 그런 집은 나중에 바꾸기가 아주 어렵습니다.

　사춘기 아이들에게는 '질서를 지켜라, 규칙을 어기면 안 된다, 서로 양보하자, 배려하자……' 아무리 말해 봐야 마음에 와 닿지 않습니다. 직접 경험해 보게 해야 합니다. 직접 체험해서 자기 것으로 만든 것은 고스란히 자기 집이 됩니다.

　집을 제대로 지으려면 건축자재와 아울러 제대로 된 설계도가 필요합니다. 신뢰감, 독립심, 겸손함, 현실감각, 자기통제력, 자아존중감, 인성과 감성 개발 등이 모두 설계도에 들어가야 합니다. 굉장히 추상적으로 들리지만, 여러 가지 활동을 통해서 감정을 통해 아이에게 접근하면 그런 설계도를 그려줄 수 있습니다.

　두뇌의 리모델링 과정은 얼마든지 즐겁게 진행할 수 있습니다. 놀이, 여행, 도전, 경쟁, 협력 등 목표를 설정하고 실행하는 것까지 어른과 함께 하면서 서로 배우고 협력할 수 있습니다. 앞서 말한 HD 교실 학생들은 용돈을 모아서 사회봉사단체에 기부하기도 했습니다. 남에게 받기만 하던 '정신적 빈곤자'들이 남을 도울 수 있는 '마음의 부자'로 탈바꿈하는 경험을 한 것입니다.

경험은 얼마나 긍정적으로 하느냐 부정적으로 하느냐, 얼마나 통제적으로 하느냐 자발적으로 하느냐에 따라 다를 수 있습니다. 고등학교를 방문했을 때, HD 교실 학생들은 방문할 학교에 대해 직접 사전 조사를 하고 질문서를 만들었고, 기대했던 것과 실제 상황을 비교해 본 후 다음에는 어떻게 더 좋은 경험을 할 수 있을지 논의하기도 했습니다.

청소년기는 제대로 돌봐줄 '제2의 기회'

그럼 이 장을 시작할 때 했던 자가진단의 답을 확인해 보겠습니다.

> 1. 사춘기의 특징적 행동, 예를 들어 굉장히 충동적이거나 감정 조절이 잘 안 되는 것은 주로 호르몬 때문이다.
>   — 아닙니다. 전두엽이 리모델링 중이기 때문이고, 신경전달물질인 세로토닌이 아동기나 성인기에 비해 40퍼센트 정도 적게 분비되는 것도 원인입니다.
>
> 2. 청소년은 어른처럼 몇 가지 일을 동시에 할 수 있는 능력이 있다.

― 아닙니다. 운동화 끈 두 개를 세탁기에 넣고 한 시간 동안 세탁한 학생의 경우처럼, 대개 청소년들은 한 번에 한 가지 일에 관심을 둡니다. 동시다발적으로 노래를 들으며 컴퓨터도 하고 공부도 하는 것처럼 보이지만, 실제로는 한 번에 한 가지씩 잠깐씩 관심의 대상을 옮기는 것입니다.

3. 청소년은 아동이나 성인보다 새로운 것에 대한 흥미가 훨씬 높다.
― 그렇습니다. 새로운 것에 대한 호기심이 왕성한데, 그런 호기심이 음란물이나 폭력물 같은 것에 끌리지 않도록 주의해야 합니다. 식욕이 왕성한 아이에게 불량식품을 주지 말아야 하듯이, 청소년들에게는 좋은 책이나 영화를 권하고, 좋은 경험이나 활동을 할 수 있게 도와줘야 합니다.

4. 청소년의 부적절한 행동을 다룰 때는 경고의 눈빛을 보내는 것이 효과적이다.
― 아닙니다. 어른들은 '내가 이런 의도를 갖고 점잖게 쳐다보면 자기가 스스로 깨닫겠지?' 하고 기대하지만, 청소년들은 대부분 스스로 깨닫지 못합니다. '남에게 해로운 행동을 해서는 안 된다' '자기 자신에게 해로운 행동을 해서는 안 된다'처럼 분명하게 말로 한계를 지어주어야 합니다.

5. 청소년의 이해할 수 없는 행동은 주로 자기주장과 고집을 반영하는 것이다.
― 아닙니다. 고집을 부리는 게 아니라 그렇게밖에 생각을 못하는 것입니다. 좀더 포괄적으로 상황을 볼 수 있는 도로망이 아직 연결되어 있지 않기 때문이죠. 어른이 되어서도 그런 사람들이 간혹 있지만, 청소년들은 도로망이 다면적으로 연결되어 있지 않고 경험이 불충분하기 때문에 생각의 폭이 좁아서 그런 것입니다.

> 6. 사춘기에는 8시간 이상 잠을 잘 필요가 없다.
> — 아닙니다. 사춘기의 뇌는 리모델링 작업 중이라 충분한 수면이 필수적이며, 평균 9시간 15분 정도 자는 것이 좋습니다. '4당5락'이라고 해서 수험생이 매일 4시간 자면 대학에 합격하고 5시간 자면 떨어진다는 속설은 전두엽의 미숙함을 조장하는 근거 없는 신화일 뿐입니다.
>
> 7. 뇌는 사춘기에 구조적으로 완성된다.
> — 아닙니다. 남자는 평균 서른 살, 여자는 평균 스물네 살 정도 돼야 뇌가 완성된다고 했습니다. 사춘기는 뇌를 스스로 만들어갈 수 있는 시기입니다. 이때 무엇을 자주 보고 먹고 생각하고 행하느냐에 따라 뇌회로의 구조와 기능이 달라질 수 있다는 뜻입니다.

부모와 교사가 할 수 있는 일은 청소년들이 다양한 경험을 통해 각자의 특성과 적성을 발견할 수 있는 기회를 제공하는 것입니다. 놀이를 이용하면 학생들의 적성이나 개성을 발견하기가 좋습니다. 그리고 일을 시킬 때는 한 번에 한 가지씩만 시켜야 합니다. 중고생의 방은 머릿속을 반영하듯 어수선한 게 정상입니다.

두뇌의 집이 새로 지어지는 사춘기에 부모의 갈등이나 외도는 상당한 충격이 됩니다. 폭력이나 집단따돌림 등도 굉장히 큰 충격이 되어 뇌에 변형을 일으키거나 큰 상처가 될 수 있으므로 그런 것으로부터 보호해 줘야 합니다. 또한 새로운 경험에 대한 호기심이 무척 강하므로, 건전하고 즐겁고 유익한 것으로 호기심을 채울 수 있도록 해줘야 합니다. 그리고 인생의 대본이라 할 수 있을 설계도를 함께 만들어가야 합니다.

희망적 메시지도 있습니다. 부모가 미처 몰랐거나 너무 바빠서 영유아기 때 전두엽이 완성되는 걸 제대로 돌봐주지 못했다면, 이때야말로 영유아기와 아동기에 놓쳤던 기회를 살릴 수 있는 제2의 기회가 될 수 있습니다. 감정코칭을 통해 신뢰감과 유대감을 돈독히 하면서 아이가 바르고 행복하게 성장하는 데 도움을 줄 수 있을 것입니다.

5장

대한민국 청소년은 스트레스 덩어리

무표정, 무관심은 스트레스의 징표

백성희 선생님은 얼마 전에 무단결석한 민수를 상담했습니다.
"민수야, 왜 결석했니? 어떤 생각으로 학교에 나오지 않은 거야? 선생님한테 말 좀 해봐."
"……."
"선생님이 널 혼내는 게 아니야. 널 도와주고 싶어서 이렇게 묻는 거야. 네 사정을 알아야 도울 수 있잖아. 어서 말해 봐. 왜 결석했어? 그리고…… 듣자 하니 후배에게 몹쓸 짓을 했다던데."
"……."
"아무래도 안 되겠다. 말하지 않으면 할 수 없지. 생활지도부에 가자."
"아, 아니에요. 말할게요."
"그래, 진작 그랬으면 좋았잖아. 무슨 일이 있었던 거야?"
"그냥 학교가 싫었어요."
"그래도 학교가 싫다고 무작정 안 나오면 너한테만 손해잖아. 그렇지?"
"네."
선생님은 쉽게 수긍하는 민수에게 결석이 왜 손해인지 상세하게 설명해 주었습니다. 민수가 열심히 듣는 것에 마음이 놓였습니다.
"앞으로는 결석하지 않을 거지? 그리고 후배들 괴롭히지 말고. 선생님하고 약속할 수 있겠어?"
"네."
"그래, 그래야지. 난 널 믿는다. 힘들 땐 선생님한테 말해 줘, 응?"

"네." 민수는 선생님에게 인사하고 나갔습니다.

성공적인 상담이었습니다. 백성희 선생님은 흐뭇했습니다. 꽉 다물었던 민수의 입을 열었고, 결석 이유를 알게 되었고, 다시는 결석하지 않고 후배를 괴롭히지 않겠다는 약속을 받아냈으니까요.

그러나 얼마 후 민수는 아무 예고 없이 자퇴하고 말았습니다. 선생님은 심한 배신감과 허탈감을 느꼈습니다.

상담이 실패할 수밖에 없었던 이유를 백 선생님은 나중에야 알게 되었습니다. 민수는 억압적인 부모님 밑에서 극심한 스트레스를 받으며 자라고 있었습니다. 쉽게 화를 내는 부모님 밑에서 자라면서 무조건 "네" 하며 상대가 원하는 대답을 해주는 데 달인이 되어 있었지요. 감정에 메말라 있던 민수에게 이성적인 논리는 사막에서 모래성을 쌓아올리는 것과 같았을 것입니다. 민수에게 필요했던 것은 물 한 모금이었습니다.

민수를 상담할 때 선생님이 하고 싶은 말에 급급하거나 민수의 입을 열기 위해 애쓰는 대신, 감정을 함께 느끼며 공감해 줬더라면 민수는 학교를 떠나지 않았을지도 모릅니다.

대부분의 현대인은 매일 스트레스 속에서 살아갑니다. 스트레스는 어른에게도 위협적이지만 사춘기 청소년들에게는 치명적일 수 있습니다. 정서적으로 불안정하고 스트레스를 흡수하기 힘든 상태이기 때문에 추가적으로 스트레스를 받으면 공격성 행동이나 도피성 행동을 하기 쉽습니다. 컵에 물이 가득 차 있는 상태에서는 물을 한 숟가락만 추가해도 넘치는 것과 같은 이치입니다.

어른들이 보기에 요즘 학생들은 먹을 것, 입을 것, 놀 것 등이 풍족하여 예전 세대에 비해 훨씬 여유롭고 안락한 생활을 하는 것 같습니다. 하지만 학생들의 이야기를 들어보면 집에서도 스트레스, 학교에서도 스트레스, 학원에서나 친구들과 있을 때도 스트레스를 받는다고 합니다.

집에서는 엄마와 아빠의 잔소리, 부모의 불화나 이혼 등으로 스트레스를 받을 수 있습니다. 학교에서는 시험과 공부뿐 아니라 친구들 사이의 알력과 파벌, 집단따돌림이나 폭력 등의 스트레스에 노출됩니다. 학원에서는 진도와 과제를 따라가기 어려워 스트레스를 받고, 체중과 외모, 소음과 공해, 이성관계 등에 의해서도 스트레스를 받습니다.

공부를 잘하나 못하나, 예쁘나 미우나, 잘사나 못사나 다들 스트레스에 짓눌려 사는 듯합니다. 아이들의 표정, 행동, 말씨에도 만성적인 스트레스가 보입니다. 무표정, 무감각, 무관심, 경계심, 짜증, 욕설 등이 그 징표입니다.

스트레스가 청소년에게 미치는 영향

스트레스의 핵심은 불안, 짜증, 우울, 분노, 무기력감 등의 감정적인 불편함입니다. 감정은 생각보다 훨씬 빠르게 우리 몸에 영향을 미칩니다. 과장해서 말하자면 거의 빛의 속도에 가깝게 영향을 미치죠.

감정이 우리 몸에 영향을 미치는 통로는 자율신경계와 호르몬계입니다. 자율신경계는 즉각적으로 반응을 일으킵니다. 예를 들어, 산에서 멧돼지 같은 것과 마주쳐서 깜짝 놀랐을 때처럼 갑자기 심장박동이 빨라지고 혈당이 올라가는 등 즉각적인 반응이 나타나는 것은 자율신경계에서 하는 일로, 생존을 위해 꼭 필요한 반응입니다. 자율신경계는 신체기능의 90퍼센트를 조절하며, 교감신경과 부교감신경으로 나뉩니다.

한편, 호르몬계는 자율신경계처럼 빠르지는 않지만 천천히, 오랫동안 우리 몸에 영향을 미칩니다. 흥분되는 상황에서는 심장을 빨리 뛰게 하고 호흡을 빨리 하기 위해 스트레스호르몬인 코티솔이 생성됩니다. 그러면 적과 싸우며 우리를 보호해야 할 면역체계가 스트레스를 방어하느라 바빠서 내부적으로 면역력이 떨어집니다.

스트레스를 받으면 부교감신경계의 일종이며 우리 몸에 안정을 가져다 주는 DHEA(활력호르몬, 혹은 안정호르몬)는 감소됩니다. 스트레스호르몬이 올라가고 안정호르몬이 적게 분비되는 상태가 지속되면 건강과 신체 및 심리의 회복탄력성에 부정적인 영향을 미칩니다. 집중력 저하, 기억과 학습부진, 골밀도 감소, 근육 감소, 피부재생력 저하, 면역기능 저하, 혈당 증가, 허리와 복부의 지방 축적 등 수많은 부정적 영향을 미치죠.

따라서 청소년들이 스트레스를 지속적으로 받으면 학업에 지장을 받게 되고 심리적으로 불안정해질 뿐 아니라 신체의 건강과 성장에도 적지 않은 피해를 입게 됩니다. 청소년들은 어쩌면 공부보다 스트레스 관리법부터 배워야 할지도 모릅니다. 스트레스를 잘 관리해 주는 것이 중요한 이유입니다.

🌱 스트레스를 중화시키는 15초의 마력, 심장호흡

그렇다면, 스트레스를 어떻게 관리해야 할까요? 자동차를 빠른 속도로 달리다가 갑자기 브레이크를 밟으면 자동차에 무리가 옵니다. 속도를 천천히 줄여야 합니다. 마찬가지로 스트레스가 심할 때는 스트레스를 완전히 없애려고 하기보다는 중화시키는 게 좋습니다. 중화상태만 돼도 스트레스로 인한 에너지 손실을 막을 수 있습니다.

누구든 많은 시간을 들이지 않고 쉽게 스트레스를 중화시킬 수 있는 방법으로 미국의 하트매스 연구소(Institute of HeartMath)에서 20년간 연구한 방법을 소개합니다. 자녀나 학생들과 함께 연습해 보시기 바랍니다.

1단계 : 천천히 깊게 호흡한다

첫 번째 단계는 화가 나고 불쾌하고 짜증이 나는 상태에서 잠시 멈추고 천천히 깊게 호흡하는 것입니다. 5초 동안 숨을 들이쉬고 5초 동안 숨을 내쉽니다. 천천히 '하나, 둘, 셋, 넷, 다섯'까지 세는 속도로 숨을 천천히 고르게 들이쉬고, 다시 5초 동안 천천히 숨을 내쉬면 됩니다.

세 번 정도만 해도 마음과 몸이 편해집니다. 부정적인 감정으로 치닫던 몸상태가 중립으로 가기 시작합니다. 이때 심장호흡을 하면 훨씬 효과적입니다. 심장호흡은 심장으로 깨끗한 산소가 들어왔다가 나가는 걸 상상하며 호흡을 하는 것입니다.

2단계 : 스트레스를 유발하는 생각과 감정에서 멀어지는 상상을 한다

두 번째 단계에서는 계속해서 그 속도로 호흡을 하면서 스트레스를 유발하는 생각이나 감정으로부터 멀어지는 상상을 하는 것입니다. 어른이라면 자녀와 말싸움을 하는 상황, 교실에서 아이들이 말을 안 듣고 소란하게 구는 상황 등을 상상하고, 아이라면 부모님이 다투는 상황, 친구와 갈등을 빚는 상황 등을 상상합니다. 그러면서 그 상황에서 뒤로 세 걸음 정도 물러서는 상상을 하며 천천히 호흡을 계속합니다.

3단계 : 계속해서 호흡한다

마지막으로 세 번째 단계에서는 부정적 감정으로 꽉 차 있는 상태가 천천히 중화될 때까지 계속해서 심장호흡에 집중합니다. 이렇게 하면 감정이 중립 상태로 간다는 것이 과학적으로 입증되었습니다.

저는 이 방법을 '15초의 마력'이라고도 표현합니다. 15초가 30초가 될 수도 있고, 45초도 될 수 있겠지요.

싸움이나 폭력이나 자해 등 극한 행동을 하고 감정적으로 격해진 상태의 학생들은 말을 하기를 거부합니다. 그런 학생에게 "말 좀 해봐. 무슨 일이야? 왜 그랬어? 싸웠어?" 하고 다그치면 아이의 마음은 점점 더 멀어지고, 욕을 하거나 큰소리를 낼 수도 있습니다.

학생들이 감정적으로 격한 상황이라면 저는 학생 앞에서 가만히 제 심장에 집중하고 5초 동안 천천히 숨을 들이쉬고 5초 동안 숨을 내쉽니다. 그리고 학생에게도 호흡을 하게 합니다.

그동안 여러 가지 생각이 떠오를 수도 있습니다. '얘는 도대체 왜 이럴까? 얘네 부모는 뭘 하는 거지? 얘는 왜 내 반이 됐을까? 전학시킬 수 없을까?' 하지만 아무 생각도 하지 말고 천천히 숨을 들이쉬고 내쉬는 데 집중합니다.

가능하면 심장에 집중해서 심장으로 산소가 들어왔다가 심장에서 따뜻한 기운이 나가는 것을 느끼면서 호흡합니다. 그러면 15초 사이에 놀라운 변화가 일어납니다. 마음이 편해지고, 생각이 긍정적으로 변합니다.

HD 교실 학생들은 작은 일에도 금방 흥분했고, 한번 흥분하면 몇 시간씩 가라앉지 않았습니다. 한 달쯤 지나자 대부분 진정이 되었는데, 그렇지 못한 학생이 한 명 있었습니다. 다른 학생들이 수업 분위기를 흐리는 데

동조하지 않자 따분했던 그 학생은 어느 날 보조 선생님의 등에 종이를 던지는 장난을 했습니다. 선생님이 화를 내자 그 학생은 과격한 반응을 보였습니다.

저는 그 학생을 상담실로 불렀습니다. 그 학생은 그 정도 장난으로 불러내느냐고 반발하더군요. 그때 저는 아무 말 하지 않고 호흡을 했습니다. 심장호흡을 한 번, 두 번, 세 번 하면서 가만히 있었습니다.

그렇게 1분 정도 호흡을 하며 진정하고 나서 저는 그 학생에게 "나는 너를 좋아해. 너는 장점도 아주 많은 아이야. 여기에 네 장점을 50가지 써보고, 네가 장난 친 선생님의 장점도 50가지 써보면 좋겠다"라고 말했습니다. 그러자 아이는 자신은 장점이 하나도 없다고 부인하더군요. 그래서 먼저 제가 그 학생의 장점을 50가지 정도 써주었습니다. 그리고 그 장점 중, 스스로 장점이라고 여겨지는 것이 있으면 베껴 쓰고, 장난 친 선생님의 장점도 가능한 한 많이 찾아서 써보라고 했습니다.

그 사건 후로 그 학생은 태도가 무척 좋아졌습니다. 변화의 시작은 제가 1분 정도 호흡하며 스트레스를 중화한 것이었습니다. 그러지 않고 아이의 잘못을 지적했다면 아이는 굉장히 반발했을 것입니다.

처음 호흡을 할 때는 저도 조금 화가 났지만, 두 번 세 번 하면서 진정이 되자 그 학생에게 고마운 마음이 들었습니다. 뛰쳐나가지 않고 제 앞에 앉아 있다는 사실만으로도요. 그 정도로 마음에 여유가 생긴 것이죠. 그렇게 평정심을 되찾은 상태에서 아이와의 문제를 해결할 수 있었습니다. 이것이 바로 스트레스 중화 작업의 효과이자 힘입니다.

6장

아이와 감정 수위를 맞추어라

아이의 심장은 어른의 심장을 따라 뛴다

　몇 년 전부터 학교폭력, 집단따돌림, 학생들의 자살 등에 전국적인 관심이 모이고 있지만 학생들의 자살 소식은 이어지고 있어서 모두의 마음을 무겁게 합니다. 이 문제에 대해서는 여러 방향에서 접근할 수 있지만, 저는 최첨단 과학을 이용한 심장지능 또는 정서지능에서 해결의 실마리를 찾아보려고 합니다.

　요즘 학생들은 지식과 정보로 두뇌를 활용함에 있어서는 웬만한 어른보다 속력이 빠르고 용량도 클지 모릅니다. 하지만 정서면에서는 과거의 학생들에 비해 오히려 위축되고 미성숙해 보입니다. 심장은 감정, 즉 정서에 아주 민감하게 반응합니다. 짜증이나 좌절감을 느낄 때는 심장이 불규칙하게 뛰고, 감사와 편안함을 느낄 때는 규칙적인 리듬을 보입니다. 그렇다면 거꾸로 심장의 반응을 통해 감정과 정서를 다스릴 수도 있을 것입니다.

　지난 200년간 서양의학에서는 심장을 단지 혈액을 공급해 주는 장기로 폄하해 온 경향이 있습니다. 그러나 인류사적으로 보면 동서고금을 막론하고 많은 곳에서 심장의 중요성을 깨달았던 것으로 보입니다. 예를 들어, 고대 이집트에서는 미라를 만들 때 두뇌는 제거했지만 심장은 반드시 간직했다고 합니다. 나중에 살아났을 때 심장이 중요한 역할을 할 거라고 믿었기 때문입니다. 최근 들어 서양의학에서도 심장에 관하여 놀라운 사실들이 밝혀지고 있습니다.

　심장을 단지 혈액을 공급하는 기관으로 보지 않고 폭넓고 깊이 있게 연구하는 분야가 있습니다. '심뇌과학(Neuro-cardiology)'이라는 분야로, 아직 대중에게 별로 알려지지 않았고 전문가들에게도 생소하지만, 상당히 연구가 진행된 분야입니다.

심뇌과학에서 밝혀낸 사실 중 하나가 심장에도 뇌세포와 유사한 세포가 있다는 사실입니다. 심장은 '심장두뇌(heart brain)'라는 복잡한 신경계를 가지고 있고, 심장두뇌에서 독립적으로 정보를 입력하고 처리한다는 사실이 밝혀졌습니다.

두뇌의 뇌세포가 심장의 세포보다 그 수는 훨씬 많습니다. 뇌에는 백억 개라는 어마어마한 숫자의 뇌세포가 있는 것으로 알려져 있는데, 심장의 세포는 그보다 양은 적습니다. 하지만 심장에서 두뇌로 가는 정보가 두뇌에서 심장으로 내려오는 정보보다 훨씬 많다고 합니다. 무려 열 배 정도 많다고 하지요.

이런 연구 결과를 모르더라도 느껴본 적이 있을 겁니다. 가끔 '머리로는 이해가 되는데 마음으로는 받아들여지지 않는다'는 말을 하죠? 그처럼 심장은 두뇌와 별개로 독립적인 결정을 내립니다. 예를 들어, 어떤 사람을 만나면서 '이 사람과 결혼을 할지 말지' 머리로 따져보다가도 결국은 마음이 끌리는 대로 결정하는 경우가 많습니다. 심장은 생각이 아니라 감정에 의해 큰 영향을 받습니다.

심장은 태아가 7주 정도 됐을 때 움직이기 시작한다는 것도 심뇌과학을 통해 밝혀졌습니다. 심장을 처음 뛰게 하는 것이 무엇인지는 아직 알려지지 않았지만, 일단 뛰기 시작하면 심장은 사망할 때까지 계속 뜁니다.

폭력학생들을 대상으로 특강을 했을 때, 학생들에게 "주먹이 셀까요? 심장이 셀까요?" 하고 물어본 적이 있습니다. 대부분의 학생들은 주먹이라고 답했습니다. 그래서 제가 이렇게 말했습니다. "주먹이 센지 심장이 센지 실험해 볼까요? 심장은 엄마 뱃속에서부터 죽을 때까지 계속 뜁니다. 주먹을 심장이 뛰는 것처럼 쥐었다 폈다 2분만 해보시겠어요?"

학생들은 주먹을 쥐었다 폈다 해보지만, 2분도 채 못합니다. 30초만 해도 힘이 들죠. 이 간단한 실험을 통해 학생들은 심장이 얼마나 강하고 대단한지를 느껴볼 수 있습니다.

심장은 규칙적으로 뛰면서 전자기장(electromagnetic field)을 생성하는데, 최근 들어 미세한 전자기장을 측정할 수 있게 되어 알게 된 사실이 있습니다. 심장에서 나가는 전자기장의 크기가 뇌에서 발생하는 전자기장의 크기보다 5,000배는 더 크다는 사실입니다. 심장에서 나가는 전자기장은 1.5미터에서 1.8미터 떨어진 거리까지 측정이 되는데, 뇌에서 나가는 전자기장은 고작 4.5센티미터에서 5센티미터까지밖에 측정이 안 됩니다.

중요한 문제를 논할 때 흔히 머리를 맞댄다고 합니다. 그렇게 가까이 와야만 생각이 통하니까요. 하지만 심장은 굳이 맞대지 않더라도 '마음이 통한다'는 표현을 자주 씁니다. 심장에서 뿜어져 나가는 전자기장이 서로에게 영향을 미친다는 걸 알고 있었던 게 아닐까요?

하트매스 연구소에서 그와 관련한 실험을 했습니다. 한 아이와 그 아이가 사랑하는 개의 심장이 서로 어떤 영향을 주고받는지를 관찰했지요. 그 결과 둘이 서로 다른 방에 있을 때는 심장이 뛰는 형태가 달랐지만, 아이가 개가 있는 방으로 들어가서 심장호흡을 하자 개의 심장활동 패턴이 아이와 거의 같아졌습니다. 그러다가 아이가 방을 나가자 다시 패턴이 달라졌지요.

교실이나 상담실에서도 마찬가지입니다. 선생님과 학생들의 심장활동은 서로 영향을 미칩니다. 그래서 집이나 교실이나 학교 전체가 불편하고 짜증나는 경우가 있고, 안정적이고 차분하고 평화롭고 포근한 경우가 있습니다. 같은 공간에 있는 사람들이 서로 주고받는 심장 파장의 영향이라고 볼 수 있을 겁니다.

학생들이나 자녀들과 선생님이나 부모님 중 누구의 심장이 더 클까요? 일반적으로 선생님이나 부모님의 심장이 더 크겠죠. 그렇다면 누구의 심장이 누구의 심장을 따를까요?

그렇습니다. 아이들의 심장이 부모님이나 선생님의 심장을 따를 것입니다. 그래서 부모님이나 선생님의 마음이 편하면 아이들의 마음도 온화하고 평화로워질 수 있습니다. 반대로 선생님이나 부모님의 심장이 스트레스를 받아서 불규칙하게 뛰면 그 파장이 아이들에게 전달되어 아이들도 전반적으로 마음이 불편해집니다.

오케스트라처럼 아이들과 심적 조율을 하라

청소년들은 각자의 상황에 따라 다양한 정서 상태로 학교에 옵니다. 들떠 있거나, 짜증 나 있거나, 화가 나 있는 등 서로 다른 감정 상태로 하루를 시작하면 엇박자가 나며 감정 수위가 쉽게 상승되어 교실은 시장바닥같이 어수선해집니다. 이때 아이들의 심파를 측정하면 상당히 불규칙하고 부정적인 파장일 것입니다. 그리고 서로에게 부정적 영향을 미칠 것입니다.

아무리 뛰어난 오케스트라라도 매 공연에 앞서 무대에서 서로 조율하는 시간을 갖듯, 교실에서도 교사와 학생들이 '심적 조율'을 하는 시간을 가져야 합니다. '심적 조율'이란 과학적으로 입증되고 있는 개념으로, 일련의 과정을 통해 사람들의 심적 상태를 가장 조화로운 상태로 맞춰가는 것입니다. 마치 오케스트라 단원들의 악기를 제1 바이올린 주자에게 맞추는 이치와 같습니다.

　심적 조율을 하는 방식은 여러 가지가 있지만, 학교에서는 조례시간을 학생들의 정서를 안정시키고 학생들과 교사의 관계를 '조율'하여 긍정적으로 만들어가는 기회로 사용할 수 있습니다. 그러기 위해서는 먼저 선생님이 심적 안정을 취해야 합니다.

　심적 조율은 학교뿐 아니라 가정에서도 필요합니다. 감정 조절을 잘 못하는 사춘기 자녀를 대하면서 부모님이 격한 감정을 보인다면, 부모님이 아이에게 영향을 받는 것입니다. 아이에게 필요한 것은 영향을 줄 수 있는 어른입니다. 부모님이 심적으로 중심을 잡고 아이가 부모를 따라 심적 조율을 하도록 유도해야 합니다.

　어른이 아이와 심적 조율을 하며 아이에게 영향을 미치는 과정에는 다양한 유형이 있습니다. 앞서 사례로 든 선영이 아빠가 선영이와 심적 조율 없이 영향력만 미치려고 했다면, 선영이 엄마의 경우에는 심적 조율은 조금 있었지만 영향력은 없었습니다.

　이렇게 아이가 감정을 보일 때 반응하고 대처하는 방식은 사람에 따라 다를 수 있습니다. 이런 방식의 차이를 양육자의 유형이라고 합니다. 양육자의 유형에 대해서는 다음 장에서 구체적으로 살펴보도록 하겠습니다.

초감정은 대개 아동기에 환경이나 문화의 영향을 받아서 형성되기 때문에 사람에 따라 초감정이 다를 수밖에 없습니다. 그리고 대개는 어려서 분별력이 생기기 전에 흡수됩니다. 그래서 의식하지 못하는 경우가 많지요. 우리가 부적절한 행동을 습관적으로 반복하는 가장 큰 이유는 자신의 초감정을 의식하지 못하기 때문입니다. 초감정을 의식한다고 곧바로 변하지는 않겠지만 최소한 변화가 시작될 수는 있습니다. 자신의 초감정을 아는 것은 상황이나 상대방의 감정을 읽는 데도 절대적으로 필요합니다.

3부

아이의 마음을 보기 전에
나의 마음부터 살펴라

7장

나는 어떤 유형의 교사·부모인가?

🌱 아이의 감정에 어떻게 반응하는가?

초등학교 6학년인 규리는 학교가 끝나고 집에 돌아와 키우던 강아지가 죽어 있는 걸 보고 깜짝 놀라 엄마에게 전화를 했습니다.

"엄마, 미미가 죽었나 봐! 엄마, 무서워! 빨리 집에 와!" 하며 흐느껴 울었습니다.

대기업 간부인 규리 엄마는 딸이 업무시간에 전화를 한 것도 불편한데, 강아지가 죽었다고 우니 얼른 달래서 울음소리가 수화기 밖으로 들리지 않도록 하려고 애씁니다.

"괜찮아. 미미가 늙어서 죽을 때도 됐잖니. 우리 이제 강아지 대신 고양이를 키워보는 게 어떨까?" 아이를 달래주려고 다정하게 제안합니다.

그러자 규리는 더 크게 울면서 "싫어! 난 미미가 좋아! 미미가 다시 살았으면 좋겠어! 고양이는 싫어!" 하고 소리칩니다. 규리 엄마는 빨리 규리를 진정시키고 전화를 끊으려고 더 큰 제안을 합니다.

"규리야, 미미는 죽었으니까 그만 잊어. 이번 여름에 아빠랑 제주도 가서 조랑말 타자. 너 말 타는 것 좋아하잖아."

규리는 그 말에 짜증을 내며 "엄마, 빨리 집에 와! 나 혼자 있기 무섭단 말이야!" 하고 전화를 끊습니다. 엄마는 어떻게 규리를 달래줘야 할지 막막했습니다.

이때 엄마가 규리의 감정에 관심을 두었더라면 규리는 자신의 감정을 이해하고 대처하는 방법을 배울 수 있었을 것입니다. 자신은 무섭고 슬픈데 엄마는 자꾸 괜찮다며 고양이를 사주겠다, 조랑말을 타러 가자, 다른 얘길 하니 자신의 감정이 잘못된 것 같고, 엄마가 위로해 주려 할수록 짜증과 거부감이 들었습니다.

엄마는 엄마대로 딸을 달래주려고 인내심을 갖고 말했는데, 거친 감정과 행동을 보이는 아이가 못마땅하기도 하고 거리감도 느껴졌습니다.

중학생인 지민이는 교복 치마를 줄여달라고 하다가 엄마와 언쟁을 하게 되었습니다. 엄마는 무릎 정도의 길이가 보기 좋다고 하고, 지민이는 자기처럼 길게 입는 아이는 없다고 투덜댑니다. 모녀의 언쟁을 듣던 아빠는 지민이의 손을 들어줍니다.

"하복 치마 좀 짧게 입으면 어때? 그래, 지민아, 요즘 여자들 다 미니스커트 입더라. 너도 시원하게 짧게 줄여서 입어. 대신 공부는 제대로 해야한다. 알았지?"

지민이 엄마는 남편과 논쟁을 해야 할지 딸과 다퉈야 할지 혼란스러워집니다. 지민이는 자신이 원하는 바를 무조건 받아주는 아빠가 좋기보다는 왠지 약간은 무시하게 됩니다. 어떤 때는 좀 엄하게 옳고 그른 것을 분별해 주면 더 믿음직하고 존경스러울 것 같습니다. 그리고 치마를 줄여 입겠다고 생각하면서도 자신이 지금 잘하고 있는지 약간 혼란스럽습니다.

고등학생인 혁재는 학교를 그만두겠다고 합니다. 이럴 땐 부모님도, 선생님도 난감하지요. 엄마는 혁재를 달래다 안 되자 아빠에게 미룹니다. 일하느라 바빠서 아이의 일에 별로 신경을 못 썼던 아빠는 모처럼 아들에게 단단히 도움을 주겠다고 생각합니다. 의도는 좋지만, 전형적인 스타일이 나옵니다.

"얌마! 우린 군대도 불평 없이 3년을 다녀왔는데, 공부도 못하고 가방만 들고 왔다 갔다 하면서 학교를 못 다니겠다고? 정신상태가 글러먹었어!"
일장훈계를 하신 거지요.

아이가 학교를 안 가겠다고 할 때는 분명 이유가 있을 겁니다. 그러나 이유는 알려고 하지도 않고 아빠의 생각만 일방적으로 이야기합니다. 이럴 때 아이들은 어떻게 반응할까요? 말이 통하지 않으니 마음의 문을 닫아버립니다. 말해 봤자 훈계만 더 들을 거라고 생각해서죠. '아빠도 왕따를 당해보셨다면 그런 말씀 안 하실 거예요'라고 생각할 수도 있습니다. 그러나 아이는 그런 기분을 말하지 않고, 아빠는 아이의 행동만 봅니다. 그리고 '어디서 배워먹은 버르장머리야! 이 녀석 버릇 좀 단단히 고쳐줘야겠어!' 하면서 사랑의 매를 들 수도 있습니다.

이상의 세 가지 사례에서 자신의 모습을 발견한 부모님들이 적지 않을 겁니다. 부모나 교사 등 양육자가 아이의 감정에 반응하는 태도와 방식은 아이의 정서와 인성에 지대한 영향을 미칩니다.

아이의 감정을 보지 않고 행동만을 보며 대응하면 아이들을 혼란스럽게 하거나 상처를 줄 수 있고, 적대감을 갖게 할 수 있으며, 결국 아이들과 멀어질 수 있습니다. 따라서 양육자는 자신이 아이의 감정에 어떤 식으로 반응하는지 점검하고 바람직한 방식으로 반응하도록 노력할 필요가 있습니다.

가트맨 박사의 양육자 유형 실험

가트맨 박사는 하임 기너트 박사의 감정코칭 철학을 연구하면서 부모들이 자녀들의 감정에 어떻게 반응하는지, 그리고 부모의 반응에 아이들은 어떤 영향을 받는지를 관찰했습니다. 그 결과, 자녀의 감정에 대한 반응에 따라 양육자의 유형을 네 가지로 나눌 수 있다는 사실을 알게 되었습니다.

1980년대 초였던 당시에 '팩맨'이라는 전자오락게임이 처음 등장했습니다. 가트맨 박사는 먼저 부모들에게 그 게임을 하는 방법을 가르쳐주고, 부모가 아이에게 가르쳐주게 했습니다. 게임을 배워서 처음 할 때는 뜻대로 안 되면 좌절감도 느껴지고, 잘되면 신이 나는 등 여러 가지 감정을 느낄 수 있죠. 가트맨 박사는 그럴 때 부모가 아이의 감정에 어떻게 대응하는지를 관찰했습니다.

아울러 부모가 그런 반응을 보일 때 아이들의 태도와 표정이 어떻게 변하는지, 심장박동이나 혈압은 어떻게 변하는지, 스트레스호르몬은 얼마나 분비되는지 등의 생리적인 변화까지 함께 관찰하고 싶었습니다. 그러자면 아이들 몸에 여러 장치를 부착해야 하는데, 그러면 어색해서 자연스러운 반응이 나오지 않을 수도 있었죠. 이를 해결하고자 가트맨 박사는 실험실을 우주선처럼 만들었습니다. 아이들에게 우주복을 입히고, 우주복 안에 생리적 변화를 측정할 수 있는 여러 장치를 부착했습니다.

그렇게 준비한 실험실 안에서 아이들은 팩맨 게임을 하고, 부모가 코칭을 했습니다. "잘했어, 잘했어!" "아, 이렇게 해야지!" 부모는 실망감도 보이고, 화도 내고, 칭찬도 하고, 격려도 했습니다. 부모와 아이가 그런 감정적인 상황에서 상호작용하는 걸 보면서 네 가지 유형을 발견했습니다.

그후 한국에서 〈MBC 스페셜〉의 '내 아이를 위한 사랑의 기술'이라는 프로그램을 만들 때 저희가 유사한 방식으로 실험을 했습니다. 부모와 아이가 함께 보드게임을 하도록 했지요. 그때 게임이 뜻대로 안 되어 속이 상한 한 아이가 눈물을 흘렸습니다. 그러자 아빠는 "머슴아가 눈물을 질질 짜냐? 그럼 못써!" 하고 반응했습니다. 이게 바로 유형입니다. 나쁜 의도를 갖고 하는 행동이 아니라, 아이가 보이는 감정에 대해 자연스럽게 나오는 스타일인 겁니다.

그렇다면 교사·부모를 비롯한 양육자 유형의 네 가지는 어떤 것들인지 구체적으로 살펴보도록 하겠습니다.

축소전환형 교사·부모의 특징

앞에서 살펴본 첫 사례의 규리 엄마는 규리의 감정을 대수롭지 않은 것으로 축소한 뒤 다른 쪽으로 관심을 돌리려고 하는 축소전환형입니다. 축소전환형 교사·부모는 아이의 감정은 별로 중요하지 않다고 여깁니다. 별로 중요하지 않으니까 무시하거나 간과하죠. "그런 일로 슬퍼할 것까지 있니?" "별것 아닌데 뭐" 하며 축소합니다.

축소전환형은 아이의 부정적 감정이 빨리 사라지도록 격려합니다. 그래서 기분을 전환시키려고 소위 '뇌물'이라 할 만한 다른 보상을 제공하기도 합니다. 예를 들어, 아이가 "공부 재미없어! 하기 싫어!" 하고 소리치면 "그러지 말고 잘해. 초콜릿 줄게" 하고 달래는 부모님이 있습니다. 공부가 지루하고 재미없다는 감정을 간과한 채 초콜릿이라는 보상으로 그 감정을 눌러보려는 것이죠.

아이의 감정이 별것 아니라고 생각해서 놀리거나 농담으로 삼는 경우도 있습니다. 아이가 화를 내면 "우리 아가씨, 화내니까 더 예쁜데?"라고 한다거나, "화내는 모습이 꼭 누구 닮았네" 하고 놀리는 경우도 있지요. 아이의 감정이 중요하다고 생각하지 않으니까 감정을 놀리거나 감정을 풀어주려고 농담거리로 삼는 겁니다.

또한 아이의 감정은 비이성적인 것이라서 믿을 수 없다고 생각합니다. "네가 아직 몰라서 그런 모양인데……"라고 하며 아이들은 비이성적이기 때문에 그 감정도 믿지 못한다고 생각합니다.

대개의 경우 축소전환형 교사·부모는 아이들이 부정적인 감정을 보이면 불편해합니다. 감정에는 좋은 감정이 있고 나쁜 감정이 있다고 생각해서, 아이가 화를 내거나 슬퍼하거나 놀라거나 무서워하는 등 소위 '나쁜' 감정을 보이면 교사·부모 자신의 마음이 편치 않기 때문에 빨리 다른 감정으로 전환시키려 합니다. 그러면 아이는 자신의 감정을 믿지 못하게 되고, 자신이 비정상적인가 하는 의구심을 갖게 되며 자신감과 자존감이 낮아집니다.

억압형 교사·부모의 특징

억압형은 축소전환형과 어느 정도 비슷합니다. 감정은 좋은 게 있고 나쁜 게 있다고 양분하고, 아이의 감정을 대수롭지 않게 여기는 것까지는 비슷합니다. 하지만 차이가 있습니다. 축소전환형은 달래주거나 다른 걸로 전환시켜서 아이의 부정적 기분이 사라지게 하지만, 억압형은 불편한 감정들을 꾸짖거나 훈계해서 그러한 감정이 들지 못하도록 합니다.

예를 들어, 규리의 사례에서처럼 애완견이 죽은 일은 아이들 입장에서는 굉장히 무섭고 슬프고 충격적인 경험일 수 있습니다. 죽음을 한 번도 경험해 보지 못했기 때문에 슬프기도 하고, 미안하기도 하고, 당황스럽기도 하고, 여러 가지 감정이 들 겁니다. 그럴 때 '시끄럽다' '울지 마라' '그까짓 것 갖고 왜 난리냐' '할머니라도 돌아가셨냐' 이렇게 야단치는 식으로 반응하는 것이 억압형입니다.

억압형 교사·부모들이 아이를 미워해서 그러는 건 아닙니다. 아이에게 올바른 행동을 가르치려는 의도에서 나온 행동입니다. 부정적 감정을 그대로 놔두면 아이의 성격이 나빠지거나 나약해질지 모른다고 우려해서 빨리 교정해 줘야 한다는 생각에 강하게 개입하는 것입니다.

하지만 억압형 교사·부모의 행동은 의도와는 다른 결과를 낳습니다. 예를 들어, 아이가 성냥갑을 쌓아서 어떤 작품을 만들던 중 완성을 거의 앞두고 와르르 무너졌다고 합시다. 그러면 아이는 굉장히 실망스럽고 속이 상하겠죠. 그런데 옆에서 어른이 "그것 봐. 내가 안 된다고 했잖아!" 하고 말한다면 아이는 상처 입은 데 또 상처를 입을 것입니다.

억압형 교사·부모들은 감정을 자연스러운 현상으로 보지 않습니다. 특히 나쁜 감정이라고 생각하는 분노나 놀람, 슬픔, 두려움 같은 것들은 억제하고 자제해야 한다고 믿습니다.

가트맨 박사가 관찰한 결과, 직업 군인들이 자녀나 배우자와의 관계에서 어려움을 겪는 경우가 많다고 합니다. 군인이 전쟁터에서 적군을 보고 '저 사람은 누구의 남편이고 아들이고 오빠고 남동생인데……'라고 생각하면 총을 쏠 수 없겠죠. 그래서 직업적으로 감정을 차단하도록 훈련을 받습니다. 하지만 그런 태도를 자녀나 배우자에게도 보인다면 관계가 힘들어집니다.

또한 억압형 교사·부모들은 부정적 감정은 시간 낭비이자 사치라고 생각합니다. 그래서 "이런 전쟁터 같은 상황에서 감정이나 읊고 있어?" "사내 녀석이 그깟 일로 울어?" "나 같으면 걱정하고 있을 시간에 시험공부나 하겠다"처럼 반응하지요.

방관형 교사·부모의 특징

　방관형 교사·부모들은 아이들의 감정을 그대로 인정하고 수용합니다. 감정에 좋은 감정, 나쁜 감정이란 건 없고, 아이들은 다 그러면서 큰다고 믿지요. 아이가 울거나 화를 내거나 두려워하거나 슬퍼해도 그런 감정도 허용하고 격려합니다.

　자녀가 스마트폰을 사달라고 하면 "갖고 싶다면 사줘야지" 화나서 동급생을 때렸다고 해도 "암, 화가 나면 주먹이 나가는 법이지" 아니면 "괜찮아. 애들은 다 그러면서 크는 거야" 이런 식으로 반응하는 것이 방관형의 태도입니다.

　감정에 대한 올바른 대처법은 지도해 주지 않고 그냥 허용만 하기 때문에 방임이 되는 것입니다. 아이가 "엄마, 어떻게 해?"라고 물어도 "나도 몰라. 네 맘대로 해" 아니면 "그런 건 네가 알아서 해"라고 반응합니다. 그래서 아이는 자기 행동이 어디까지 괜찮고 어디까지 안 되는지 바람직한 행동의 한계를 알 수 없게 됩니다.

　또한 방관형 교사·부모들은 감정은 모두 분출해야 좋다고 믿습니다. 그래서 "화날 땐 물건이라도 집어 던져야 스트레스가 풀리지" 또는 "그래. 슬프면 실컷 울어" 하고 말합니다. 감정은 분출해야 한다고 생각하면서도 문제해결능력은 키워주지 않는 것이 바로 방관형입니다.

감정코칭형 교사·부모의 특징

감정코칭형 교사·부모들은 감정은 좋고 나쁜 게 없는 자연스러운 현상이라고 생각해서 다 받아줍니다. 이 점은 방관형과 같지요. 하지만 감정을 느낀다고 해서 자기 마음대로 행동해도 되는 건 아니라고 생각하며, 행동에 적절하게 제한을 두고 바람직한 행동을 할 수 있도록 함께 대안을 찾거나 문제를 해결할 수 있도록 도와줍니다. 모든 감정을 허용하지만 행동에 제한을 둔다는 게 핵심이지요.

감정코칭형 교사·부모들은 특히 아이들이 놀라거나 무서워하거나 슬퍼하거나 화를 내거나 하는 소위 부정적 감정을 강하게 보일 때가 좋은 기회라고 여깁니다. 아이가 자신의 감정을 제대로 이해하고 제대로 대처하도록 가르쳐줄 수 있는 좋은 기회이자, 부모나 교사를 의지하고 서로 신뢰하며 유대감을 키울 수 있는 좋은 기회라고 생각하죠.

그래서 아이의 감정에 대해 알기 위해 기꺼이 시간을 들입니다. "지금 어떤 일로 화가 났는지 얘기해 줄 수 있겠니?" "많이 슬퍼하는 것 같은데, 무슨 일이 있었는지 얘기해 줄 수 있어?" 하고 묻는 시간을 아깝다고 생각하지 않습니다.

감정에 대해 훈계하거나 야단치거나 벌주지 않고 공감해 줍니다. 예를 들어, 학교 작품전에 출품하려던 거북선 모형을 동생이 실수로 밟아서 망가뜨렸다면 형의 입장에서는 속상하고 화가 나겠죠. 그래서 아이가 화를 내면 "화날 만하다. 아빠도 열심히 만든 걸 누가 망가뜨렸으면 정말 화가 날 거야" 하면서 공감을 해주는 것이죠.

감정에 공감을 해주면 아이들은 '그런 감정을 느끼는 게 이상한 게 아니구나' '이 감정이 잘못된 건 아니구나' 이렇게 자신에 대해 안도감이나 믿음을 갖게 되고, 부모도 그런 기분을 느껴봤다고 하니 부모에게 유대감이 느껴집니다.

감정에 공감해 준 다음에는 "이제 좀더 큰 그림에서 같이 생각해 볼까?" 하면서 대처방법이나 문제해결방법을 안내해 줍니다. 아이가 "그럼 그럴 때 엄마는 어떻게 했어?" 하고 물을 수 있습니다. 아이들은 그런 상황을 태어나서 처음 경험하기 때문에 어떻게 해야 할지 모르는 경우가 많습니다.

예를 들어, 애완견이 죽어서 슬퍼하는 아이의 엄마도 어렸을 때 애완견의 죽음을 경험했다면, "그때 엄마는 진돌이한테 미안하고 불쌍해서 뒷마당에 묻어주고, 진돌이 사진을 책상 앞에 붙여놓고 보고, 나중에 다시 개를 키우게 됐을 때는 더 성의껏 돌봐주었어" 하고 이야기해 줍니다.

어려운 감정에 대처하거나 예방하는 방법을 제안하면 아이가 배울 수 있고, 나중에 비슷한 상황이 발생해도 스스로 대처할 수 있는 힘이 생기고 자신감도 붙습니다.

감정코칭형 교사·부모는 행동에 한계를 지어준다고 했습니다. 만일 거북선 모형을 동생이 망가뜨린 경우, 형이 화가 나서 동생을 때렸다고 합시다. 그러면 "네가 기분 나쁜 건 알아. 그렇다고 해서 동생을 때리는 건 안 되지"라는 식으로 한계를 지어줍니다. 혹은 "때리는 건 안 돼. 네가 화나고 속상한 걸 어떻게 표현하면 좋을까?" 이렇게 스스로 대안을 생각해 보게 할 수도 있습니다.

요약하면, 아이의 감정에 공감해 준 다음, 아이의 행동에 대안을 제시해 주거나 문제해결방법을 함께 생각해 보는 것이 감정코칭형 교사·부모의 특징입니다.

교사·부모를 비롯한 대부분의 양육자는 한 가지 유형의 특징만 갖고 있지 않습니다. 몇 가지 유형이 혼재되어 있는데, 그중 한두 가지 유형에 치우쳐 있지요. 다급한 상황이나 별로 의식하지 못하고 행동할 때 나오는 반응을 기본 유형으로 볼 수 있습니다.

기본 유형을 바꿀 수 없는 건 아닙니다. 교육을 통해 감정코칭형으로 변화할 수 있습니다. 100퍼센트 감정코칭형이 될 필요는 없습니다. 열 가지 상황에서 세 번 정도만 아이에게 감정코칭을 해줘도 효과가 있다는 가트맨 박사의 연구 결과가 있기 때문입니다.

8장

아이의 행동은 나를 비추는 거울이다

교사와 부모는 아이의 역할모델

아이들은 가까이서 자주 접하는 부모나 교사들의 모습을 보면서 여러 가지를 배웁니다. 감정에 대처하는 방식도 마찬가지입니다. '아, 화가 날 때는 저렇게 해야 하는구나' '슬픈 건 억눌러야 하는구나' '저런 감정은 감춰야 하는구나' 하는 식으로 주변의 어른을 보면서 감정을 대하는 방식을 배웁니다.

부모나 교사가 바라는 건 무엇일까요? 아이들이 슬픔을 느낄 때, 화가 날 때, 기쁨을 느낄 때 어떻게 하기를 바랄까요? 잘 표현하고 극복하기를 바랄 겁니다. 자녀가 분노 같은 감정은 표출하지 않는 게 좋다고 생각하는 부모들이 많을지 모르지만, 분노도 자신과 남에게 해가 되지 않는 한도에서 적절한 방법으로 해소할 수 있어야 합니다.

예전에 고등학교 2학년 남학생을 상담한 적이 있습니다. 그 학생은 얼굴에 조금 큰 점이 있었습니다. 그래서 아이들이 점돌이라고 부르는 등 자주 놀렸습니다. 물론 이 학생은 아이들이 놀리는 걸 무척 싫어했죠. 어느 날 수업시간에 뒷자리의 친구가 무료했던지 계속 "점돌아, 점돌아" 하고 불렀습니다. 하지 말라고 해도 계속하자 화가 난 학생이 의자를 들어서 뒤에 앉은 아이를 힘껏 내리쳤고, 그 아이는 전치 몇 주가 나올 정도로 크게 다쳤습니다. 결국 그 학생은 학교에 다닐 수 없게 되었습니다.

그런 상황이라면 물론 화가 날 것입니다. 그래서 저에게 상담하러 온 그 학생에게 말했습니다. "화가 날 만하구나. 나라도 내 신체의 특징을 놀린다면 정말 화가 날 거야. 그렇다고 의자로 친구를 치는 것은 안 되지. 기분 나쁘고 화가 나는 걸 다른 방법으로 표현한다면 어떻게 하는 것이 좋을까?" 그러자 학생은 "몰라요"라고 대답했습니다. 자기 아빠는 화가 나면 술 마시고, 술병을 깨거나 물건을 집어 던졌기에, 다른 방법은 모르겠다고요.

그 학생이 기억하는 어린 시절의 첫 기억이 아빠가 술을 많이 마시고 와서 큰소리를 내고 엄마를 때리던 일이었습니다. 초등학교에 들어가기도 전, 비가 많이 오던 날 아빠가 계속 술을 마시다가 아이에게 술을 사오라고 했습니다. 돈도 없고 어떻게 해야 할지 몰라 멍하니 있으니 아빠가 말을 안 듣는다며 호통을 치다가 직접 술을 사러 나갔습니다. 그리고 술을 더 마시고 들어오다가 집 계단에서 미끄러져서 뇌진탕으로 돌아가시고 말았지요.

그런 무서운 기억을 갖고 있었기 때문에 이 학생은 화가 나면 일단 꾹 참았습니다. 그리고 참다 참다 화를 낼 때는 무언가를 던지거나 깨는 게 이 학생이 아는 유일한 방법이었던 것입니다.

제가 "나도 화가 날 때가 있는데" 하자 그 학생은 "선생님도 화를 내요?" 하며 놀랐습니다. 그러고는 "선생님은 화날 때 어떻게 하세요?"라고 물었습니다. 그래서 "나는 화가 나면 걸어. 화가 안 나도 걷지만 특히 화가 날 때는 걸어. 아니면 책을 보거나 음악을 듣거나 노래를 부르거나 해" 하고 말하자 그 학생은 '세상에, 그런 방법도 있구나!' 하는 표정으로 눈이 똥그래져서 묻습니다. "그러면 화가 풀려요?" "응. 걷고 나면 정말 기분이 좋아져"라고 대답했더니 "아……" 하며 뭔가 깨달은 듯한 표정이 되었습니다.

"다음에 만약 그렇게 화가 나는 상황이 또 생기면 어떻게 하겠니?" 하고 묻자, 그 학생은 잠시 생각하더니 대답했습니다. "축구를 열심히 하고 나면 기분이 좀 풀릴 것 같아요. 운동 할래요" 화날 때 대처하는 방법 한 가지를 배운 것입니다.

무조건 화를 내지 않는 건 좋은 게 아닙니다. 누가 자기를 경멸하고 조롱해도 화가 안 난다는 건 부정직한 일일 수도 있고, 위험한 일일 수도 있습니다. 교사·부모는 아이가 감정을 느끼되, 그 감정을 적절하게 표현하기를 바라야 합니다. 그리고 양육자로서 어떻게 하면 감정을 대처하는 방식에 대한 좋은 역할모델이 될 수 있을지를 생각해야 합니다.

아이들은 양육자 유형에 따라 다르게 자란다

축소전환형 양육자 : 아이가 자신이 진정으로 원하는 것을 모른다

아이가 어떤 감정을 느낄 때 "아니야. 괜찮아. 너는 지금 슬픈 게 아니야" "지금 왜 화를 내? 화 낼 상황이 아냐" 하며 아이의 감정을 별것 아닌 걸로 축소하거나 무시하거나 전환해 버리면 아이는 자신의 감정을 믿지 못하게 됩니다. '엄마는 괜찮다고 하는데 나는 왜 안 괜찮을까?' 하는 생각이 들면서 의아하고 혼란스럽습니다. 슬픔이나 분노 같은 감정은 믿을 게 아니라고 생각하게 됩니다.

또한 늘 행복감을 느껴야 한다고 생각합니다. 실망하거나 속상하거나 억울할 때도 '나는 행복해야 해' 하고 생각하고, 나쁜 감정은 빨리 극복해야 한다고 생각합니다. 그럼으로써 그런 감정을 느끼거나 이해하지 못하게 됩니다.

어른이 되어도 마찬가지입니다. 입시나 면접 등을 앞두고 있으면 불안하고 걱정되고 스트레스를 받는 게 자연스러운데, 그런 기분을 느끼면 안 된다고 생각하거나 아예 느끼지 못합니다. 그러면서 그런 기분을 다른 걸로 전환해 버립니다. 아이스크림이나 초콜릿 등 단것을 닥치는 대로 먹거나, 무분별하게 쇼핑을 합니다.

제게 상담을 받으러 왔던 여성이 있었습니다. 그 여성의 남편이 바람을 피웠습니다. 그러니 아내 입장에서는 화가 나고, 배신감도 느끼고, 삶이 무너지는 것 같고, 무척 혼란스럽고 굉장히 속상한 게 당연하겠죠. 그런데 그런 감정을 느끼면 안 되고 믿을 수도 없다고 생각합니다. 그런 기분을 느끼기보다는 백화점에 가서 쇼핑이나 하자고 생각하죠.

하지만 그렇게 해도 감정은 혼란스러운 채 남아 있습니다. 자신의 감정이 질투심인지, 분노인지, 배신감인지, 원망인지, 슬픔인지, 실망인지, 절망인지 제대로 이해를 못합니다. 이런 경우, 감정이 거의 폭발 지경에 이르러야만 알아차리기도 합니다.

축소전환형 부모 밑에서 자란 아이들은 슬픔이나 분노 같은 감정을 진정하는 방법을 배우지 못하여 남과 잘 어울리지 못합니다. 쉽게 토라져버리거나, 가만히 있다가 갑자기 화를 벌컥 내거나 합니다. 그렇게 감정을 잘 조절하거나 대처하지 못하다 보니 남들과의 관계도 안 좋아집니다.

이런 사람들은 자신이 진정으로 원하는 게 무엇인지 잘 모르는 경우가 많습니다. 그래서 다른 사람들의 이야기에 귀가 솔깃하고, 이 사람 말을 들으면 이게 맞는 것 같고, 저 사람 말을 들으면 저게 맞는 것 같고, 다른 사람들 눈치를 보게 됩니다.

결국 자기 인생을 산다는 느낌이 들지 않고 남이 원하는 바에 따라 남의 기분을 맞춰주며 사는 것 같습니다. 늘 연극을 하는 것 같고, 실존감이나 진정성이 느껴지지 않고 공허합니다.

그런 사람들과 상담치료를 많이 하게 되는데, 그들은 대개 부모와 사이가 좋지 않습니다. "엄마는 늘 엄마가 하고 싶은 대로 하라고 했잖아. 엄마가 입히고 싶은 옷 입히고, 보내고 싶은 학교 보내고. 언제 내가 원하는 거 들어준 적 있어?" 이렇게 부모를 원망합니다. 그러면 부모는 "내가 언제 그랬어? 나는 하고 싶은 것 못 하고, 먹고 싶은 것 못 먹고, 너한테 해줄 것 다해줬는데!" 하고 말합니다.

아이의 감정을 무시한 채 좋은 것, 예쁜 것, 화려한 것을 해주면 자녀는 부모가 자신을 무시했다고 생각합니다. 자기 삶을 사는 것 같지가 않고 부모가 원하는 대로 살아온 것 같은 기분이 들고, 화가 나죠. 그래서 불평불만이 많고 자신감은 굉장히 낮습니다.

가트맨 박사는 그것을 '자신의 GPS(위치확인시스템)가 자기 마음에 있지 않으니 어디로 가야 할지, 무엇을 해야 할지를 스스로 정하지 못한다'라고 표현했습니다.

축소전환형에 대해서 한 가지 짚고 넘어갈 것이 있습니다. 예식장이나 식당 같은 공공장소에서 어린 자녀가 원하는 대로 행동하려 할 때는 잠깐은 행동을 전환해 줘도 됩니다. 다른 사람들에게 피해를 주지 않기 위해서죠. 특히 만 3세 이전의 아이가 공공장소에서 굉장히 슬퍼하거나 놀라거나 무서워하거나 화를 낼 때는 아이를 달래거나 해서 감정을 전환해 줘도 괜찮습니다. 그러나 집이나 자동차 같은 사적인 공간에서 시간적·공간적·심적 여유가 있을 때는 아이가 느끼는 바에 공감해 주고 아이가 감정에 대처하는 방법을 배우게 해야 합니다.

부모가 아이의 감정을 잘 들어주면 아이는 부모를 신뢰하게 됩니다. '엄마가 내 감정을 소중하게 여기는구나' '내 기분을 이해하려고 하는구나' 하면서 신뢰감이 생기고 유대감이 생깁니다. 자신의 감정이 존중받는 기분도 듭니다. 그러면 자연히 자존감도 높아지겠지요.

억압형 양육자 : 아이가 감정을 표현하는 것을 불편해한다

가트맨 박사의 장기 연구 결과를 보면, 억압형 부모 밑에서 자란 아이들은 자신의 감정을 표현하는 것을 불편해합니다. 그리고 어떤 감정은 좋은 감정이고 어떤 감정은 나쁜 감정이라고 배웁니다. 그래서 슬프거나 화가 나는 등 '나쁜' 감정을 느끼면 자신이 나쁜 사람이라고 생각합니다. 울 때면 부모가 "뚝!" 하고 그치라고 했었기 때문에 감정을 전등 스위치처럼 켰다 껐다 해야 하고, 할 수 있다고 생각합니다.

억압형 부모 밑에서 자란 아이들이 말썽을 일으키는 경우, 어떤 상황에서 어떤 기분이 일어나고 어떤 감정이 생기면 어떻게 대처해야 하는지를 몰라서 그러는 경우가 많습니다. 감정을 조절하지 못해서 학교에서 친구들하고도 다투고, 말썽을 일으킵니다. 그러니 학교생활이 재미없고 공부도 재미없지요.

분노나 슬픔을 느낄 때는 누구에게 어떻게 도움을 청해야 하는지를 모릅니다. 부모님에게는 말해 봐야 야단만 맞을 거라고 생각해서 혼자 괴로워합니다. 많은 경우 '엄마는 이런 내 마음을 절대 모를 거야' '세상에 이런 사람은 나밖에 없을 거야' '정말 외로워' 하고 생각합니다. 그래서 일찍부터 술이나 담배를 접하게 되고, 비행을 저지르게 될 가능성이 높습니다. 충동적이고 공격적이며 싸움도 잘하고요.

여자아이들 같은 경우에는 자존감이 굉장히 낮은 경우가 많습니다. 우울증도 많이 보이지요. 자기 기분을 억누르고 잘 느끼지 못하다 보니 그럴 수밖에 없습니다.

방관형 양육자 : 아이가 아무렇게나 행동해도 괜찮다고 생각한다

방관형 부모 밑에서 자란 아이들은 자신의 감정은 어떤 것이든 괜찮다고 느끼고 받아들입니다. 여기까지는 괜찮습니다. 바람직하다고 볼 수도 있지요. 하지만 강한 감정을 느낄 때 아무렇게나 행동해도 된다고 배운다는 부작용이 있습니다.

슬프면 목 놓아 울어도 되고, 때리고 싶으면 때려도 된다고 생각합니다. 흥분하거나 화가 나거나 슬플 때는 어떻게 진정해야 하는지를 모릅니다. "슬프면 실컷 울어라" 하는 말을 듣고 컸기 때문에 진정하는 방법을 잘 알지 못하죠.

스스로 진정하는 법을 알지 못하고, 적절한 행동을 알지 못하기 때문에 또래관계가 나쁩니다. 자기중심적으로 생각하고, 남의 기분이 어떨지 생각하지 못합니다. 따라서 따돌림을 당할 위험도 높지요. 물론 학업에 집중하기가 어렵습니다.

감정코칭형 양육자 : 아이가 감정과 행동을 구분할 줄 안다

마지막으로 감정코칭을 받으며 자란 청소년들입니다. 이들은 감정은 소중하고 믿을 만한 것이라고 배우며 자랍니다. 내 감정이 소중한 만큼 다른 사람의 감정도 소중하다고 생각합니다. 다양한 감정을 잘 알고 느낍니다. '이런 게 실망이라는 거구나' '이런 게 분노라는 거구나' 하는 식으로 감정의 이름을 잘 알지요. 자신이 왜 그렇게 느끼는지를 이해하는 것입니다.

예를 들어, 굉장히 친한 친구가 전학을 간다면 허전하고 외롭고 보고 싶겠죠? 그럴 때는 '아, 이런 게 그리움이라는 거구나' 하면서 자기 기분을 이해합니다. 그리고 자신만이 그렇게 느끼는 게 아니라는 걸 알고 '내가 비정상적이거나 이상한 게 아니구나' 하고 이해합니다. 또한 다른 사람들의 유사한 감정에 공감할 줄 알게 됩니다.

질투심이나 두려움이나 슬픔 같은 감정을 느끼더라도 부모나 교사에게 그 감정을 말할 수 있습니다. 그런 감정을 표현하더라도 부모님이나 선생님은 여전히 자신을 사랑할 것이고, 위로하고 존중해 줄 거라고 믿습니다. '좋은 감정만 이야기해야 엄마 아빠가 나를 좋은 아이라고 생각할 거고 사랑해 줄 거야'라고 생각하지 않지요. 그것이 아이들에게는 굉장히 큰 위안이 되고, 안정감을 키워줍니다. 물론 부모와의 사이에 신뢰감도 생깁니다.

또한 이런 아이들은 감정은 자연스러운 현상이라 어떤 것이라도 괜찮지만 행동은 아무렇게나 해도 모두 괜찮은 건 아니라고 배웁니다. 먹고 싶다고 아무 때나 먹어선 안 되고, 갖고 싶다고 아무거나 가질 수 있는 건 아니며, 화가 난다고 때리고 던지고 욕하는 건 안 된다는 걸 배우죠.

이렇게 행동과 감정을 구분할 수 있고, 모든 행동이 다 괜찮은 건 아니라는 걸 분별하면서 어떤 행동을 해야 할지 생각하고 판단할 수 있습니다. 시간을 내서 문제에 스스로 대처하고 해결하려는 여유가 생기고 강한 감정적 상황에서도 침착하게 대처할 수 있습니다.

가트맨 박사가 했던 재미있는 실험이 있습니다. 초등학교 3~4학년 학생들을 대상으로, 한 그룹에게는 감정코칭을 하고, 한 그룹은 하지 않았습니다. 두 그룹에게 화재 대피 훈련을 시켜보니, 감정코칭을 받지 않은 학생들은 대피하라는 지시가 나와도 흥분해서 우왕좌왕하고 지시도 잘 따르지 못했습니다. 훈련이 끝난 뒤에는 아이들이 떠들어서 수업도 제대로 할 수 없었습니다.

반면에 감정코칭을 받은 그룹은 진짜 불이 난 게 아니라 대피 훈련을 하는 거라는 상황 판단을 분명히 하고 지시를 잘 따랐습니다. 훈련이 끝난 뒤에는 빨리 진정이 돼서 수업을 끝까지 침착하게 잘 받았지요.

이렇게 감정코칭을 받은 아이들은 강한 감정적 상황에서도 진정하는 데 시간이 많이 걸리지 않고, 자신과 타인의 감정을 잘 이해하고 그에 따라

행동함으로써 좋은 관계를 맺습니다. 남의 입장을 배려할 줄 알고, 자신의 행동을 자제하면서 적절하고 바람직한 행동을 하기 때문이죠.

감정코칭형 교사·부모가 되기 위한 방법은 이해하기는 쉽지만 실천하기는 쉽지 않습니다. 예를 들어, 백성희 선생님의 이상은 감정코칭형이지만 실제로는 기본적으로 축소전환형이며, 원하는 결과가 나오지 않으면 순간적으로 방관형도 되었다가 억압형이 되기도 합니다.

이상과 현실의 차이, 이론과 실천의 차이에 가장 결정적으로 작용하는 것이 '초감정'이란 것입니다. 부모나 교사가 자신의 유형을 제대로 이해하기 위해서는 자신의 초감정을 아는 것이 중요합니다. 다음 장에서는 초감정에 대해 살펴보겠습니다.

9장

아이를 대할 때 내 감정의 뿌리를 보라

감정에 대한 감정, 초감정

감정코칭형 양육자로 발전하기 위해서는 먼저 자신의 초감정을 알아차려야 한다고 했습니다. 초감정(meta-emotion)이란 무엇일까요?

간단히 말하면 '감정에 대한 감정'이 초감정입니다. meta는 '무엇의 위에, 무엇의 상위에, 무엇을 넘어서'란 뜻입니다. 초감정 연구의 선구자가 가트맨 박사입니다.

예를 들어 설명하자면, 아이가 슬퍼서 울고 있다면 그것은 '슬픔'이라는 감정입니다. 그런데 아이가 슬퍼하는 모습을 봤을 때 아이의 감정(슬픔)에 대한 부모의 감정은 초감정입니다.

부모는 화가 날 수도 있고, 속상할 수도 있고, 남 앞에서 아이를 울린다는 것이 창피하게 느껴질 수도 있습니다. 어떤 부모는 아이를 충분히 돌봐주거나 만족시켜 주지 못한다는 게 속상하거나 후회될 수 있습니다. 이렇게 울고 있는 아이의 감정에 대해 부모마다 다양한 감정을 느낄 수 있는데, 그것을 '초감정'이라고 합니다.

중학생이 된 아들이 스마트폰을 사달라고 떼를 씁니다. 그래서 부모가 화가 조금 났습니다. 그런데 잠시 생각해 보니 조금 슬프기도 합니다. '얘는 왜 비싼 것만 사달라고 할까?' 하는 생각에 서글프기도 하고, 돈이 없어서 아이가 사달라는 것을 사주지 못하니 수입이 변변치 못한 남편에게 원망을 느낄 수도 있죠.

'우리 부모님은 왜 나에게 감정코칭을 안 해줘서 감정적 상황에서 이렇게 불편하게 만들었을까' 하는 마음이 들 수도 있고요. 아니면 화를 내고 야단친 것에 대해 미안하거나 후회가 될 수도 있죠. 이렇게 자신의 감정에 대한 감정 역시 초감정입니다.

초감정은 이처럼 다른 사람의 감정에 대한 감정만이 아니라, 자신의 감정에 대한 2차, 3차, 4차 감정도 가리킵니다. 그래서 초감정은 하나가 아니라 여럿일 수도 있고 여러 층일 수도 있습니다.

그렇기 때문에 이해하기 어렵고, 이해했다 하더라도 충분히 알아차리는 데는 많은 시간이 필요할 수 있습니다. 초감정이 이것인가 했는데 또 다른 초감정이 있을 수 있고, 나중에 떠오르는 초감정이 또 있을 수 있는 겁니다.

고등학생인 혁재의 아버지는 아이가 학교 가는 게 너무 힘들다고 하자, 아이의 그 감정에 대해 화가 나고 좌절감이 들었습니다. 결국 아이더러 배부른 소리를 하고 있다며 심하게 야단을 쳤습니다.

사실 혁재는 집단따돌림을 당하고 있어서 학교에 가는 것이 죽기보다 싫었던 것입니다. 중요한 것은 아이가 학교에 가기 싫은 원인일 텐데, 혁재 아버지는 아들의 상황을 헤아리거나 이해할 겨를도 없이 화부터 냈습니다.

나중에 돌이켜보니, 혁재 아버지의 그런 '화' 속에는 말하지 못한 감정이 있었습니다. 대학에 꼭 가고 싶었으나 가정형편상 포기하고 군에 입대했을 때의 답답함과 좌절감, 취업해서 열심히 일했지만 학력에 밀려 승진에서 좌절되면서 느꼈던 패배감 등. 이는 아들만큼은 무슨 일이 있어도 대학에 보내겠다는 결심으로 이어졌습니다. 그런데 아들이 고등학교를 중퇴한다니 걷잡을 수 없는 좌절과 절망, 분노가 표출된 것이었습니다.

감정은 인간의 생존을 좌우한다

초감정이 감정에 대한 감정이라면, 감정이란 무엇일까요? 감정이라는 단어를 모르는 사람은 없겠지만, 감정이 정확히 무엇을 뜻하는지 정의하라면 쉽지 않을 겁니다.

감정이란 '어떤 상황에 대해 느끼는 상태'를 말합니다. 그 상황은 사람을 포함할 수도 있고 사건을 포함할 수도 있습니다. 또한 감정에는 신체적 반응도 있을 수 있고 정서적 반응도 있을 수 있으며, 여러 가지 인지적인 상태까지 포함합니다.

예를 들어 사랑하는(감정) 애인(사람)을 떠올리기만 해도 미소가 지어질 수 있습니다(신체적 반응). 하지만 애인과 다투고 헤어졌다면(상황) 애인 생각만 해도(인지적 반응) 머리가 아프거나(신체적 반응) 화가 나거나(정서적 반응) 손발이 긴장될(신체적 반응) 수도 있습니다.

뇌과학과 심장과학 등 여러 분야에서 연구를 하면 할수록 감정의 중요성이 확인되고 있습니다. 무엇보다도 감정은 인간의 생존에 지대한 영향을 미칩니다.

갓난아기가 배가 고프거나 졸리거나 화가 나거나 하는 감정을 제대로 표현하지 못하면 보살핌을 제대로 받지 못할 것입니다. 또한 낯선 사람을 만났을 때 그 사람이 나에게 호의적인지 적대적인지 알지 못하면 죽고 사는 게 달라질 수도 있습니다.

감정은 사회적인 의사소통의 중요한 형태입니다. 포커게임을 하는 사람들처럼 표정을 숨기면 의사소통이 안 됩니다. 친근한 감정을 표현하지 못하면 사람들 사이에서 유대감과 친밀감을 키우고 애착을 형성하기가 어려울지도 모릅니다.

감정은 삶의 만족에 있어서 중요한 부분이기도 합니다. 좋은 걸 느끼고 표현하면서 생각과 행동반경을 넓힐 수 있지요. 어떤 일을 하면서 즐겁다든지 기쁘다든지 호기심이 느껴진다든지 하는 감정을 느끼지 못하면 새로운 것을 해보거나 삶의 반경을 넓혀가지 못할 것입니다.

뇌과학자 중에 디마지오라는 사람이 있습니다. 디마지오의 환자가 뇌의 변연계를 제거하는 수술을 받았습니다. 그런데 그 환자는 수술을 받은 후 감정을 잘 느끼지 못하게 되었습니다.

예를 들어, 오늘 할 일이 뭐냐고 물으면 어떤 일들을 할 건지 다 적는데, 그중 무엇을 제일 먼저 하고 싶은지 물으면 답을 못합니다. 그리고 방에 어떤 물건들이 있냐고 물으면 어떤 것들이 있는지 대답을 하는데, 그중 무얼 갖고 싶냐고 물으면 선택을 못합니다.

이처럼 감정이 없으면 우선순위를 정하기 힘들고, 선택도 잘 못하게 됩니다. 인지적으로 안다고 해서 결정이나 선택을 하지는 못한다는 것이죠. 즉, 감정은 생존에 지대한 영향을 미칠 뿐 아니라, 감정을 느끼지 못한다면 삶의 활기나 생명력, 기쁨, 즐거움, 보람 같은 것도 느끼지 못합니다.

감정 조절을 못하는 사람일수록 강한 감정을 드러낸다

가트맨 박사가 관찰해 보니 감정 조절을 잘 못하는 사람들은 감정을 아주 강하게 느끼는 것으로 나타났습니다. 화가 나도 아주 격분하고, 슬퍼도 너무 슬퍼서 죽고 싶을 정도입니다. 이렇게 일생에 한두 번 느낄까 말까 할 감정을 일주일에도 몇 번, 혹은 하루에도 몇 번 느낍니다.

강한 감정을 느끼면 대개 진정을 잘 못합니다. 큰 감정에 휩싸이면 일도 살림도 못하고 하염없이 어질러놓고 정리정돈을 못하는 사람들도 있습니다. 술을 과하게 마신다든지, 집을 나간다든지 하는 비적응적인 모습을 보이기도 합니다.

그러면서 강한 감정이 있을 때 자신이 보이는 행동을 스스로도 싫어합니다. 그래서 강한 감정을 표출하지 않으려고 나름대로 자제하고 꾹꾹 누르고 참다가 작은 일에 갑자기 폭발하는 경우도 있습니다.

예를 들어, 아빠는 피곤해서 TV를 보며 쉬고 싶은데 옆에서 아이들이 장난을 칩니다. 아빠는 짜증이 나지만 일단 참습니다. 그런데 아이들은 아빠가 아무 말을 안 하니까 아빠의 기분을 모르고 계속 장난을 칩니다.

아빠는 한동안 나쁜 기분을 꾹꾹 억누르고 있다가 아이가 "아빠, 아이스크림 먹고 싶어" 한마디 하자마자 갑자기 큰소리로 "나가!"라고 소리를 버럭 지릅니다. 그러면 아이들은 날벼락을 맞는 기분이 들겠죠.

감정 조절을 잘 못하는 부모들 밑에서 자라는 아이들은 부모들의 그런 태도에 두려움이나 공포, 불안을 느끼다가 나중에는 혐오감을 갖게 될 수도 있습니다.

선생님들 중에도 그런 분들이 있습니다. 학생들이 소란스러운 것이 신경에 거슬리지만 꾹 참고 판서를 합니다. 한 학생이, "선생님, 영어 스펠링이 잘 안 보여요" 하면 갑자기 폭발하여, "야! 이 글자가 안 보여? 네가 단어를 모르는 거지! 너 중학생이 independence도 몰라? 진짜, 무식한 애들 가르치기 힘드네!" 하고 소리를 버럭 지르며 분필을 바닥에 내동댕이칩니다.

학생의 입장에서는 이런 선생님을 존경하고 믿고 따르기 어렵고, 다시는 수업 중에 한마디도 하지 않으려 할지 모릅니다.

이처럼 감정 조절을 잘 못하는 사람들은 대개 감정이라는 것이 아주 부정적이고 파괴적이며 비도덕적이라고 믿습니다. 본인이 감정을 표출하는 방식이 부정적이기 때문입니다. 그 결과 아이들도 감정을 두려워하고 회피하고 감추고 누르게 됩니다. 감정적으로 미성숙해지는 것이지요. 스스로의 감정도 잘 모르고 타인의 감정도 잘 이해하지 못해서 인간관계에 어려움을 겪는 대물림을 하는 것입니다.

자신의 초감정을 알아야 상대방의 감정을 읽을 수 있다

앞의 사례에서 혁재 아버지는 자신의 초감정을 인식하지 못했기에 아이의 감정을 제대로 살피지 못했습니다. 이처럼 자신의 초감정이 무엇인지 모르면 상대방의 감정을 제대로 읽어주지 못하고 받아들이기 힘듭니다.

초감정은 대개 아동기에 환경이나 문화의 영향을 받아서 형성되기 때문에 사람에 따라 초감정이 다를 수밖에 없습니다. 그리고 대개는 어려서 분별력이 생기기 전에 흡수됩니다. 그래서 의식하지 못하는 경우가 많지요.

우리가 부적절한 행동을 습관적으로 반복하는 가장 큰 이유는 자신의 초감정을 의식하지 못하기 때문입니다. 초감정을 의식한다고 곧바로 변하지는 않겠지만 최소한 변화가 시작될 수는 있습니다.

자신의 초감정을 아는 것은 상황이나 상대방의 감정을 읽는 데도 절대적으로 필요합니다. 가트맨 박사가 초감정을 부부치료에 적용해 보니, 부부 사이에서도 초감정이 일치될 경우에는 대체로 잘 지낸다고 합니다. 그런데 초감정이 일치하지 않을 때는 갈등과 괴리감이 생기고 심지어 이혼의 위기가 높아진다고 합니다.

예를 들어, 아이가 울면 아빠는 야단을 치는데 엄마는 아이에게 미안하고 안타깝고 속상할 수 있습니다. 엄마는 아버지가 일찍 돌아가셔서 자기 남편은 아이에게 아빠 역할을 잘해주면 좋겠다고 생각해 왔습니다. 자상한 아빠가 늘 부러웠고, 자기 아이에게는 그런 아빠를 주고 싶었죠.

그런데 정작 남편은 아이가 울면 야단을 치니까 결혼을 잘못한 것 같고, 아이에게 좋은 아빠를 주지 못한 것 같아서 미안하고 속상하고 슬플 수 있습니다.

한편, 아빠는 굉장히 엄한 아버지 밑에서 울면 안 된다고 배우며 자랐습니다. 그래서 아이가 울면 일단은 울음을 막아야 한다고 생각하고, 그렇게 나약해서는 세상을 살아가기가 힘들 거라 생각해서 야단을 치는 겁니다.

이렇게 초감정이 일치하지 않을 때 부부가 많이 다투기도 하고, 극단적인 경우 이혼하기도 합니다. 물론 감정코칭을 통해 서로를 이해하고 공감하는 등 관계를 회복하는 방법이 있긴 합니다.

초등학교 교사인 김은희 선생님은 남편의 외도로 이혼한 후 혼자 딸을 키우고 있습니다. 하지만 이혼할 때의 다짐과 달리 딸아이와 갈등을 겪으면서 교사로서도 자신감이 줄어들었습니다.

김은희 선생님은 감정코칭 연수에서 찰흙작업을 하다가 어릴 때 어머니로부터 오빠와 심한 차별대우를 받고 자란 것에 대한 슬픔과 분노가 아직도 많이 남아 있다는 것을 알게 되었습니다. 김 선생님이 찰흙으로 빚은 가족의 모습에서 엄마와 아빠는 서로 반대 방향을 바라보고 있었고, 엄마 옆에는 오빠가 가까이 있었으나 자신은 모든 가족으로부터 동떨어진 곳에 서 있었습니다.

찰흙으로 만든 엄마를 보면서 어릴 때 못 다한 말을 해보라는 말에 김 선생님의 입에서는 "엄마는 왜 날 그렇게 미워했어요? 왜 오빠만 예뻐하고 난 의붓딸 취급을 했어요? 왜 오빠는 학원이며 수영이며 다 시켜주고, 난 도시락 반찬도 김치만 싸주고 오빠는 계란말이에 명란젓에……" 하는 말이 눈물과 함께 쏟아져 나왔습니다.

이 작업을 통해 김 선생님은 자신이 딸로 태어나 엄마의 사랑과 관심을 받지 못했고, 외도를 일삼던 아빠로부터도 버림받은 느낌을 받았다는 것을 알게 되었습니다.

그런데 자신이 딸아이에게 요구하는 감정이 엄마, 아빠, 남편으로부터 받지 못한 사랑, 존중, 감사, 배려라는 것을 깨닫고 다시 한 번 놀랐습니다. 그동안 딸에게 엄청난 부담을 주면서 완벽함을 요구해 왔다는 것도 깨달았습니다. 아이에게 비싼 옷, 신발, 가방을 사주면서 그게 사랑이라고 믿었고, 아이의 감정은 하찮게 여기면서 '고집 피우지 마라' '울지 마라' '왜 화를 내느냐?' 하고 다그치기만 했다는 것을 알았습니다.

찰흙작업을 통해 엄마의 삶이 좀더 큰 그림으로 이해가 되며 원망도 줄일 수 있었고, 덕분에 자신의 감정도 돌아볼 수 있었으며, 딸의 감정도 조금씩 받아줄 수 있게 되었습니다.

초감정은 좋고 나쁜 것이 아니다

초감정이 다 부정적이거나 불편한 것은 아닙니다. 감정이 좋고 나쁜 것이 아니고 자연스러운 현상이듯, 초감정도 좋고 나쁜 것이 아닙니다.

저는 임산부를 보면 마음이 약해지고 도와주고 싶어집니다. 아기를 업은 엄마나 임산부를 도와주거나 우선권을 주거나 잘해주고 싶은 마음이 드는 건 저의 초감정일 수 있습니다. 그런 초감정이 어떻게 형성되었을까 가만히 생각해 보니 이런 기억이 떠올랐습니다.

저는 어릴 때 어머니를 따라 종종 장에 갔습니다. 어머니는 좋고 번듯한 가게가 있어도 그 앞에서 아기를 업고 조그만 좌판에서 물건을 파는 사람에게 물건을 사셨습니다. 다른 곳에서 이미 샀더라도 또 사시기도 했지요.

아기를 업은 채로 장사하는 엄마들을 측은히 여기던 어머니의 모습을 보면서 저도 모르게 아기를 업은 엄마나 임산부를 보면 애틋하고 도와주고 싶은 마음이 생겼던 모양입니다. 이런 감정도 초감정일 수 있습니다. 초감정이 꼭 나쁘거나 불편한 것만은 아닙니다.

여러 가지 상황을 통해서 조금씩이라도 자신의 초감정을 만나보는 것은 의미 있는 일입니다. 다음과 같은 상황에서 어떤 감정이 드는지 생각해 보세요. 다양한 마음이 들 수 있습니다. 그 감정들이 모두 여러분의 초감정입니다.

- 아이가 화를 낼 때
- 아이가 슬퍼서 울 때
- 아끼던 물건을 잃어버렸거나 그 물건이 망가졌을 때
- 친한 친구와 헤어져 만날 수 없게 되었을 때
- 아이가 새로운 상황을 두려워할 때

10장

나의 상처를 대물림하지 마라

자신의 초감정을 만나는 연습

초감정이라는 것이 이해하기 어렵고 너무 추상적으로 느껴질 수 있습니다. 하지만 초감정을 제대로 이해하지 못하면 감정코칭을 제대로 하기 어렵습니다. 그래서 이번에는 조금 쉬운 연습을 통해 초감정을 이해해 보도록 하겠습니다.

> **연습 1**
>
> 두 사람이 짝을 지어 한 사람씩 번갈아가면서 특정한 표정을 짓습니다. 그리고 상대방이 표정을 알아맞힙니다.
>
> (이 연습은 혼자서 하기 어려우므로 가족이나 가까운 사람과 함께 하시기 바랍니다.)
>
> **연습 2**
>
> 4~5명이 조를 이루어서 그중 한 사람이 특정한 표정을 짓습니다. 그러면 나머지 사람들은 그 표정이 어떤 표정으로 보이는지, 그리고 그 표정을 보니 어떤 감정이 드는지 얘기해 봅니다.
>
> 예를 들어, 누군가 불쾌한 표정을 보일 때, 그 표정을 보니 나도 불쾌하다, 아무렇지도 않다, 피하고 싶다, 혐오감이 느껴진다, 겁이 난다, 등 여러 가지 감정이 느껴질 수 있습니다. 이처럼 동일한 표정을 보고도 사람마다 다르게 인식할 수 있고, 느끼는 것이 다를 수 있습니다.
>
> (조를 이루어 하기 힘들다면, 다양한 표정의 사진들을 보면서 스스로 느끼는 감정을 점검해 보아도 됩니다.)

연습 3

슬픔이나 분노 중 한 가지 감정을 선택합니다. 그리고 네 명 정도가 한 조를 이루어 다음 질문들에 돌아가며 대답합니다.

(혹은 혼자서 다음 질문에 대한 답을 글로 써봐도 됩니다. 아래는 가트맨 박사의 슬픔 또는 분노 초감정 점검 질문들입니다.)

1. 어릴 때 슬픔을[분노를] 어떻게 경험했는가?
2. 가족들은 슬픔을[분노를] 어떻게 표현했는가?
3. 당신이 슬펐을 때[화났을 때] 부모님은 어떤 반응을 보이셨는가?
4. 당신의 어머니는 슬플 때[화날 때] 어떻게 하셨는가?
5. 당신의 아버지는 슬플 때[화날 때] 어떻게 하셨는가?
6. 무엇이 요즘 본인을 슬프게[화나게] 하는가?
7. 요즘 슬플 때[화날 때] 본인은 무엇을 하는가?

이런 연습을 통해 여러 가지 감정을 느껴보고 다른 사람들의 이야기를 듣다 보면 깨닫게 되는 것들이 있습니다. 놀라운 통찰을 얻을 수도 있지요. 제가 진행했던 워크숍에서 위의 연습을 함께 했던 참가자들의 이야기를 몇 가지 소개하겠습니다.

한 분은 자신이 친정어머니의 행동을 그대로 답습하고 있음을 깨달았다고 했습니다. 친정어머니는 아버지하고 싸움을 하면 딸들에게 아버지 흉을 보거나 혼잣말로 불만을 얘기하시곤 했다고 합니다. 그런데 지금 그분이 아이 앞에서 남편 흉을 볼 때가 있다는 겁니다.

'내가 왜 이러지? 이러면 안 되는데……' 하는 의문을 갖고 있었는데, 자기도 모르는 사이에 엄마가 보였던 것과 똑같은 모습을 보이고 있음을 깨달은 겁니다. 아버지의 흉을 보고 하소연하던 어머니의 모습이 싫었지만, 그 외에 다른 방법을 모르니 자연스럽게 대물림하고 있었던 것이지요.

알게 되면 선택을 할 수 있게 됩니다. 알지 못할 때는 무의식적으로 행동했지만, 자신이 어떤 행동을 하며 왜 그렇게 하고 있는지 알고 나면 그 방법을 계속 쓸 건지 다른 방법을 쓸 건지 선택할 수가 있지요.

어떤 분은 딸에게는 상냥하면서 아들에게만 유독 화를 잘 내는 자신을 보면서 왜 그럴까 고민이 많았는데, 초감정을 탐색하면서 깨달았다고 합니다. 어린 시절에 본 화를 내는 아버지의 모습이 투사된 것이었습니다. 아버지가 화를 낼 때 침묵하며 눈물을 참던 엄마의 모습을 보면서 자란 탓인지, 지금도 딸이 울면 약자로 보여서 위로해 주고 싶은 마음이 들지만 화를 내는 아들을 보면 두렵고 싫었던 아버지가 연상된다고 합니다.

그런 사실을 알고 나자, 자신이 억압형 아버지 밑에서 자라면서 스스로 좋은 감정 나쁜 감정을 분별했고, 나쁜 감정을 느끼는 자기 자신을 나쁜 사람으로 인식했다는 사실을 깨달았다고 합니다. 그래서 화내는 아들을 보면 자기도 모르게 부정적인 감정이 밀려오면서 소극적인 엄마의 모습을 탈피하고자 더 크게 화를 냈고, 그 옛날 아버지처럼 벌컥 화를 냈던 것입니다.

'존 메디나(John Medina)'라는 뇌과학자가 있습니다. 메디나 박사는 뇌과학에 대해 일반인들이 알기 쉬운 재미있는 책들을 썼는데, 그중 하나가 『내 아이를 위한 두뇌코칭(*Brain Rules for Baby*)』입니다. 부모님이 자녀들의 뇌를 이해하면 아이들이 더 유연하고 행복하게 자라게 해줄 수 있다는 내용이지요. 그 책에 다음과 같은 이야기가 나옵니다.

존 메디나 박사가 아내와 외출을 할 때면 자신은 일찌감치 차에 타서 운전대에 앉아 있는데, 아내는 자꾸 늦습니다. 사실 아내들은 아이들 먹을 것 챙기고, 기저귀가방 챙기고 하느라 시간이 걸리지요. 늦는 아내를 보며 메디나 박사는 화가 났습니다.

평소에는 느긋하고 유머도 풍부한 사람인데 왜 그런 상황만 되면 화가 날까 스스로도 의아했는데, 어느 날 어린 시절 일이 떠올랐습니다. 어렸을 때 외출할 때면 아버지는 늘 어머니에게 꾸물거린다고 핀잔을 주었고, 어머니는 좀 도와주지 않고 왜 먼저 타서 기다리느냐고 다퉜습니다. 그 모습이 참 보기 싫었는데, 자기도 모르게 그 모습을 반복하고 있었던 것입니다.

그걸 깨달은 뒤에는 그런 상황이면 화를 낼까, 노래를 부를까, 잡지를 보고 있을까, 선택의 여지가 생겼습니다. 이렇게 '알아차리는 것'은 변화의 단서가 될 수 있어서 심리치료에 있어서는 '치료의 반'이라고 할 정도로 중요합니다.

초감정은 '이것이 전부다'라고 얘기하기가 어렵습니다. 여러 층이 있고, 복합적일 수 있기 때문이죠. '나한테 이런 감정이 있었구나' 하는 생각이 들었으면 시작은 된 겁니다. 그 속을 보면 다른 감정이 있을 수도 있고, 사연이나 계기가 떠오를 수도 있고 떠오르지 않을 수도 있습니다. 그 정도만 되어도 아이가 슬퍼할 때 왜 그러는지조차 인식도 못한 채 화를 내는 것과는 다른 차원이 됩니다.

감정의 경로와 감정적 기억

앞에서 살펴보았듯 과거의 감정적 경험이 기억에 강하게 남아 현재의 행동을 지배하는 경우가 있습니다. 아무리 이성적으로 제어하려 해도 감정에 굴복하게 되지요. '감정은 생각보다 빠르다'라는 말도 있습니다. 거기에는 이유가 있습니다. 우선 두뇌에서 감정이 두 가지 경로로 작동한다는 사실을 알아야 합니다.

감정의 두 경로

시상(변연계의 일부로, 정보의 많은 부분이 모이는 부위)은 두 개의 독립적인 신경 통로로 정보를 보낼 수 있습니다. 정보가 전두엽을 통해서 편도체로 가는 '윗길'이 있고, 곧바로 편도체로 가는 '아랫길'이 있습니다.

윗길은 전두엽을 통해서 가기 때문에 시간이 좀 걸리고, 아랫길은 전두엽이 자극(정보)을 분석하고 평가하고 판단하기 전에 곧바로 공격-도피 반응을 일으키게 합니다. 정보가 이 두 경로 중 어떤 경로로 전달될 것인가는 감정적 기억의 유무에 달려 있습니다.

감정적 기억

특별한 감정적 경험을 하지 않아서 어떤 감정적 기억이 없어도 감정적 반응을 보일 수 있습니다. 예컨대 공포 반응이나 불안 반응은 감정적 경험이 없어도 나타납니다. 그런 걸 본능이라고 합니다. 신생아들은 감정적 기억이 없어도 큰소리에는 깜짝 놀랍니다. 이런 본능적 감정 반응은 몇 가지밖에 없습니다. 그보다는 후천적으로 배우는 게 훨씬 많습니다.

예를 들어, 태어난 지 얼마 안 된 아기가 있다고 합시다. 저녁이 되면 누가 집에 오는데, 그 사람의 발소리가 들리면 술 냄새가 풍기고 큰소리가 납니다. 따라서 그 아기에게는 그런 청각 및 후각 정보와 공포 반응이 연결됩니다. 그러면 후에 아빠의 발걸음 소리만 들어도, 또는 술 냄새를 맡거나 남자 목소리만 들어도 아기는 울 수 있습니다.

아기들은 그런 불안한 상황에서는 자기가 가장 믿을 만한 보호자의 얼굴을 봅니다. 그때 보호자가 그런 상황을 편안하게 받아들이면 아기도 그 상황을 편안하게 받아들이게 되는데, 보호자가 화를 내거나 무서워하면 아이도 같이 화를 내거나 무서워하게 됩니다. 그래서 엄마가 우울할 경우 생후 6개월밖에 안 된 아기도 뇌파의 모습이 우울한 엄마와 거의 같다고 합니다.

뇌에 회로가 생기고 누적되면서 '인지-정서-행동'에 특정한 패턴이 형성됩니다. 하지만 그 역시 얼마든지 변할 수 있습니다. 뇌는 가소성이 뛰어납니다. 즉, 변화할 수 있습니다. 회로를 다시 만들면 됩니다. 새로운 감정적 경험을 만듦으로써 새로운 회로를 만들 수 있습니다.

부모님에게 혼나고 맞아가며 공부한 아이는 공부를 아주 싫어하겠죠. 공부가 부모의 무서운 얼굴과 목소리라는 고통과 연결되니까요. 그랬던 아이라도 새로운 환경에서 즐겁게 공부한다면 '공부라는 게 그렇게 무서운 것만은 아니구나' 하고 생각이 바뀔 수 있습니다.

감정적 기억이 없을 때와 있을 때

산책하다가 개를 만나는 경우를 예로 들어보겠습니다. 개에 대해 좋다거나 싫다거나 무섭다거나 하는 감정적 기억이 없으면 개가 있는 그대로 보입니다. 눈이 반짝거리고, 뾰족한 귀가 두 개 있고, 털이 있고, 꼬리가 있고, 발이 네 개 있는 그대로 보입니다. 개 냄새가 맡아질 수도 있고, 털의 촉감이 느껴지거나 짖는 소리가 들리거나 하죠.

그렇게 개에 대한 정보가 눈, 귀, 코를 통해서 들어와 시상으로 전달되고, 시상은 정보를 전두엽으로 보내 전두엽에서 정보를 분석합니다. 정보를 '개'로 인식하고, 개가 으르렁거리면 위험하다고 판단하고, 그 결과가 편도체로 전달되어 공포라는 감정을 유발하여 '도망가라'는 지시 사항이 온몸으로 전달됩니다. 반대로, 개가 꼬리를 흔들면 안전하고 예쁘다고 판단하고, 그 결과가 편도체로 전달되어 사랑이라는 감정을 유발하여 '쓰다듬어라'라는 지시사항이 온몸으로 (자율신경계와 호르몬계를 통해) 전달됩니다. 이 두 경우는 '윗길'을 통해 정보가 전달되는 과정입니다.

반면에, 개에 대해 감정적 기억이 있다면 정보가 '아랫길'을 통해 처리됩니다. 예컨대 어린 시절에 개에게 물렸던 기억이 있다면, 개가 아무리 어린 강아지이며 꼬리를 흔들고 있어도, 시상이 개의 모습(정보)을 접하는 순간 해마에 저장되어 있던 감정적 기억이 편도체에서 공포감을 유발하여 곧바로 '도망가라'는 지시사항을 온몸으로 보냅니다.

이처럼 개가 나를 어떻게 하느냐보다는 내 안에 있는 특정한 감정적 기억에 따라 개에 대한 반응이 달라집니다.

아버지가 술만 마시면 어머니에게 행패를 부리고 집안 살림을 부수고 했다면, 결혼 후 남편이 기분 좋게 맥주 한 잔만 마시고 와도 술 냄새를 맡는 순간 남편에게 왜 맨날 술만 마시느냐고 화를 낼 수 있습니다. 그런데 만일 아버지가 술을 드시면 기분이 좋아서 노래도 부르고 엄마한테 수고했다고 말하고 아이들에게 용돈도 주고 했다면 남편이 술에 만취해서 들어와도 화가 나지 않을 겁니다.

스트레스와 감정의 홍수 상태

개에 대한 공포스런 감정적 기억이 있으면 정보가 편도체로 바로 간다고 했습니다. 그러면 머리만이 아니라 온몸이 생존을 위한 전투 대세로 들어갑니다. 이때 자율신경계와 스트레스호르몬이 작동됩니다. 자율신경계의 교감신경계와 내분비계의 호르몬에 의해 싸우거나 도망가는 반응을 하는데, 교감신경계는 내장기관과 근육을 자극하고, 내분비계에서는 스트레스호르몬을 분비하여 혈관으로 보냅니다.

스트레스 상황이 종료되면 근육은 빨리 제자리로 돌아오는데, 한번 혈관으로 들어간 호르몬은 소멸되는 데 시간이 많이 걸립니다. 간, 콩팥, 방광을 지나 몸에서 빠져나가는 데까지 최소 30분 정도 걸릴 수 있고, 더 걸릴 수도 있습니다.

그래서 스트레스를 중화하는 것이 무척 중요합니다. 중화하지 못하고 스트레스호르몬을 계속해서 분출하면 스트레스 상황이 지나고 나서도 한참 동안 우리 몸에서 에너지가 고갈되기 때문입니다.

교감신경계가 활성화되면 온몸에서 스트레스 반응이 일어나면서 아드레날린과 스트레스호르몬이 분비되고, 혈액을 빨리 공급하기 위해 심장이 빨리 뛰고, 맥박이 빨라집니다. 그러면 전두엽에서 사용할 피가 파충류의 뇌인 뇌간으로 몰려갑니다. 이런 상황을 감정의 홍수 상태라 하는데, 이럴 때는 차분하게 생각하거나 대안을 찾을 겨를이 없고 주먹이나 욕설이 먼저 나가거나 도망쳐버립니다.

감정의 홍수 상태에 빠진 사람들과 대화를 할 때는 목소리를 차분하게 하고 자기진정부터 해야 합니다. 그런 상태에서는 정보가 전두엽에서 처리되지 못하므로 원만한 소통이 되지 않기 때문입니다.

반대로 부교감신경이 활성화되고 미주신경에 탄력이 붙으면 오장육부가 편해집니다. 온몸의 생리 조절이 제대로 되기 때문에 식욕이 생기고 소화도 잘되죠. 미주신경이 제대로 작동되지 않으면 조금만 흥분하거나 걱정되거나 불안하거나 스트레스를 받으면 소화도 안 되고 위장이 아프거나 설사를 하거나 변비가 생기거나 손발이 저리거나 가슴이 답답합니다.

가트맨 박사에 의하면 감정코칭을 받은 아이들은 미주신경의 회복탄력성이 높다고 합니다. 그래서 놀라거나 기분이 나빠도 비교적 빨리 평정심을 되찾고 침착하게 생각하고 대응할 수 있는 것입니다. 교사와 부모가 아이들에게 감정코칭을 해야 하는 이유는 생리적으로도 확인된 셈입니다.

감정을 정확히 구분해서 인지할 필요는 없다

자신의 감정이나 초감정을 인지할 때, 또는 아이들의 감정을 읽을 때 '분노다' '슬픔이다' 이런 식으로 정확하게 어떤 한 가지 감정으로 인지하거나 표현할 필요는 없습니다.

문화나 인종이나 나이나 성별에 관계없이 알아볼 수 있는 보편적인 감정이 일곱 가지가 있다고 했습니다. 기쁨, 놀람, 슬픔, 화남, 분노, 경멸, 혐오를 일곱 가지 기본 감정이라 하는데, 실제로는 각 기본 감정에서 파생되는 수많은 감정들이 있습니다.

따라서 감정을 일곱 가지 원초적 색으로 뭉뚱그려서 말할 필요는 없습니다. '약간 슬프기도 하고, 화가 나기도 하고, 답답하단 말이지?' 이렇게만 말해 줘도 아이는 '아, 내가 지금 이러저러한 기분을 느끼는구나' 하고 이해할 수 있습니다.

부모가 이혼하면 대부분의 아이들은 굉장히 괴롭고, 불안하고, 어떤 말로도 표현하기 어려울 만큼 힘들다고 합니다. 그런데 아이는 학교를 다녀와서 기껏 "엄마, 심심해"라는 말로 그런 복잡하고 힘든 심정을 표현합니다. 그러면 엄마는 "심심하긴 뭐가 심심해! 피아노 쳤어? 학원 가야지. 숙제 했어?" 이런 식으로 심심하다는 말 속에 들어 있는 여러 가지 감정을 놓쳐버리고 아이가 할 일이 없어서 빈둥거린다고 생각합니다. 그러면 아이는 엄마랑 점점 멀어지거나 말이 없어지고 멍하게 혼자 있는 시간이 많아집니다.

저는 그런 상황에 있는 아이를 만나면 "요즘 기분이 어떠니?" 하고 물어봅니다. 아이는 "몰라요" 합니다. 당연한 반응입니다. 아이가 자기 기분을 정확히 표현하는 건 어려운 일입니다. 그럴 때는 "잘 모르겠지. 아마 표현하기가 쉽지 않을 거야" 하고 공감해 주고 수용해 줍니다. 그러면 아이의 눈에 눈물이 흐릅니다. 그럴 때는 "아유, 눈물이 많이 나오네." 이렇게 그냥 현상학적으로 봅니다. 아직은 슬프다거나 그립다거나 하고 감정에 이름을 붙이지 않습니다.

아이가 "저도 제 마음이 어떤지 모르겠어요" 하고 말할 때는 가만히 15초 정도 공감을 해주고 나서 "언제부터 네 마음이 어떤지 잘 모르겠고 힘들었어?" 하고 묻습니다. 그러면 대부분 아이들이 이야기를 시작합니다. "엄마 아빠가 한 달 전에 이혼을 했는데요, 아빠를 이제 못 볼 것 같고…… 아빠가 굉장히 보고 싶어요……."

엄마랑 한 달째 말을 안 하던 아이가 감정코칭을 하면 5~10분 안에 자신의 감정을 다 이야기합니다. 아빠가 보고 싶지만, 보고 싶다고 하면 엄마한테 혼날 것 같고, 엄마 눈치 보면서 가만히 있으면 영영 못 볼 것 같기도 해서 불안하고…… 이런 여러 가지 감정을 한두 마디로 꼭 집어서 말하기란 어렵겠지요.

아이의 이야기를 충분히 들어주고 난 다음, "네가 지금 느끼는 그리움, 불안함, 슬픔 등을 '상실감'이라고 해. 자기한테 굉장히 소중한 사람, 자기를 많이 사랑했거나 자기가 많이 사랑하는 사람을 못 보게 될 때, 굉장히 마음이 힘들고 어렵고 고통스러운 걸 상실감이라고 해" 하고 설명해 줍니다.

그러면 아이는 그게 뭔지는 정확히 몰라도 '아, 그런 게 있구나' 하고 생각합니다. 자신의 감정이 이상하거나 나쁜 게 아니며 자기만 느끼는 게 아니라는 걸 알고 안도합니다. 그리고 어떻게 하는 게 좋을지 생각해 볼 마음의 여유가 생깁니다.

11장

'해야 한다'에서 '하고 싶다'로

 당위적 삶 : '해야 한다'

모든 초감정이 감정적 차원에서 경험에 기초하여 형성되는 것은 아닙니다. 이성적으로 주입된 가치관에 의해서 형성되기도 합니다. 초감정을 이루는 것은 과거의 상처와 기억만이 아니라 자신이 지녀온 철학이나 가치관, 혹은 규범, 도덕 같은 것이기도 합니다. 그것을 점검해 보는 방법으로 '당위적인 삶'에 대해 생각해 보겠습니다.

당위적 삶에 대해 생각해 보는 연습

다음과 같은 말을 보고 바로 떠오르는 내용을 적어보세요. 맞고 틀리고 옳고 그른 건 없으니, 떠오르는 생각을 자유롭게 적으면 됩니다.

1. 여자는 항상 _____ .
2. 남자라면 당연히 _____ .
3. 부모는 절대로 _____ .
4. 학생이란 원래 _____ .
5. 선생님들은 기본적으로 _____ .

다음은 한 워크숍 참가자들이 위의 빈칸을 채워 완성한 문장들입니다.

1. 여자는 항상 아름다워야 한다.

여자는 항상 준비되어 있어야 한다.
여자는 항상 정숙해야 한다.

2. 남자라면 당연히 돈을 벌어야 한다.
남자라면 당연히 여자를 잘 보살펴야 한다.
남자라면 당연히 용기가 있어야 한다.
남자라면 당연히 당당해야 한다.

3. 부모는 절대로 자식을 포기해선 안 된다.
부모는 절대로 아이들에게 깊은 상처를 주지 말아야 한다.
부모는 절대로 삶의 모범이 되어야 한다.
부모는 절대로 아이들을 믿어야 한다.

4. 학생이란 원래 미완성된 인격체다.
학생이란 원래 노는 것을 좋아한다.
학생이란 원래 모순 덩어리다.
학생이란 원래 자유로운 영혼들이다.

5. 선생님들은 기본적으로 가르치려고 한다.
선생님들은 기본적으로 아이들을 사랑한다.
선생님들은 기본적으로 말이 많다.
선생님들은 기본적으로 친절해야 한다.

공감되는 것도 있고, 공감하기 힘든 것도 있을 것입니다. 그런데 '부모는 절대로 삶의 모범이 되어야 한다' '선생님들은 기본적으로 친절해야 한다' 같은 이야기에는 공감이 되면서도 부담감이 느껴지고 마음이 무거워집니다. 그런 게 바로 '당위적 삶'입니다.

갓난아기가 세상에 태어났을 때 아기의 머릿속에 당위적 삶에 대한 생각이 있을까요? 물론 없습니다. 자라는 동안 부모님을 통해서, 선생님에게서, 대중매체를 통해서, 책을 통해서, 주변 사람들을 통해서 '이래야 한다, 저래야 한다'는 이야기를 들으며 당위적 삶에 익숙해져 가는 것입니다.

백성희 선생님의 경우가 그랬습니다. 백성희 선생님의 아버지도 교사였습니다. 아버지는 원래 시인이 되고 싶었지만 생계를 위해 교사직을 택했습니다. 그러나 교육자로서의 열정도 무척 커서 학생들과 학부모들에게 존경과 사랑을 받았습니다. 그런 아버지가 자랑스러웠고, 그것이 훗날 교직을 선택한 가장 큰 동기가 되었습니다.

어머니도 좋은 분이었습니다. 어머니는 아이들이 잘 크길 바라는 마음으로 자녀들에게 잔소리를 많이 했습니다.

"아빠 딸이 공부 못하면 되겠나?" "큰 소리로 떠들지 마라, 동네 사람들 보기 민망하다." "넌 항상 착실해야 한다. 알았재?" "성희야, 네가 무조건 잘해야 동생들도 다 잘된다." "누나가 양보해라. 양보가 미덕이다." "어이쿠, 우리 딸 착하기도 해라. 그래야지. 그래야 하고 말고." "너 그렇게 했다간 절대로 좋은 데 시집 못 간다."

모범생이었던 백성희 선생님은 어머니의 잔소리를 거부하지 않고 자연스럽게 내재화했습니다. 그래서 늘 칭찬을 들었고, 성적도 우수하여 좋은 대학에 들어가고 순조롭게 임용고시를 통과했습니다. 그리고 아버지를 따라 국어 교사가 되었습니다. 교직생활은 만족스럽고 즐거웠습니다.

그러다가 최근에 전근한 학교에 문제를 일으키는 학생들이 부쩍 늘면서 심한 괴로움을 느끼게 되었습니다. 공부 못하는 학생들은 이해해도 반항하는 학생들은 이해할 수가 없었습니다. 학생들에게서 분노라는 감정만 사라진다면 학생들이 훨씬 행복해지고 공부도 잘 할 것 같았습니다. 그래서 생활지도부를 맡게 되었을 때는 상담 연수도 받고 최선을 다해 임무를 이행했습니다.

그러나 아이들이 달라지는 기색이 없자 심하게 실망했고, 차츰 부정적 감정을 표출하는 아이들이 불편해지는 초감정을 느끼기 시작했습니다. 도와줘야 한다는 책임감은 느끼지만 아이들의 감정이 전혀 느껴지지 않았습니다. 화(감정)를 내는 아이를 보면 선생님은 불편함과 야속함(초감정)이 느껴질 뿐입니다.

이러한 백성희 선생님의 초감정은 어릴 때 엄마로부터 배운 '삶의 자세에 대한 당위성'과 아버지로부터 물려받은 '교사의 당위성'에서 비롯된 것입니다.

백성희 선생님은 평생 '하고 싶은(want)' 일을 하는 게 아니라 '해야 하는(should)' 일을 하고 있을 뿐입니다. 문제행동을 하는 학생을 돕고 싶은 게 아니라 도와야 한다는 당위성에 떠밀리고 있습니다. 상담을 잘하고 싶은 것도 아이들을 도와주고 싶어서(want)이기 이전에 그래야만 좋은 선생님이 될 것 같아서(should)라는 당위적 인식이 더 크게 작용합니다.

이런 초감정 때문에 백성희 선생님에게는 모든 일이 부담으로 다가왔습니다. 일이 잘될 때는 문제가 없었지만 잘되지 않을 때는 온몸이 쑤실 정도로 버겁게 느껴졌습니다. 그래서 굳이 감정을 느끼려 하지 않았고 곧바로 문제를 해결하고 싶었습니다.

결국 감정코칭형이 되고 싶어도 잘 안 되고 축소전환형 양육자가 되어 버린 것입니다.

당위적 삶이 필요할 때도 있지만, 거기에 너무 얽매이면 실존적 삶을 살기가 어려울 수 있습니다. 하지만 다행스럽게도 감정을 무시하는 당위적 삶에서 현재의 감정에 충실한 실존적 삶으로 옮겨갈 수 있습니다.

이번에는 다른 연습을 해보겠습니다. 실존적 삶에 대해 생각해 보는 연습입니다.

실존적 삶 : '하고 싶다'

실존적 삶을 찾아보는 연습

1단계 : 하고 싶은 일을 적습니다(I want……)

공책에 지금 자신이 하고 싶은 일을 열 가지만 적어봅니다. '자고 싶다' 'TV를 보고 싶다' '맛있는 커피를 마시고 싶다' '여행을 가고 싶다' 등 무엇이든 괜찮습니다. 시간이 없다거나 돈이 없다거나 하는 현실적인 제약은 생각하지 말고 하고 싶은 일을 열 가지 적어봅니다.

다음은 워크숍에 참가했던 김지혜 선생님이 적은 '하고 싶은 일들(want list)'입니다.

- 나는 여행을 가고 싶다.
- 나는 건강해지고 싶다.
- 나는 행복감을 느끼고 싶다.
- 나는 자고 싶다.

- 나는 아빠를 이해하고 싶다.
- 나는 감정코칭 강사가 되고 싶다.
- 나는 찜질방에 가고 싶다.
- 나는 교외에 있는 카페에서 음악을 들으면서 차를 마시고 싶다.
- 나는 따뜻한 방에서 뒹굴면서 책을 읽고 싶다.
- 나는 전용 비행기를 갖고 싶다.

2단계 : 현실적으로 할 수 있는 일들을 골라 '나는 ……을 할 수 있다(I can……)'로 바꿉니다

적은 다음에는 열 가지 소망을 다시 읽어보고 그중 자신이나 남에게 해로운 것이 있다면 제외합니다. 그리고 남은 것들 중에서 자기가 할 수 있는 일들이 있을 겁니다.

예를 들어 '여행을 가고 싶다'는 할 수 있는 일입니다. 지금 당장은 아니더라도 언제든 할 수 있겠죠. 그렇게 자기가 할 수 있는 일에 동그라미를 칩니다. 몇 개든 상관없습니다. 전용 비행기를 갖는 것처럼 거의 불가능한 일은 제외합니다.

- 나는 여행을 갈 수 있다.
- 나는 건강해질 수 있다.
- 나는 행복감을 느낄 수 있다.
- 나는 잘 수 있다.
- 나는 아빠를 이해할 수 있다.
- 나는 감정코칭 강사가 될 수 있다.
- 나는 찜질방에 갈 수 있다.
- 나는 교외에 있는 카페에서 음악을 들으면서 차를 마실 수 있다.

- 나는 따뜻한 방에서 뒹굴면서 책을 읽을 수 있다.

이렇게 '할 수 있는 일들(can list)'을 적은 뒤 조용히 읽어봐도 좋습니다.

3단계 : 자기 의지로 반드시 할 일을 골라 그 일을 할 때의 기분을 상상합니다(I will……)

이번에는 할 수 있는 일들 중에서 자기 의지로 반드시 할 일을 추려봅니다. '오늘 집에 가면 찜질방에 가겠다' 혹은 '오늘 군고구마를 꼭 사 먹겠다'처럼 꼭 할 일에 동그라미를 다시 칩니다. 그리고 그 '반드시 할 일들(will list)'을 조용히 소리 내어 말해 봅니다.

- 나는 여행을 갈 것이다.
- 나는 건강해질 것이다.
- 나는 행복감을 느낄 것이다.
- 나는 잘 것이다.
- 나는 아빠를 이해할 수 있을 것이다.
- 나는 감정코칭 강사가 될 것이다.
- 나는 찜질방에 갈 것이다.
- 나는 교외에 있는 카페에서 음악을 들으면서 차를 마실 것이다.
- 나는 따뜻한 방에서 뒹굴면서 책을 읽을 것이다.

그다음 잠깐 눈을 감고 자신이 그 일을 하고 있는 모습을 상상해 봅니다. 따끈따끈한 고구마를 호호 불면서 맛있게 먹는 모습을 상상한다든지, 여행을 떠나는 모습을 상상합니다. 눈을 감고 상상하면 더 뚜렷하게 상상할 수 있을 겁니다.

상상할 때 어떤 기분이 드는지를 적어봅니다. '기쁘다' '흐뭇하다' '포만감이 든다' '기분이 좋다' 등 여러 가지 기분이 가능하겠죠.

- 여행 중인 모습을 상상한다. — 기분이 즐겁고 편하다.
- 건강해진 모습을 상상한다. — 자신감이 든다.
- 행복한 모습을 상상한다. — 행복하고 미소가 지어진다.
- 푹 잘 자는 모습을 상상한다. — 편안하고 긴장이 풀린다.
- 아빠를 이해하는 모습을 상상한다.
  — 상상이 안 되고 불편하고 심장이 아프다.
- 감정코칭 강사가 되어 가르치는 모습을 상상한다.
  — 뿌듯하고 자부심이 든다.
- 찜질방에서 땀을 흘리고 있는 모습을 상상한다. — 편안하다.
- 교외에 있는 카페에서 음악을 들으면서 차를 마시는 모습을 상상한다.
  — 여유롭고 행복하며 평화롭다.
- 따뜻한 방에서 뒹굴면서 책을 읽는 모습을 상상한다.
  — 편안하고 여유롭다.

어린 시절부터 당위적인 삶에 갇혀서 살다 보면 자신이 원하는 게 무엇인지 잊어버릴 수 있습니다. 혹은 원해서는 안 될 것 같고, 원한다 해도 이룰 수 없을 것 같은 기분이 들죠. 그렇게 스스로 제약을 두는 경우가 많습니다. 그러면 스트레스가 클 뿐만 아니라 불행해집니다. 자기 삶을 사는 것 같지 않고, 무언가에 끌려가거나 밀려가는 느낌이 들죠.

실존적인 삶을 사는 첫 걸음은 자기가 원하는 게 무엇인지 알아보는 것입니다. 원하는 걸 아무 제약 없이 떠올려본 뒤에 자신과 타인에게 해로운 것만 지웁니다. 그리고 하고 싶은 일들 중에서 자신이 실제로 할 수 있는 일을 고릅니다. 'want list'에서 'can list'를 간추리는 것이지요. 그다음에 'can list'에서 꼭 실행할 'will list'를 선택하는 것입니다.

'will list'의 일들이 정말 자기가 원하는 것인지 판별하는 방법이 있습니다. 그 일을 하는 모습을 상상했을 때 흐뭇하고 뿌듯하고 즐겁고 행복하다면 정말로 원하는 일입니다. 그런 일은 하면 됩니다.

반면에, 적고 나서 보니 왠지 씁쓸하고, 허전하고, 고통스러울 것 같기도 하다면 아직은 그 일을 할 준비가 되어 있지 않거나, 사실은 하기 싫은 것입니다. 그렇게 자신의 감정이 솔직하고 정확하게 알려줍니다.

워크숍에 참가했던 김지혜 선생님은 아버지를 이해하는 모습을 상상하니 불편하고 심장에 통증을 느꼈다고 합니다. 이것은 자신이 정말로 원하는 일이 아니거나 아직 준비가 안 됐다는 감정적 신호입니다.

그러면 다시 처음으로 돌아가서 진짜 자기가 원하는 게 뭔지를 생각해 보면 됩니다. 김지혜 선생님은 아버지에게 원하는 것이 무엇인지를 다시 생각해 보니 '나는 아빠로부터 사랑받고 인정받고 싶다'는 간절한 소망이 떠올랐다고 합니다.

앞으로 일주일 정도만이라도 아침에 눈을 뜨면 자신이 하고 싶은 일이 뭔지 생각해 보세요. 그리고 생각나는 대로 적어봅니다. 그다음에 그 가운데 자기가 할 수 있는 일들을 상상해 보고, 상상했을 때 기쁘고 즐겁고 행복하고 보람 있게 느껴진다면 그 일을 하면 됩니다.

이것이 습관이 되면 거의 매일이 행복하고 보람 있는 나날이 됩니다. 그것이 실존적인 삶이죠. 실존적인 삶을 살면 즐겁고, 마음이 가볍고, 삶에 감사한 마음도 듭니다.

🌱 내가 선택한 일은 내가 책임진다

여기서 한 가지 중요한 문제가 있습니다. '그렇게 하고 싶은 대로 하면 일은 언제 하고 돈은 언제 버나?' 하는 문제입니다. 자신의 선택에 대한 책임도 자기가 질 수 있으면 됩니다. 선택의 결과에 대한 책임을 질 수 있다면 그것이 바로 실존적인 삶입니다.

예를 들어, '나는 시험을 보고 싶지 않다'는 생각을 한다면 '시험을 안 볼 때의 상황'을 상상해 보고 그때 어떤 기분이 드는지 느껴봅니다. 마음이 불편하고 불안하다면 다시 처음으로 돌아갑니다. 그리고 자신이 정말 원하는 건 시험을 안 보는 것이 아니라 시험 성적이 잘 나오는 것임을 알 수 있게 되겠지요.

하지만 시험을 안 보는 모습을 상상했을 때 편안하고 행복하다면 그렇게 하고, 그에 따른 결과에 대해 책임을 지면 됩니다.

저는 상담을 할 때면 상담받는 분들이 말하는 패턴을 봅니다. "오늘은 내가 아이를 데려다 주어야 하는데" "남편한테 뭘 해야 하는데" "시어머니한테 전화를 드렸어야 하는데" 이렇게 '해야 하는데, 해야 하는데……' 하고 당위적인 이야기를 계속하면 '이 사람의 삶은 참 무겁고 고달프고 힘들겠구나' 하고 느낍니다.

그럴 때는 "말씀하시는 방법을 바꿔보시는 게 어때요? '오늘, 아이와 함께 박물관에 가고 싶다'라고요" 하고 제안합니다.

자신에게 먼저 물어보세요. '오늘 나는 아이와 박물관에 가고 싶은가?'라고. '아이와 박물관에 가야 해'라고 생각하지 말고 가고 싶은가를 물어보면 답이 달라질 수 있습니다. 그리고 '시어머니께 전화를 드리고 싶어? 안 드리고 싶어?' 하고 스스로에게 물었을 때 안 드리고 싶으면 안 드려도 됩니다. 단, 그 결과에 대한 책임을 지면 됩니다.

당위성에 이끌려 살 때는 어떤 일을 하든 안 하든 책임을 지지 않게 됩니다. 남 탓을 하게 되고, 남의 삶을 대신 살아준다는 버거움과 부담감과 거부감이 느껴져서 불편하고 불행합니다.

부디, 당위적 삶이 아니라 실존적 삶을 살면서 자신의 선택에 책임을 지는 여러분이 되기를 응원합니다.

12장

어떤 상황에서도 자신의 감정을 다스려야 한다

감정코칭형 양육자는 자기진정을 할 줄 안다

중학교 1학년인 미혜의 아빠는 평소에 '여자아이는 밖으로 나돌면 안 된다'고 주장해 왔습니다. 그래서 미혜가 방학 때 친구들과 1박 2일로 강원도의 친구 이모댁으로 놀러 가면 안 되냐고 물었을 때 단호히 반대했습니다.

미혜는 아빠 몰래 당일치기로라도 다녀오기로 했습니다. 평소 아빠가 귀가하는 자정 전까지만 돌아오면 될 거라고 생각했습니다.

그래서 친구들과 놀다가 밤 11시에 집에 돌아왔는데, 그날따라 일찍 귀가하던 아빠와 골목에서 마주치고 말았습니다.

"너, 어디를 싸돌아다니다 이제 오는 거야?!" 미혜는 예상치 못했던 상황에 거짓말을 꾸며댈 겨를도 없어서 사실대로 말했습니다. "아빠가 외박은 안 된다고 해서 안 자고 돌아온 거예요." 하지만 아빠는 미혜가 아빠 몰래 놀다 왔다는 말에 격분해서 미혜를 잡아끌고 집에 와서 몽둥이를 휘둘렀습니다. 엄마도 도저히 말릴 수가 없었습니다.

미혜는 얼굴과 온몸이 멍들어서 학교를 2주 동안 갈 수 없었을 뿐만 아니라 방에 틀어박혀 나오지도 않았습니다. 아빠의 목소리만 들어도 가슴이 두근거리고 숨이 막혀 죽을 것 같다고 했습니다. 전형적인 외상후스트레스증후군이었지요.

미혜는 자신의 행동이 죽을죄라도 되느냐며 아빠를 도저히 이해하지도, 용서하지도 못하겠다고 했습니다. 얼굴 멍만 가시면 가출하겠다고, 가출이 안 되면 자살하겠다고 했습니다.

미혜 아빠를 만나본 결과, 이성을 잃을 정도로 격분했던 자신의 감정이 부모님 몰래 친구들과 딱 한 번 놀러갔다가 성폭행을 당하고 자살했던 누 님에 대한 초감정이었다는 것을 알게 되었습니다. 하지만 자신의 초감정을 인식하지 못했던 미혜 아빠는 아빠 말을 거역하고 몰래 놀러간 미혜가 호되게 맞아서라도 정신을 차려야 한다고 생각만 했던 것입니다.

만일 자신의 초감정을 미리 알았더라면, 그리고 자기진정을 할 줄 알았더라면 이런 후회할 만한 상황은 벌어지지 않았을 것입니다. 침착하게 딸에게 타이를 수 있었을 것입니다. "미혜야, 아빠는 네가 밤에 늦게 다니거나 외박을 하면 아주 걱정이 된단다. 안 좋은 일을 당할까봐 그래. 그러니까 어디 가는지 미리 알려주고, 밤 10시 전에는 집에 오렴."

그랬다면 미혜는 아빠가 자신을 소중한 존재로 여긴다는 것을 알았을 것이고, 친구들과 안전하게 놀 수 있는 좀더 바람직한 방법을 아빠와 논의할 수 있었을 것입니다.

감정코칭형 교사·부모가 되려면 이처럼 자신의 초감정에 대해서도 알고 있어야 하고, 자기진정법, 즉 자신의 감정을 가라앉히는 방법을 터득하여 실천해야 합니다. 양육자가 감정을 가라앉히고 평정심을 유지하는 상태여야만 아이의 감정을 제대로 읽고 공감하고 수용해 줄 수 있기 때문입니다.

이번에는 화가 나서 물건을 집어 던지는 학생에 대해 선생님이 반응하는 상황을 예로 들어 초감정에 대한 이해와 자기진정의 중요성을 설명하겠습니다.

초감정은 살아온 경험과 부모로부터 물려받은 감정적 유산(감정적 기억), 과거 환경과 현재 상황에 의해 형성된 가치관(당위적 삶), 감정적 기억과 당위적 삶으로 인해 형성된 양육 습관(양육자 유형)이 맞물려서 형성되기도 합니다. 이 세 가지가 뚜렷하게 구분되지 않는 경우가 많지요.

1. 질서를 어긴 학생은 마땅히 훈계를 받고 벌을 받아야 한다고 생각한다. (당위적 삶에 의한 초감정)
2. 지금 당장 버릇을 고쳐주지 않으면 나중에 더 심해져서 그때는 감당하지 못할 것 같은 두려움을 느낀다. (양육자 유형에 의한 초감정)
3. 어릴 때 화를 좀 냈다고 억울하게 매를 맞은 기억이 있다. (감정적 기억에 의한 초감정)
4. 화를 내는 학생의 부적절한 행동을 보면 이런 뒤섞인 감정 때문에 순간 짜증이 난다. (불투명하고 복합적인 초감정 발동)
5. 짜증을 느끼는 순간 스트레스가 올라간다. (부정적 감정에 따른 신체적 반응)
6. 스트레스는 발산되어야 하기에 학생을 지도할 때 목소리가 커지고 톤이 올라간다. (당위성에 따른 행동 반응)
7. 그런 경우, 학생은 감정의 홍수 상태에 빠지게 되어 주먹이나 욕설이 먼저 나가거나 도망친다. (어른의 감정에 대한 학생의 반응)
8. 학생이 바람직한 반응을 보이지 않으면 나를 무시하는 기분이 들어 더 화가 난다. ('무시당하는' 감정에 대한 '화'라는 초감정)
9. 예전에 나를 무시했던 학생 생각이 나서(감정적 기억에 의한 초감정) 학생을 쳐다보기도 싫고 체벌하고 싶은 충동이 느껴진다. (이성을 잃고 감정적으로 처리함)
10. 나와 학생 사이에 소통과 관계가 단절되는 느낌이 들어 좌절감과 절망감이 느껴지고, 다음에 질서를 어긴 학생을 만나면 그냥 피하고 싶어진다. (이성을 잃고 감정적으로 처리함)

이러한 악순환에 들어가지 않기 위해서 필요한 기술이 감정코칭입니다. 감정코칭을 잘하려면 자신의 감정을 진정시킬 줄 알아야 합니다. 위의 상황이라면, 5번에서 스트레스가 올라가고 있다는 것을 알아차려야 하고, 6번에서 목소리가 커지고 톤이 올라가기 전에 스트레스를 내려야 합니다.

스트레스를 내리는 방법은 5장에서 설명했던 것처럼 심장호흡을 통해 스트레스를 중화시키고 감정적 중립을 찾는 것입니다.

2단계 자기진정법

1단계 : 심장에 집중하여 천천히 호흡한다

자기진정의 첫 단계는 심장에 집중해서 천천히 호흡하는 것입니다. 대략 5초 동안 숨을 들이쉬고, 5초 동안 천천히 내쉽니다. 그렇게 몇 번만 해도 안정상태가 됩니다. 하지만 호흡만으로는 안정상태가 오래가지 않습니다. 잡념이 들기 때문이죠.

2단계 : 고마움을 느낀다

자기진정의 두 번째 단계는 감정을 움직이는 것입니다. 심장은 감정의 영향을 즉각적으로 받는다고 했습니다. 심장이 어떤 감정일 때 가장 편안하게 뛰는지 연구해 보니, 고마움을 느낄 때 가장 안정적으로 뛰는 것으로 밝혀졌습니다.

고마움에 대해 생각하는 게 아니라 고마움을 '느끼는' 것입니다. 어머니든 할머니든, 자신을 무조건적으로 사랑해 주셨던 분이나, 고마운 친구나,

사랑하는 강아지나, 좋아하는 활동 등을 떠올립니다. 그렇게 호흡을 몇 번 하고 나서 고마운 마음을 느끼면 스트레스는 점점 낮아집니다.

이때 생각을 하는 건 별로 도움이 안 됩니다. 생각의 힘보다 심장의 힘이 5,000배는 강하다고 했습니다. 생각은 두뇌로 하는데, 생각을 할 때 심장활동 데이터를 살펴보면 대개 심박변동률이 불규칙합니다. 하지만 긍정적 감정, 특히 감사함을 느낄 때는 심박변동률이 안정상태로 변하고 그 상태가 오래 지속됩니다.

최민석 선생님은 최근 들어 부쩍 힘이 들었습니다. 계속 피곤하고 스트레스가 쌓여서 한번 감정이 폭발하면 진정하기가 어려운 상태였습니다. 속썩이는 학생들을 보면 심장이 두근거렸고, 피하고 싶었습니다. 그러던 중 감정코칭 워크숍에서 자기진정법을 배우고 연습할 기회가 있었습니다.

우선 5초 동안 고르게 숨을 천천히 들이쉬고 5초 동안 고르게 천천히 내쉬었습니다. 그러기를 세 번 정도 하자 마음이 조금 안정되기 시작했습니다.

이어서 할머니를 떠올리며 고마움을 느꼈습니다. 일찍 돌아가신 어머니를 대신해서 선생님을 키워주신 분입니다. 할머니를 떠올리며 마음속으로 '할머니, 고맙습니다. 할머니가 그렇게 아껴주시던 손자가 이제 교사가 되었어요. 할머니의 사랑 덕분입니다' 하고 진정으로 고마움을 느끼자 마음이 더 안정되고 편안해졌습니다.

약 3분간 고마움을 깊이 느끼자 마음이 아주 편해지고 머리가 맑아졌습니다. 최 선생님은 분노와 스트레스를 그렇게 짧은 시간 안에 스스로 조절할 수 있다는 사실에 무척 놀랐습니다. 앞으로 학생들로 인해 화가 날 때는 잠시 호흡으로 진정한 후 대화를 시도하기로 결심했습니다. 아울러 그동안 힘들다는 이유로 고마움을 덜 느끼고 살았는데, 이제 매일 '감사일기'를 쓰기로 했습니다. 또한 분노 조절을 잘하지 못하는 학생들에게 심장호흡법과 자기진정법을 가르쳐주기로 마음먹었습니다.

🌱 감정의 힘을 기르는 자기진정법

자기진정법은 어렵지 않습니다. 하트매스 연구소 수석 연구자인 롤린 맥크레이티(Rollin McCraty) 박사의 연구에 의하면 천천히 고르게 호흡하고, 고마운 마음을 진정으로 느끼는 것입니다. 그렇게만 해도 약 3분 안에 스트레스가 진정되고 마음이 안정적인 상태가 됩니다.

심장은 감정에 즉각적으로 반응한다고 했습니다. 그중에서도 심장이 가장 불규칙하게 뛸 때는 짜증을 내거나 좌절감을 느낄 때라고 합니다. 이런 부정적 감정을 가질 때는 에너지가 고갈되고, 골밀도가 감소되고, 피부가 노화되는 등 우리 몸에 부정적인 영향을 미칩니다.

반대로 심장이 안정적으로 뛰면서 스트레스호르몬이 감소되게 만드는 긍정적 정서 중 대표적인 것이 감사하는 마음입니다.

그런 긍정적인 감정을 갖게 되면 에너지가 증가하고, 회복탄력성이 증가하여 신체적 피로도 쉽게 회복되며 심리적 상처도 빨리 회복됩니다. 신체의 면역력이 증가하고, 인지적인 유연성도 증가합니다. 그래서 여러 가지 해결책을 유연하게 생각할 수 있고, 기억력도 좋아지며, 통찰력과 창의력도 증가합니다.

또한 전반적인 행복감과 업무수행능력이 향상됩니다. 공부도 잘하고 일도 잘하게 되고, 별로 힘도 들지 않다는 게 다양한 연구를 통해서 입증됐습니다.

두뇌로 들어온 정보가 편도체로 도달하는 데는 두 가지 길이 있다고 했습니다. 심장이 불규칙하게 뛸 때는 정보가 아랫길, 즉 생존을 위해 싸우거나 도망가는 파충류 반응이 나오는 길로 갑니다. 그래서 정보를 윗길에서 천천히 폭넓게 생각하고 음미할 겨를이 없습니다. 그렇기 때문에 생각도 잘 안 되고, 기억도 안 나고, 도피하고 싶거나 싸우고 싶어집니다.

반면에 심장이 편안해지면 두뇌로 가는 신호가 천천히 윗길로 가면서 깊이 느끼고 생각하고 문제를 해결할 수 있게 되고, 유연성과 창의력도 생깁니다.

결국 최적의 건강, 최적의 업무 수행과 학업을 위해서는 감정의 힘을 사용하는 것이 두뇌의 힘을 사용하는 것보다 훨씬 빠르고 지속력도 크다는 것을 다시 한 번 확인할 수 있습니다.

아동기에는 전두엽이 미성숙하고 청소년기에는 전두엽이 리모델링을 하기 때문에 충동이나 감정을 조절하기가 어렵습니다. 이럴 때 무조건 참으라고 하거나 꾸지람을 하기보다는 감정코칭과 함께 자기진정법을 가르쳐주는 것이 효과적입니다. 교사나 부모가 먼저 자기진정법을 하여 평정심을 찾은 상태에서 학생이나 자녀에게 자기진정법을 가르쳐주고 실천하게 하는 것입니다.

폭력과 집단따돌림, 공황장애, 우울증, 불안장애 등으로 고통받는 자살 위험군 청소년이나 ADHD 판정을 받은 학생들에게 저는 감정코칭과 함께 자기진정법을 실천하여 약물치료나 처벌보다 훨씬 빠르고 지속적인 효과를 보았습니다. 저뿐 아니라 다른 많은 선생님들과 상담 선생님들도 비슷한 성공사례를 많이 들려주고 있습니다.

감정코칭은 5단계로 이루어져 있습니다. 1단계는 '감정 포착하기', 2단계는 '좋은 기회로 여기기', 3단계는 '감정을 들어주고 공감하기', 4단계는 '감정에 이름 붙이기', 마지막 5단계는 '바람직한 행동으로 이끌기'입니다. 첫 세 단계는 큰 의미가 없거나 일반 상식처럼 보일 수 있습니다. 그러나 첫 세 단계를 얼마나 잘 실천하는가에 따라 감정코칭의 결과는 확연히 달라집니다.

4부

아이와의 행복한 소통법, 감정코칭 5단계

13장

감정코칭 1단계 : 감정을 포착한다

행동보다 감정을 먼저 읽어라

감정코칭을 잘하기 위해서는 먼저 아이를 이해하고 자신을 이해해야 한다고 했습니다. 이제 본격적으로 감정코칭에 들어가봅시다.

감정코칭은 5단계로 이루어져 있습니다. 1단계는 '감정 포착하기', 2단계는 '좋은 기회로 여기기', 3단계는 '감정을 들어주고 공감하기', 4단계는 '감정에 이름 붙이기', 마지막 5단계는 '바람직한 행동으로 이끌어주기'입니다. 첫 세 단계는 큰 의미가 없거나 일반 상식처럼 보일 수 있습니다. 그러나 첫 세 단계를 얼마나 잘 실천하는가에 따라 감정코칭의 결과는 확연히 달라집니다.

감정코칭의 첫 단계는 감정을 포착하는 것이라고 했습니다. 감정을 포착하는 일은 따로 연습이 필요 없다고 생각하실지 모릅니다. 행동을 보면 그 사람의 감정을 알 수 있다고요. 그러나 감정을 포착하는 건 그렇게 쉬운 일은 아닙니다.

요즘 학생들이 집단따돌림을 견디다 못해 자살하는 사건을 보면, 겉으로 감정을 드러내지 않아서 부모님이나 친구들이 눈치를 채지 못했던 안타까운 경우들도 적지 않습니다. 주변에서 그 학생들의 감정을 포착했더라면 비극을 방지할 수 있었을지 모릅니다.

자살이라는 극단적 선택을 하는 학생들은 극도의 우울감과 절망감을 느끼는 경우가 많습니다. 얼핏 보면 조용히 있는 것 같지만, 무표정이나 슬픈 표정, 아래로 향한 시선과 한숨 등 여러 위험 신호들을 감지할 수 있습니다. 노골적으로 '죽고 싶다'는 말을 하거나, 그런 뜻을 글로 적거나, 아끼던 소지품을 남에게 주는 것도 위험 신호이지만, 표정으로도 절망스러운 감정을 나타내는 경우가 많습니다.

어른들이 흔히 하는 실수는 아이의 마음속에 있는 감정을 포착하지 못하고 눈에 보이는 행동에 초점을 맞추어 행동을 먼저 지적하는 것입니다. 아이가 삐딱하게 앉아 있으면 "똑바로 앉아!" 하고 행동을 수정해 주려고 합니다. 그렇게 앉아 있을 수밖에 없는 아이의 감정은 고려하지 않습니다. 그러면 아이는 더 격한 감정을 보일 수 있습니다. 그러니 아이와 부모나 교사의 관계가 삐걱거리고 멀어질 수 있지요.

백성희 선생님이 그랬습니다. 영석이가 친구와 싸우고 선생님의 질문에도 대답하지 않는 모습을 보면서 점점 짜증이 나고 화가 났습니다. 그러나 영석이의 감정은 읽지 못했지요. 자기를 두고 떠난 부모에 대한 분노, 아이들로부터 따돌림을 당하는 괴로움, 싸움을 할 수밖에 없는 처절함, 교무실로 불려온 억울함, 반복되는 훈계에 대한 귀찮은 마음, 그 모든 게 반복되고 해결책이 보이지 않는 절망감…… 이런 감정을 선생님이 읽었더라면 영석이에게 화를 내지 않았을 것입니다.

민수와도 마찬가지였습니다. 무단결석하는 행동을 보았고, "네, 네" 하면서 선생님의 질문과 지도에 대답을 잘하는 '예쁜' 모습을 보았고, 꾸벅 인사하는 모습을 보았습니다. 그러나 "생활지도부에 갈래?"라는 말에 민감하게 반응하는 민수의 두려움과 난처함, 협박에 굴복해야 하는 자괴감과 모멸감, 이제 다 틀렸다는 허탈감, 동시에 밀려오는 묘한 해방감…… 이 모든 감정을 선생님은 놓친 것입니다.

개가 뛰어난 후각으로 주변을 섬세하게 간파하지만 색깔은 잘 인지하지 못하듯이, 백성희 선생님은 학생의 행동은 보지만 그 행동에 내포되거나 동반되는 감정은 거의 보지 못했습니다. 감정에 있어서는 눈뜬 장님에 가까웠지요. 화, 슬픔, 기쁨 정도야 볼 수 있었으니 흑백 정도를 분간하는 색맹인 것입니다.

색맹이기는 선영이의 아빠도 마찬가지였지요. 선영이의 짧은 치마를 보았고, 약속을 어긴 행동과 말대꾸하는 행동을 보았습니다. 그러나 또래 친구들을 따라해야 따돌림을 당하지 않는다는 강박감, 약속을 지키고 싶어도 잘 지키지 못할 때의 당황스러움, 고자질한 엄마에 대한 야속함, 고압적인 아빠에 대한 실망감 등은 전혀 읽지 못했습니다. 선영이의 감정은 신문 1면에 큰 활자로 적힌 기사 제목처럼 강했는데도 불구하고 말이지요.

백성희 선생님도, 선영이 아빠도, 아이의 부적절한 행동을 고쳐주고 싶은 의도는 훌륭합니다. 그런 행동을 보고 그냥 넘어가는 방관자가 많은 요즘 세상에 꼭 필요한 어른이지요. 그러나 아무리 의도가 훌륭해도 방법이 잘못되면 의도와 다르게 일이 망가질 수 있습니다.

먼저 색맹에서 벗어나야 합니다. 무지개의 기본 색이 섞여서 수백 가지 다양한 색이 나오듯이, 감정도 무척 다양합니다. 다채롭고 풍요로운 감정을 포착하는 것이 감정코칭의 첫 단계입니다.

감정에는 어떤 것들이 있는가?

당연한 얘기지만, 청소년들도 어른들과 마찬가지로 여러 가지 감정을 느낍니다. 성인들이 느끼는 대부분의 감정을 느끼죠. 감정은 여러 가지가 있지만, 인류에게 보편적으로 얼굴에 나타나는 일곱 가지 감정이 있다는 것을 앞에서 말씀드렸습니다. 찰스 다윈이 발견한 그 감정들은 기쁨, 슬픔,

놀람, 분노, 경멸, 혐오, 공포입니다.

아래의 표는 가트맨 박사가 정리한 것으로, 기본 감정과 거기서 파생된 여러 감정들입니다. 한 가지 특기할 점은 '놀람'을 '흥미'로 바꿨다는 것입니다. 여러분의 자녀나 학생이 느껴보았을 만한 감정에 모두 표시를 해보시기 바랍니다. 아이들의 감정을 포착하는 첫 연습으로, 다양한 감정들이 존재한다는 것을 인식하는 데 도움이 될 것입니다.

찰스 다윈의 연구를 재발견하여 발전시킨 사람이 폴 에크만(Paul Ekman) 박사입니다. 가트맨 박사의 친구이기도 한 폴 에크만 박사는 다윈의 연구에 흥미를 느껴 그 연구를 발전시켜 보기로 했지요. 그래서 파푸아뉴기니에 가서 그곳 사람들의 표정을 카메라에 담았습니다. 그들에게 '이러이러할 때의 표정을 지어보라'고 주문해서 표정을 촬영한 것이죠.

	아이가 느껴보았을 만한 감정은?				
기쁨	행복감 명랑 반가움	고마움 황홀감 만족감	유대감 극치감 감사함	사랑스러움 쾌활함	하늘로 붕 뜸
슬픔	절망감 실망	불행감 미안함	우울 비통함	후회스러움 기분이 처짐	
흥미	기대감 흥분	몰두감 관심	열심	재미있음	
분노	불쾌감 좌절	시기심 열받음	짜증	불만	격노
경멸	무례함	비판적	씁쓸함	거부감	
혐오	증오감	싫어함	구역질	기피하고 싶음	
공포	두려움 겁남	예민함 무서움	경악 불안	걱정스러움 불편함	혼란스러움

아이들의 감정 유형

그 연구를 통해 웃는 표정, 슬픈 표정, 화난 표정, 혐오감을 느끼는 표정 등 기본 표정은 인류에게 공통이라는 것을 확인할 수 있었습니다. 예컨대, 슬플 때는 남녀노소 모두 눈과 입꼬리가 아래쪽으로 처지고, 화가 나면 양미간에 주름이 지고 입술에 힘이 들어갑니다. 놀랄 때는 대개 눈을 크게 뜨고 입을 벌리기도 합니다.

그런데 슬프면서 화가 나기도 하고, 수치심과 분노를 동시에 느끼기도 하듯, 여러 가지 감정이 복합되는 경우가 있습니다. 파란색과 빨간색이 합쳐져 보라색이 되고, 초록색에 검정색이 섞여 진한 초록색이 되듯이요. 그런 감정들은 문화에 따라, 개인에 따라 표정으로 다르게 나타날 수 있습니다. 이처럼 기본 감정 외의 다양한 감정을 나타내는 표정을 읽을 수 있다면 미묘한 감정을 잘 포착할 수 있을 것입니다.

청소년들도 성인들처럼 대부분의 감정을 느끼지만, 감정을 적절히 표현할 수 있는 언어 도구나 표현 방식을 잘 모르는 경우가 많습니다. 예를 들어 요즘 학생들은 '짜증나'라는 말을 자주 합니다. 짜증은 여러 감정이 복합적으로 섞여 있는 감정이어서 기본 감정이 아닙니다. 그러나 감정 표현에 익숙하지 않은 청소년들은 모든 부정적 감정을 그냥 "아, 짜증나!" 한마디로 일축하는 경우가 매우 흔합니다.

감정을 포착하는 방법

이처럼 감정 표현에 서툰 아이들을 위해서 어른이 먼저 감정을 포착해야 합니다. 그 방법은 아래와 같습니다.

표정을 읽는 연습을 한다

김술해 선생님은 교사 대상의 감정코칭 프로그램에 참가했습니다. 그런데 실습 중 아이들의 표정이 담긴 사진을 읽는 데 어려움을 느꼈고, 다른 선생님들과 표정 알아맞히기 연습을 할 때는 일곱 가지 기본 감정도 거의 다 틀렸습니다. 딱 두 표정, 화난 표정과 웃는 표정만 알아맞혔습니다.

스스로 다양한 감정의 표정을 지어보는 건 더욱 어색하고 힘들었습니다. 기껏 즐거움을 생각하면서 표정을 지었는데 상대방은 "부끄럽고 난처한 표정인가요?"라고 반문했고, 용기 있는 표정을 지었더니 "화난 표정이네요" 하더라는 것입니다.

김술해 선생님의 경우가 예외적인 건 아닙니다. 다른 사람의 표정을 읽는 건 생각처럼 쉬운 일이 아닙니다. 부모님들이나 선생님들도 자녀들과 학생들의 표정을 제대로 읽으려면 연습이 필요합니다.

기쁘다, 슬프다, 화나다, 놀라다 같은 기본 감정은 쉽게 알아볼 수 있지만, 그 외의 표정들은 문화나 개인에 따라 다르게 나타납니다. 어떻게 보면 걱정되는 것 같기도 하고, 어떻게 보면 우울한 것 같기도 하고, 어떻게 보면 짜증이 난 것 같기도 합니다.

그래서 자녀나 학생들의 감정을 포착하려면 다양한 표정을 읽는 연습도 해야겠지만, 더욱 확실한 방법이 있습니다. 바로 아이에게 직접 물어보는 것입니다.

기분이 어떤지 물어본다

아이의 감정을 물어볼 때는 특정 감정을 콕 집어서 "너 지금 화났지?" "너 지금 속상하고 당황스럽지?" 하는 식으로 묻는 건 좋지 않습니다. "너 지금 화났구나?" 하고 물어보면 화가 났더라도 "아뇨, 화 안 났어요"라고 답할 수 있기 때문입니다. "너 지금 슬프지?" 하고 물었을 때 "아뇨" 하고 입을 다물어버리면 대화를 이어가기 어려워집니다.

어떤 학교에 평소 문제를 많이 일으키는 학생이 있었습니다. 항상 무표정이던 그 학생이 어느 날 교무실에서 환하게 웃으며 어떤 선생님과 이야기를 하고 있었습니다. 그 모습을 본 다른 선생님이 반가운 마음에 "아무개야. 오늘 너 기분이 좋은 모양이구나?" 하고 말했습니다. 그런데 그 학생은 표정이 확 변하면서 "저 기분 안 좋아요" 하고 나가버렸습니다.

그 학생은 왜 그렇게 행동했을까요? 기분 좋은 감정을 들켰다는 생각에 무안해서 그랬을 수도 있고, 다른 선생님들과의 관계에서 두려움을 느껴서 그랬을 수도 있고, 뭔가 잘못한 게 있어서 걸릴까봐 그랬을 수도 있고, 아니면 그냥 피하고 싶었을 수도 있습니다. 어떤 마음이었는지 정확히 알 수 없습니다.

신뢰관계가 형성되어 있지 않은 상황에서 아이의 감정을 단정 지어서 이야기하면 이렇게 거부감을 나타낼 수 있습니다. 따라서 표정으로 확실하게 알 수 있는 보편적인 감정이 아니거나 신뢰관계가 형성되어 있지 않을 때는 감정을 물어보는 게 제일 안전하고 확실합니다.

"지금 기분이 어때?" 하고 물으면 처음에는 "나도 모르겠어요"라고 말할 수도 있습니다. 감정이라는 게 몇 가지가 섞여 있을 때는 뭐가 뭔지 모를 수 있기 때문이죠. 아이가 "모르겠어요"라고 답하면 "그래, 잘 모르겠구나" 하고 15초 정도만 가만히 있어보세요. 그러면 아이가 "화가 나요" "슬퍼요" "우울해요" 같은 식으로 이야기를 할 겁니다.

"지금 기분이 어때?"라는 질문으로 아이의 감정을 모두 알 수 있는 건 아니지만, 그것이 감정코칭의 첫 관문을 통과하는 방법입니다.

아이가 느꼈을 감정을 상상해 본다

감정을 포착하는 연습으로 자녀나 학생이 느껴봤을 만한 감정을 상상해 보는 연습을 하는 것도 좋습니다. 특정 상황에서 아이가 어떤 감정을 느꼈을지 상상해 보는 것입니다. '우리 아이나 우리 학생이 이러이러한 상황이었는데, 그때 아마 이런 감정을 느꼈을 것 같다'라고 생각해 보거나 적어보는 겁니다.

예를 들어, 한 선생님이 조금 무례한 행동을 한 학생을 교육하려고 교무실로 불렀습니다. 보통 학생이 교무실에 불려오면 약간 겁을 먹거나 선생님에게 복종하는 듯한 모습을 보이고, 이러이러한 점이 잘못됐지 않느냐고 물으면 수긍하기 마련이지요. 그런데 그 학생은 그런 태도를 보이지 않았습니다. 선생님이 "너, 이러이러한 게 잘못되지 않았니?"라고 말하자 눈을 크게 뜨고 화난 표정이 되면서 잘못을 인정하지 않았습니다. 조금 지나치면 선생님을 자기 행동에 시비를 거는 사람으로 생각해서 한 대라도 칠 것 같았습니다.

이때 학생의 감정은 어떤 것이었을까요? 거부감과 불만이 아니었을까 합니다. 아울러 권위에 대한 반감도 느꼈을 것이고, 그 상황을 피하고 싶은 마음도 있었을 겁니다. 한편 두려움도 느꼈겠지요.

어떤 선생님이 근무하던 고등학교에 마지막으로 출근하던 날이었습니다. 2학년 여학생 하나가 직접 만든 비누를 선물하려고 선생님의 출근을 기다리고 있었습니다.

그때 학생은 어떤 감정을 느꼈을까요? '선생님께 이 선물을 드리면 어떻게 반응하실까?' 하는 기대감이 있었을 것이고, '선생님도 이런 허브향 비누를 좋아하시겠지?' 하는 유대감을 느꼈을 겁니다. 그리고 실제로 선생님이 무척 고마워하자 행복감을 느꼈을 것입니다.

감정코칭 1단계에서 감정을 포착한다는 게 어떤 의미인지 느껴지시나요? 기본적인 감정은 누구라도 쉽게 포착할 수 있지만, 이차적인 감정은 쉽게 판단하지 못할 수 있습니다. 그래서 표정을 읽는 연습을 많이 해야 합니다. 그러나 아무리 많은 연습을 하더라도 얼굴 표정만 보고 미묘하고 복합적인 감정을 제대로 알기는 어렵습니다.

가장 확실하고 안전한 방법은 아이의 감정을 단정 짓지 말고 직접 물어보는 것입니다. 아이가 '잘 모르겠다'고 하면 서두르지 말고 기다리세요. 그러면 아이가 서서히 마음을 열고 기분을 이야기할 겁니다.

감정코칭 1단계 포인트

1. 아이의 행동보다 감정을 먼저 읽어야 합니다.
2. 얼굴 표정에 나타나는 감정에는 분노, 경멸, 혐오, 공포, 기쁨, 흥미, 슬픔 등 보편적인 일곱 가지 감정이 있지만 그 외에 수많은 이차적인 감정들이 있습니다. 자녀와 학생의 표정을 보고 다양한 감정을 읽는 연습을 해야 합니다.
3. 자녀와 학생의 감정을 단정 짓기 전에 탐색하거나 대화를 통해서 확인하는 과정이 중요합니다.

14장

감정코칭 2단계 : 강한 감정을 표현할수록 좋은 기회다

"No pains, no gains."

감정코칭의 두 번째 단계는 감정을 포착했을 때 그것을 좋은 기회로 여기는 것입니다. '연결하기'라고도 합니다. 아이가 강한 감정을 보일 때, 회피하거나 귀찮게 생각하지 말고 아이와 연결하고 아이가 성숙해질 수 있도록 돕는 기회로 반갑게 여기라는 뜻입니다. 또한, 아이에게 적극적으로 관심을 보이고 아이와 긍정적인 관계를 형성할 수 있는 기회로 삼으라는 뜻이기도 합니다.

감정코칭을 할 마음의 여유가 없거나, 감정 자체가 불편하거나, 상대가 밉거나 싫을 때 감정을 포착한 것을 좋은 기회로 여기기란 쉽지 않습니다. 피하고 싶고 모른 체하고 싶습니다. 특히 부정적 감정에 다가가서 감정코칭을 하려면 용기가 필요합니다.

하지만 이럴 때 감정코칭을 하면 '문제아' '골칫덩어리' '속을 절대 알 수 없는 수수께끼'로 여겨지던 아이의 내면세계를 이해하고 아이와 한층 가까워질 수 있는 좋은 기회를 얻을 수 있습니다. 아이가 자신의 감정적 상황을 이해하고 좀더 바람직한 행동으로 변화할 계기가 될 수 있으니까요. 'No pains, no gains.(노력 없이 결실 없다)'라는 격언은 여기에도 해당됩니다.

긍정적인 기회로 인식하라

"쟤 또 저런다. 쯧쯧" "아휴, 짜증나! 도대체 몇 번째야? 언제까지 저럴 작정인지……" "안 되겠다. 여보, 이제 당신이 좀 나서요." "호되게 한번 혼이 나야 정신 차리지!" "야, 안 되겠다! 너 죽고 나 죽자!"

아이가 화를 내거나, 울거나, 토라져 있는 등 부정적인 감정을 보일 때 어른들이 흔히 하는 말입니다. 한 번 잔소리를 해서 행동이 변하지 않으면 점점 목소리가 커지고 높아집니다. 그래도 행동에 변화가 생기지 않으면 극단적인 조치를 취합니다. 그러나 우리는 잘 압니다. 그곳은 막다른 길이고, 모두에게 이로운 '윈-윈' 상황이 아니라 모두가 괴롭고 상처받을 수 있는 '루즈-루즈' 상황이라는 것을.

선영이 아빠가 택한 길이 바로 이 길입니다. 처음에는 이실직고하라고 점잖게 말하다가 선영이가 못 들은 척하자 곧바로 회초리를 움켜쥐었습니다. 그러다 선영이가 말대꾸를 하자 감정이 폭발하고 말았습니다.

"너는 네 가지를 잘못했어" 하면서 선영이의 잘못을 나열하는 아빠에게 선영이 역시 "화장은 하지 않았어요"라고 자신의 입장을 변호하고 억울함을 호소했습니다. 그러나 아빠는 그것을 당돌한 도전으로 받아들였고, 부모의 충고를 거부하는 불효로 해석했습니다.

이렇게 우리는 매순간 행동을 보고 판단합니다. 문제는 객관적 사실만을 갖고 판단하는 게 아니라 주관적 해석이 동반된다는 사실입니다. 그리고 무의식적인 초감정도 영향을 미칩니다. 초감정을 극복하지 못하는 것은 과거의 감정적 기억과 습관에 얽매이는 것입니다. 그러나 과거는 어떻게 할 수 없는 것이며, 바로 그 어찌 할 수 없다는 감정이 스트레스의 핵심입니다.

이제 아이가 감정을 보일 때 초감정에 휘말려 스트레스를 받는 부정적인 상황으로 인식할지, 아니면 아이의 성장을 돕는 긍정적인 기회로 인식할지 선택해야 합니다.

만일 선영이 아빠가 자신의 초감정을 깨닫고 자기진정을 하면서 아이를 이해하려 했다면 완전히 새로운 상호작용이 가능했을 것입니다. '오호라.

선영이가 이제 자기방어도 꽤 할 줄 아는군.' 선영이가 말대꾸를 했다고 해석하고 노발대발하는 대신 자녀의 용기와 조리 있는 말에 대견함을 느낄 수 있었을 것입니다.

이처럼 아이의 행동과 감정을 어떻게 해석하는가는 어른에게 달렸고, 그 해석과 판단에 따라 아이와 어른은 매우 다른 관계를 형성하고 새로운 미래를 개척할 수 있습니다.

강한 감정을 보일수록 좋은 기회다

아이가 강한 감정을 보일수록 감정코칭을 하기에는 더 좋은 기회입니다. 키우던 동물이 세상을 떠났을 때, 성적이 안 좋게 나왔을 때, 친구들에게 따돌림을 당하거나 할 때는 강한 감정이 들겠죠. 어른들은 '그게 뭐 대수라고' 하고 생각할 수도 있겠지만, 아이들의 입장에서는 세상에 태어나서 처음 겪는 충격적인 일이자 처음 느끼는 강한 감정일 수도 있습니다.

강한 감정적 상황의 예

- 악몽을 꾸다가 깨어나서 울 때
- 키우던 동물이 세상을 떠났을 때
- 친한 친구가 전학을 갔을 때
- 형제나 친구와 싸웠을 때
- 시험을 앞두고 불안하고 초조할 때
- 성적이 안 좋게 나왔을 때

- 친구들에게 놀림이나 따돌림을 당할 때
- 큰 실수로 창피를 당했을 때
- 벅찬 기대감으로 흥분했을 때
- 성취감으로 자랑스러울 때

 강한 감정을 느낄 때 뇌에서는 어떤 일이 벌어질까요? 감정적인 정보 중에서 공포나 불안, 고통과 관련된 정보는 전두엽을 거치지 않고 편도체에서 바로 감지하고 반응합니다. 그리고 편도체 바로 옆에 있는 해마라는 부위에서 그 감정적 기억을 관리하여 다음에 비슷한 정보가 입력되면 빠르게 자동적으로 반응하게 합니다.

 이때 감정코칭을 해주면 감정을 좀더 천천히 이해하고 처리하는 전두엽을 가동시킬 수 있습니다. 여기서 가장 중요한 것이 안전감을 느끼게 하는 것입니다. 자신의 감정을 존중받고 이해받는다고 느끼면 안심이 되면서 좀더 여유롭게 생각하고 판단하면서 바람직한 대안을 생각할 수 있게 됩니다.

 한편, 강한 감정은 부정적 감정만을 가리키는 건 아닙니다. 긍정적인 감정도 강하게 느낄 수 있습니다. 누군가를 열렬히 좋아할 때, 깊이 바라던 일을 이뤘을 때, 뜻밖의 기쁜 소식을 들었을 때 등도 아주 강한 감정적 상황이지요. 그런 때도 감정코칭을 해준다면 서로 신뢰하는 우호관계를 만들 수 있습니다.

 아이에게 "아빠도 처음 누군가를 좋아했을 때 마음이 설레고, 보고 싶고, 하늘에 붕 뜨는 기분이었단다"라든가, "엄마도 학창시절에 팬이었던 가수의 콘서트에 갔을 때 얼마나 들뜨고 황홀했는지 몰라"라고 말하면 공감대가 생기고 친밀감이 커지겠지요. 그러면 좋은 감정을 부적절한 방법으로 표현하지 않고 좀더 적절한 방법으로 표현할 수 있게 될 것입니다.

예를 들어, 좋아하는 아이돌 가수를 따라다니면서 비명을 지르거나 물건을 던지는 대신, 그 가수의 장점을 닮도록 노력하거나 그 가수가 하는 봉사활동에 참여하는 등 좀더 바람직한 방법으로 동일시하고 싶은 감정을 표현할 수 있을 것입니다.

강한 감정을 보일수록 부드럽게 반응하라

아이가 강한 감정을 느낄 때가 감정코칭하기 좋을 때인데, 그럴 때일수록 부모나 교사 입장에서는 초감정이 더 강하게 작동할 수 있습니다. 그래서 강하게 반응할 수 있죠. 하지만 아이가 강한 감정을 느끼는 상황에서 어른이 "너 지금 왜 그래?" "조용히 하지 못해!" "어디 그렇게 해봐!" 하는 식으로 격하게 반응하면 아이들은 불안감이나 공포감을 느끼면서 도피나 공격 반응을 더 심하게 보일 것입니다.

안 그래도 강한 감정 상황에서 더 강한 감정을 느끼면 노르에피네프린, 코티솔 등 스트레스호르몬이 분비되고 혈압이 올라가면서 심장은 1분에 95회 이상으로 빨리 뜁니다. 그러면 피가 전두엽으로 가지 않고 파충류의 뇌 쪽으로 몰리는 감정의 홍수 상태에 빠지게 되지요. 감정의 홍수 상태에 빠지면 평소에도 이성적으로 생각하기 어려운 청소년들이 논리적으로 생각하기가 더 어려워집니다.

안전감을 느끼게 하려면 어른이 부드럽고 침착하게 반응해야 합니다. 말을 천천히 부드럽게 하는 것이 첫 번째 요령입니다. "지금 굉장히 놀랐나 보구나" "기분이 안 좋은 것 같은데. 그러니?" "너를 혼내려는 게 아니야.

너를 좀더 이해하고 싶어" "일단, 심호흡하고 진정을 좀 하면 어떨까?" "나는 네 입장을 이해하고 도와주고 싶어" "네가 그렇게 느낄 만한 상황이 있었을 텐데, 말해 줄 수 있겠니?" 등의 화법으로 일단 아이를 진정시켜 주어야 합니다.

수업시간에 스마트폰을 가지고 노는 학생을 선생님이 야단친다고 합시다. 그때 학생이 못들은 척하고 가만히 있으면 선생님은 더 화가 나서 큰 소리로 야단을 칩니다.

이럴 때 남학생의 반응과 여학생의 반응이 조금 다릅니다. 남학생들은 싸우거나 도망가거나 두 가지 중 하나로 반응합니다. 어렸을 때 정신적으로 큰 상처를 받았거나 학대를 당하는 등 외상성 경험이 있는 아이의 경우 그런 파충류 반응이 훨씬 빨리 옵니다.

그런 아이들의 편도체는 평화롭게 자란 아이들의 편도체보다 실제로 크기가 더 크다는 연구 결과도 있습니다. 공포, 고통, 불안을 감지하는 레이더망이 더 넓은 것이죠. 그래서 남보다 더 쉽게 부정적인 자극을 감지하고 더 빨리 더 과격한 반응을 보입니다.

때로는 허리띠나 빗자루같이 다른 사람에게는 전혀 공포가 아닌 자극에도 과한 두려움이나 회피 반응을 보일 수 있습니다. 허리띠나 빗자루로 죽음의 위기를 느낄 정도로 얻어맞은 기억이 있다면 그럴 수 있지요.

한편, 여학생들은 싸우거나 도망가는 것에 덧붙여 한 가지 반응이 더 있습니다. 얼어붙은 자세로 가만히 있는 것이죠. 전문적인 훈련을 받지 않은 사람이 보면 '얘가 지금 내 말을 듣나 안 듣나?' 하는 생각이 들면서 답답하고 화가 납니다.

그러나 사실은 전두엽으로 피가 거의 가지 않기 때문에 아무 생각도 나지 않고 머릿속이 멍하고 하얗게 느껴지는 겁니다.

아이가 과격한 반응이나 무반응을 보인다면 아이가 안전감을 느낄 수 있도록 부드럽고 차분하게 말을 하는 것이 좋습니다.

🌱 '검사'가 아닌 '변호사'의 역할을 하라

아이들의 감정을 읽을 때 기억해야 할 말이 있습니다. '아이들에게는 원초적으로 불안감도 있고 죄책감도 있다'는 하임 기너트 박사의 말입니다. 여기서 말하는 불안감은 부모가 자신을 버리면 어쩌나 하는 느낌인데, 이를 '원초적인 불안감'이라고 합니다.

인간이 느낄 수 있는 가장 큰 고통이 배고픈 고통이고, 두 번째 고통이 버림받는 고통이라고 합니다. 그래서 아이들은 버린다는 말을 정말 무서워합니다. 그런 말은 농담으로라도 하지 않는 게 좋습니다.

또한 아이들은 기본적으로 자기가 뭔가 잘못한 것 같은 죄책감을 가지고 있습니다. 이런 원초적인 죄책감이 있는 것은 선악에 대한 감정적 센서인 '양심'이 있기 때문이 아닐까 합니다.

그러나 아이들은 선악에 대한 판단 기준이나 분별력이 아직 발달되지 않은 상태에서 자기중심적으로 생각하기 때문에, 어른이 화를 내거나 꾸짖거나 혹은 나쁜 일이 벌어지면 자기 탓인 것 같아서 죄책감을 갖습니다. 한 예로, 성장기 때 부모님이 이혼하거나 사망한 경우 대부분의 아이들이 자기 탓으로 느끼고 죄책감을 갖는다고 합니다.

그래서 하임 기너트 박사는 아이들의 감정을 읽어주려면 검사보다는 변호사 역할을 해야 한다고 했습니다. 검사는 잘못한 것을 찾아서 확인하고 꾸짖는 역할을 하지만, 변호사는 한편이 되어서 입장을 변호해 주죠. 아이와 한편이 되어준다는 게 무척 중요합니다. '네가 어떤 감정을 갖더라도 네 편이 되어줄게. 그러니까 그런 감정을 갖게 되기까지의 사연을 내가 이해할 수 있게 얘기해 주렴' 하는 마음으로 접근해야 합니다.

옆 반 학생을 심하게 폭행해서 안구 손상과 고막 파열을 일으키고 퇴학을 당할 위기에 놓인 남학생이 있었습니다. 아직 상담 경험이 많지 않던 교사가 그 학생에게 "네가 얼마나 잘못한 줄 알지?" 하고 말문을 열었습니다. 그러자 그 학생은 한마디도 답을 하지 않았습니다. 그 교사의 질문은 전형적으로 검사 같은 질문이었지요. 나중에 그 학생은 "에잇! XX, 학교 그만두면 되잖아요!" 하면서 당당하게 상담실을 나갔습니다.

얼마 후 제가 그 학생을 상담하게 되었는데, 저는 이렇게 대화를 시작했습니다. "그만큼 심하게 다른 학생을 때렸다니, 분명히 격분할 만한 상황이 너한테 있었던 것 같아. 네 입장을 이해하고 싶은데, 어떤 일이 있었는지 말해 줄 수 있겠니?" 변호사의 역할을 시작한 것이지요. 그랬더니 그 학생은 바로 말문을 열었습니다.

자기가 아주 좋아하는 여학생이 있는데 문제의 옆 반 친구가 그 여학생과 영화를 보러 갔다고 합니다. 그 사실을 알고 따졌더니 그 여학생 앞에서 자신을 놀리고 망신을 주기에 참지 못하고 몇 대 때렸는데, 그만큼 심하게 다칠 줄은 몰랐다고 하더군요.

감정코칭을 통해 이 학생은 처음의 태도를 버리고 진심으로 자신의 행동을 뉘우치고 그 친구와 부모님께 미안함을 표현했습니다. 그리고 스스로는 정당하게 생각되더라도 폭행은 절대 안 된다는 것을 깨달았습니다. 다음에 이런 일이 생긴다면 그 여학생에게 '나를 좋아한다면 다른 남자애는 만나지 않기를 바란다'고 분명하게 말하겠다고 했습니다.

이 학생은 비록 학칙에 따라 처벌은 받았지만, 그 과정은 아주 달랐습니다. 검사처럼 다그쳤을 때는 '그 애가 맞을 짓을 했다' '그냥 몇 대 때렸는데 재수가 없었다' '별일도 아닌데 난리들이다' 하는 태도로 일관했지만, 변호사처럼 다가가자 진심으로 뉘우치고 폭력은 안 된다는 중요한 교훈을 얻었습니다. 선생님들과 부모님이 바랐던 대로 폭력을 중단하고 좀더 성숙하고 책임 있게 행동하는 학생이 된 것이지요.

감정코칭 2단계 포인트

1. 아이가 감정을 보일 때는 아이와 심리적으로 연결하고 아이가 성장하도록 도울 수 있는 기회입니다.
2. 아이가 보이는 감정이 강할수록 좋은 기회입니다.
3. 부드럽게 반응하여 아이가 안전감을 느끼게 해야 하며, 아이의 편이 되어주는 '변호사' 역할을 해야 합니다.

15장

감정코칭 3단계 : 감정을 들어주고 공감한다

🌱 아이의 감정에 귀 기울여라

많은 부모들이 감정을 보지 못하고 행동을 먼저 보는 탓에 아이들이 더 큰 문제를 일으키게 된다는 사실을 안 하임 기너트 박사는 '감정을 먼저 읽어주고 수용하고 공감해 주면 아이들이 어른의 말을 귀 기울여 듣고 바람직한 행동을 한다'고 말했습니다.

감정코칭의 세 번째 단계는 바로 '감정을 들어주고 공감해 주는 것'입니다. 자녀와 학생들의 감정을 알아차리는 감정코칭의 1단계와 그것을 좋은 기회로 삼는 2단계는 부모나 교사의 마음속에서 이루어지는 일입니다. 이제 3단계에서 비로소 부모나 교사가 아이에게 능동적으로 개입합니다.

감정코칭의 3단계는 코칭의 기본 도구인 대화(소통)의 방법론입니다. 그 핵심은 경청과 공감입니다. 잘 들어주고, 있는 그대로 받아들여주는 것이지요. 단, 여러 번 강조했듯이 감정을 받아들여주는 것이지 행동을 받아주는 것은 아닙니다.

경청과 공감. 이론은 쉽습니다. 백성희 선생님도 그 두 가지가 얼마나 중요한지 잘 알지만, 막상 하려고 하면 잘 안 됩니다. 처음에는 학생의 말을 열심히 듣고 공감을 보이다가도 자꾸 자기 말이 튀어나옵니다. 두 가지 이유 때문입니다.

첫째, 학생이 하는 말을 한마디만 들어도 무슨 말을 하려고 하는지 다 파악됩니다. 학생의 어눌한 말을 끝까지 들으려다 보면 답답합니다. 둘째, 학생에게 가르쳐주고 싶은 것이 많고, 빨리 말해 주고 싶습니다. 선생님 말을 듣고 그대로 따라만 하면 모든 문제가 해결될 거라고 생각합니다.

선생님의 의도는 좋지만 과정과 절차 또한 중요합니다. 청소년과는 먼저 감정으로 연결해야 합니다. 학생은 선생님이 내 편인지 아닌지, 나를 좋아하는지 싫어하는지, 내 말을 믿는지 안 믿는지를 대개 느낌으로 압니다. 한마디 했더니 선생님이 무슨 말인지 다 안다며 말을 끊으면, 그래서 하고 싶은 말을 제대로 못하면 아이는 선생님으로부터 거부당했다고, 선생님이 자기를 무시한다고 생각할 수 있습니다.

대화를 잘 못하기는 선영이 엄마도 마찬가지입니다. 선영이 엄마는 선영이와 피상적인 대화밖에 못합니다.

"학원 가니? 잘 갔다 와." "밥 먹었어?" "숙제 얼른 해."

아이의 감정을 상하게 할까봐 눈치나 살피고, 시끄러워질 게 두려워 아이에게 해주어야 하는 조언을 망설이고 미룬다면 엄마의 역할을 제대로 못하고 있는 것입니다.

감정코칭의 기본 도구, 대화의 세 가지 유형

소통의 기본은 대화입니다. 의도가 아무리 좋아도 대화를 통해 제대로 전달하지 못하면 소통이 제대로 이루어지지 못합니다. 가트맨 박사는 상대가 어떤 말을 했을 때 거기에 대응하는 방법에 따라 대화 유형을 '원수 되는 대화, 멀어지는 대화, 다가가는 대화'로 나눴습니다.

원수 되는 대화

원수 되는 대화는 상대의 말에 즉각적으로 반박하거나 비웃는 것입니다.

아들 : 엄마, 용돈 좀 주세요.

엄마 : 내가 돈 찍어내는 기계냐? 공부도 못하는 주제에 그저 돈 쓸 생각만 하지!

이렇게 엄마가 아들의 말을 즉각적으로 반박하고 비웃었을 때 아들은 어떻게 반응할까요?

아들 : 아 참, 엄마가 차라리 돈 찍어내는 기계였으면 좋겠네.

엄마 : 뭐라고? 너 지금 엄마 놀리는 거야, 뭐야?

아들 역시 원수 되는 대화로 반응합니다. 이럴 때 신체적으로 보면 스트레스가 급격히 올라갑니다. 원수 되는 대화를 하면 기분이 나빠지고, 적대감이 생기고, 결국 서로를 '원수'처럼 느끼게 되어 관계가 망가집니다.

멀어지는 대화

멀어지는 대화는 상대가 어떤 말을 꺼냈는데 그 말과 상관없는 다른 말로 화제를 바꾸거나 딴소리를 하는 것입니다.

딸 : 아빠, 우리 이번 여름 방학에 제주도 가요.

아빠 : (아내 쪽을 향해) 여보! 배고프다. 밥 언제 먹어?

딸 : …… (내가 허공에 대고 말했나?)

이럴 때 딸의 입장에서는 무안하고 무시당한 기분이 들 것입니다. 한두 번의 멀어지는 대화로 갑자기 관계가 나빠지지는 않지만, 관계의 망가짐은 대개 멀어지는 대화에서 시작됩니다.

다가가는 대화

다가가는 대화는 상대의 이야기를 귀 기울여 듣고 수용하거나 공감해 주는 것입니다.

학생 : 선생님, 교실 창문이 깨졌어요.
교사 : 창문이 깨졌다고? 누가 다치지는 않았니? (경청하고 관심을 보임)
학생 : 아니요. 아무도 다치지는 않았어요.
교사 : 다행이네. 그런데 어쩌다 교실 창문이 깨졌니? (관심을 보임)
학생 : 창문이 낡고 잘 안 열려서 힘껏 밀었는데 창문이 깨져버렸어요.
교사 : 그랬구나. 창문이 깨졌을 때 기분이 어땠어? (학생의 감정에 관심을 보임)
학생 : 놀라고, 당황하고, 혼날까봐 겁도 좀 났어요.
교사 : 그랬구나. 그래, 놀라고 당황하고 겁이 났으면서도 선생님을 믿고 알려줘서 고맙다. (감정을 수용하고 고마움을 표시함)
학생 : 죄송합니다. 다음부터는 창문을 열 때 조심하겠습니다. 고맙습니다.

이렇게 상대방의 이야기를 귀 기울여 듣고, "그 일에 대해서 더 말해 줄래?"라고 관심을 보이고, "와! 정말 멋진 일이네! 해보자!" 하고 열의를 보이고, "정말 슬프겠다" "나도 너라면 걱정스러울 거야" "네가 화가 날 만도 하다" 하고 상대의 감정을 받아들이고 공감해 주는 것이 다가가는 대화입니다. 또한 "그 사람 정말 고약하네" 하며 편을 들고 두둔해주는 것이기도 합니다. 다가가는 대화는 바로 감정코칭의 핵심입니다.

어른이 먼저 다가가라

앞에서 선영이 아빠가 선영이와 나눈 대화는 원수 되는 대화와 멀어지는 대화의 백화점이라 할 만합니다.

"선영이 이리 와서 앉아!" 고압적이고 일방적인 명령입니다. "오늘 너 뭘 잘못했어?" 기본적으로 불신이 깔려 있습니다. "어따 대고 신경질이야! 누굴 닮아서 성깔을 부려?" 비난과 경멸이 넘쳐흐릅니다.

"화장 안 했어요. 치마도 요즘은 다들 그 정도로 입어요"라는 선영이의 말을 아빠는 완전히 무시하고 딴소리를 했습니다. 본인의 의사와 감정이 완전히 무시당한 선영이의 마음이 온전할 수 없었을 것입니다. 분노와 증오심이 증폭되었을 것입니다.

이런 격한 스트레스 상황에서 선영이는 둘 중 하나를 택할 것입니다. 아빠한테 거짓으로 잘못했다고 빌고(순간을 벗어나기 위한 도피성 행위) 더 철저히 숨어서 하거나, 입을 더 굳게 닫아버리고 무언시위를(수동적인 공격성 행위) 하는 것입니다. 선영이가 어느 쪽을 택하든 부녀지간은 파탄으로 치닫게 됩니다.

청소년기만이 아니라 아이가 아주 어렸을 때부터 다가가는 대화를 하도록 노력해야 합니다. 가트맨 박사에 의하면 만 5세 아동은 엄마와 같은 공간에 있을 때 1분에 세 번 정도 엄마를 부른다고 합니다. 그런데 많은 부모들이 아이의 부름에 성의 없이 반응합니다. 제대로 대답하지 않는 경우도 많죠.

결국 '다가가는 대화'를 등한시하는 것입니다. 그러면 의도하지 않더라도 아이에게 '너는 소중한 존재가 아니다'라는 메시지를 습관적으로 전하게 됩니다.

그렇게 자란 아이들이 사춘기가 되었을 때 먼저 어른에게 다가가는 대화를 시도하지는 않을 것입니다. 배운 대로 원수 되는 대화나 멀어지는 대화로 회피할지도 모릅니다. 아이는 어른이 하기 나름입니다. 먼저 변화를 시도해야 하는 사람은 어른입니다. 부모님이든 선생님이든.

다가가는 대화는 상대방에게서도 다가가는 대화를 이끌어냅니다. 예를 들어, 유리창을 깬 학생의 보고에 대해 선생님이 "누가 깼어? 그래, 너희들 까불고 장난칠 때부터 언제 한번 그럴 줄 알았다니까. 너, 유리창 값 물어낼 각오는 되어 있지?" 이렇게 원수 되는 대화로 반응했다면 학생으로부터 위의 예와 같은 진솔하고 순수한 반응을 얻지 못했을 것입니다. 학생은 말문을 닫거나 화를 내거나 거짓말을 했을 것입니다.

선생님이 학생의 이야기를 경청하며 관심을 보이고, 감정을 수용하고, 존중해 주니 학생도 순하게 답하고 마지막에는 "죄송합니다. 다음부터는 창문을 열 때 조심하겠습니다. 고맙습니다"라고 마음에서 우러나온 말을 한 것입니다.

대화를 하면서 학생은 선생님에게 신뢰를 갖게 되었을 것이고, 친밀감과 유대감을 느꼈을 것입니다. 결국 다가가는 대화는 대화로 끝나는 것이 아니라 관계를 개선시키고 발전시키는 토대가 됩니다.

신체적으로 보면 다가가는 대화를 하면 스트레스 지수가 떨어집니다. 몸과 마음이 편안해지고 정서적으로 여유 있어집니다. 정서적으로 여유 있는 사람들은 잘 웃고, 편안하고, 너그럽고, 긍정적이고, 희망적입니다. 다가가는 대화를 하다 보면 그런 사람이 될 수 있습니다.

🌿 자녀와 학생들에게 어떻게 다가갈 것인가

충고하기 전에 공감하고 이해하라

사람들은 대개 상대방의 말에 빨리 답하고 고민과 문제를 빨리 해결해 주려고 합니다. 그러다 보니 상대방의 문제를 큰 문제가 아니라고 축소하고, 이성적으로 생각하게 합니다.

그러나 자녀나 학생이 어떤 문제에 대해 얘기해 왔을 때, 그 문제를 축소하거나 충고부터 하려는 태도는 좋지 않습니다. 다가가는 대화를 하기 위해서는 우선 아이의 이야기에 공감하고 이해해 줘야 합니다.

> 학생 : 성적이 떨어져서 대학을 포기해야 할 것 같아요.
> 교사 : 아니, 포기하지 말고 전문대라도 가는 게 어때?
> 학생 : …… (무반응)
> 교사 : 성적 좀 떨어졌다고 바로 대학을 포기할 필요는 없는 거야. 그렇게 나약해서 쓰나? 마음을 독하게 먹어야지.
> 학생 : …… (무응답)
> 교사 : 대학 안 가면 세상 살기가 얼마나 팍팍한 줄 아니? 넌 아직 어려서 모를 거야.
> 학생 : …… (한숨을 쉰다)

이 경우, 선생님이 하는 말이 아무리 선의의 충고라 해도 학생의 반응은 떨떠름할 수 있습니다. 이렇게 공감해 주지 않고 충고부터 하는 태도, 상대의 문제를 축소해 버리는 태도, 상대를 비난하는 말, 적을 두둔하는 일 등은 다가가는 대화의 적입니다. 그런 태도는 상대방에게 답답함과 반발심,

회피하고 싶은 마음만 들게 합니다. 반대로, 충고하지 않고 아이의 말에 공감하고 이해해 주는 대화를 보겠습니다.

학생 : 성적이 떨어져서 대학을 포기해야 할 것 같아요.
교사 : 성적이 떨어져서 대학 진학이 어렵게 느껴지나 보구나? (경청)
학생 : 네.
교사 : 지금 네 기분을 말해 줄 수 있겠니? (관심을 보임)
학생 : 절망적이에요. 부모님은 고생하시면서도 제가 명문대에 가기만을 바라셨는데요. 너무 죄송하고 면목이 없어요.
학생 : 그렇구나. 나도 고2 때 성적이 안 좋아서 대학을 포기하려 했던 적이 있었어. 그때 너처럼 부모님에 대한 죄송한 마음이 가장 힘들더라. (이해와 공감)
학생 : 선생님도 그러셨던 적이 있으세요? 그래서 어떻게 하셨어요?
교사 : 한 달 정도 방황하다가, 성적이 떨어진 원인이 뭔지 곰곰이 생각해 보니까 내 적성이 이과 쪽인데 무조건 법대에 가려고 문과에 가서 국어와 영어를 따라가지 못했던 것 같더라. 그래서 이과로 전과했고, 원하던 대학의 수학과에 들어갈 수 있었어. (공감과 유대감)
학생 : 그러고 보니 저도 수학과 과학은 쉬운데 문과 쪽이 정말 약하거든요. 특히 사회나 역사 같이 외우는 과목은 질색이에요. 부모님이 이공계는 취직이 어렵다고 정외과 같은 문과를 택하라고 하셨는데, 아무래도 저는 이과로 가면 공부를 더 잘할 것 같아요.
교사 : 그래. 포기하지 않고 적성대로 공부를 다시 해보겠다니 다행이다. (수용과 지지)

여기서 교사는 아무런 충고를 하지 않은 채 학생의 말을 들어주고, 학생의 입장에서 이해하려 하고 공감해 주었습니다. 그러자 학생 스스로가 자신의 감정을 알게 되었고, 성적이 떨어진 원인도 찾았으며, 대학을 포기하는 대신 좀더 바람직한 대안을 스스로 찾았습니다. 더 중요한 것은 이런 경험을 통해 이 학생은 앞으로 또 난관에 부딪치더라도 자신의 감정을 잘 느끼고 차분하고 긍정적으로 대처할 수 있을 거라는 점입니다.

열린 질문을 하라

질문을 하려면 상대방이 여러 가지로 답할 수 있는 열린 질문을 하는 것이 좋습니다.

"너 지금 기분 나빠?" 하고 물으면 "네"나 "아니오"로 답이 나오겠죠. 닫힌 질문입니다. 그런데 "지금 기분이 어때?" 하고 물으면 "좋아요" "싫어요" "잘 모르겠어요" "슬퍼요" 등 여러 가지 답이 나올 수 있습니다. 그런 것이 바로 열린 질문입니다. 질문을 할 때는 가능하면 열린 질문을 해야 다가가는 대화를 할 수 있습니다. 열린 질문의 예는 다음과 같습니다.

- 그래서 어떻게 됐어?
- 그 일에 대해서 더 말해 줄래?
- 그래서 넌 어떻게 했어?
- 어떻게 하고 싶어?

자신의 생각과 느낌을 알아차려라

자신이 지금 어떤 상태인지를 알아차리는 것이 중요합니다. 자신의 신체와 감정, 그리고 말하는 사람의 감정과 상태에 대해 알아차릴 수 있을 때

진정으로 다가가는 대화를 할 수 있습니다.

소크라테스의 '너 자신을 알라'라는 짧은 명언에는 많은 뜻이 함축되어 있습니다. 자신의 생각과 느낌을 알아차려야 타인도 있는 그대로 받아들일 수 있습니다. 자신의 몸이나 기분, 그리고 주변 환경에 대해 알아차리는 것은 연습을 통해 발전시킬 수 있습니다.

신체적 알아차림 연습

의자에 앉아 있다면, 허리와 가슴을 쭉 펴고 호흡을 천천히 하면서 머리부터 발끝까지 신체적 감각을 느껴봅니다.

- 발이 땅에 닿아 있는 것을 느껴봅니다.
- 허벅지가 의자에 닿아 있는 것을 느껴봅니다.
- 등이 등받이에 닿아 있는 것을 느껴봅니다.
- 어깨든 손이든 다리든 발이든, 긴장되어 있는 곳이 있는지 느껴봅니다.

감정적 알아차림 연습

다음 질문에 답해 봅니다.

- 나의 지금 기분은 어떤가?
- 편안한가? 불편한가?
- 슬픈가? 기쁜가? 화가 나는가?

환경/주변 알아차림 연습

다음 질문에 답해 봅니다.

- 옆에 누가 있는가?
- 이 방의 크기는 어떤가?
- 방 벽의 색깔은 무엇인가?
- 주위에서 어떤 소리가 들리는가?

충분한 시간을 두고 감정의 겹을 벗겨내라

감정코칭의 3단계에서 상대방의 말을 공감하고 수용하는 것이 쉽지 않은 이유는 다양한 감정이 복합적으로 겹쳐 있을 수 있기 때문입니다. 3단계에서 너무 성급하게 '아, 이런 감정이구나' 하고 결론을 내리면 그 안에 섞여 있는 다른 감정들을 알아차리지 못할 수 있습니다. 그럴 경우, 마음속에 저항이 남아 있고 답답할 수 있습니다. 3단계에서 시간을 충분히 갖고 진행해야 4단계, 5단계가 자연스럽게 이루어질 수 있습니다.

유민정 선생님은 영석이를 상담했을 때 영석이의 사례가 무척 복잡하다는 것을 간파했습니다. 말이 없고, 사람과 눈을 마주치지 못할 정도로 어른에 대한 불신감이 컸지요. 얼핏 보면 내성적인 사춘기 청소년들에게서 흔히 볼 수 있는 수줍음이라고 생각하기 쉽지만, 눈빛에서 증오를 느낄 수 있었습니다.

성적이 워낙 밑바닥이어서 지적발달장애가 아닐까 의심될 정도였지만, 게임하는 모습을 보면 지능이 평균 정도는 된다고 판단할 수 있었습니다. 게임할 때 집중하는 모습을 보면 ADHD는 아닌 게 분명했습니다. 그래서 정신과 검진이나 약물치료를 할 필요는 없어 보였죠.

유민정 선생님과 함께 보드게임을 하면서, 굳어 있던 영석이의 표정이 조금씩 밝아졌습니다. 심지어 호탕하게 웃기도 했죠.

"다음에 와서 게임 또 할래?"

"네." 말이 없던 영석이가 처음으로 입을 열었습니다.

"내일 또 와도 되는데. 어때?"

"네." 미소마저 지었습니다. 그러나 상담실을 나가면서는 다시 표정이 굳어졌습니다.

다음 날 유민정 선생님과 게임을 하면서 영석이가 먼저 물었습니다.

"선생님, 내일 또 와도 돼요? 내일은 다른 게임 하고 싶은데……"

"그래. 그런데 내일은 오늘보다 30분 늦게 만날 수 있는데, 기다릴 수 있겠어?"

"그럼요. 내일 올게요." 영석이의 말수가 제법 늘었습니다.

그 다음 날, 게임을 하면서 선생님이 물었습니다.

"오늘은 기분이 어때?"

"좋아요. 실은…… 쬐끔 나빴어요."

"아, 그랬어? 쬐끔 나빴구나." 선생님은 영석이의 말을 그대로 받아주었습니다.

"네. 나빴어요."

"무슨 일이 있었어?"

"반에 어떤 애가 있는데, 귀찮게 굴어서요." 영석이가 조심스럽게 말을 꺼냈습니다.

"같은 반 친구가 귀찮게 굴었구나. 그래서 기분이 나빴구나."

"네, 덩치가 커서 자기 맘대로 해요. 걔 좋아하는 애는 아무도 없어요. 저도 싫어요. 하지 말라고 해도 계속해요. 그래서 짜증나요."

"하지 말라고 해도 계속하니까 싫고 짜증났구나. 나도 남이 그러면 싫고 짜증날 거야."

"정말 짜증나요. 그래서 한 번 싸운 적도 있어요. 그런데 저만 혼났어요. 걔는 공부를 잘하거든요. 그땐 정말 짜증났어요. 나 혼자만 야단맞으니까요. 왕짜증 났어요."

"아, 그랬어? 혼자만 야단맞아서 정말 억울했겠다."

"맞아요. 억울했어요!"

이제야 영석이의 입이 술술 풀렸습니다. 선생님이 경청하고 공감해 주니 마음을 열 수 있었던 것입니다. 이 선생님이라면 무슨 말을 해도 믿어줄 것 같다는 신뢰감이 생긴 것이죠. 그리고 짜증이라는 추상적인 감정에 억울함이라는 구체적인 단어까지 더해져서 자기가 왜 그토록 화가 났는지 드디어 이해할 수 있었습니다. 문제(괴롭힘과 억울함)는 해결되지 않았어도 누군가 자기편이 되어주니 문제를 해결할 수 있겠다는 희망을 느꼈습니다.

영석이처럼 심한 위기에 놓인 학생은 몇 번의 상담으로 마음을 열지는 않습니다. 조금 열다가도 다시 닫고, 그러다가 다시 조금 열고, 이렇게 반복하면서 선생님이 자기편임을 검증하고 확인한 후에야 방어벽을 열고 다가올 것입니다. 이것이 3단계에서 충분히 시간을 들여야 하는 이유입니다.

감정코칭 3단계 포인트

1. 아이의 이야기를 잘 들어주고, 수용해 주고, 감정에 공감해 주는 것이 핵심입니다.
2. 다가가는 대화를 해야 스트레스를 낮추고 대화를 나눌 여지가 생깁니다.
3. 수용, 경청, 공감을 잘하려면 양육자가 자신의 감정과 생각을 먼저 알아차려야 합니다. 문제 해결에 급급하지 말고, 아이의 감정에 여러 겹이 있을 수 있음을 이해하여, 열린 질문으로 탐색해야 합니다.

16장

감정코칭 4단계 : 감정에 이름을 붙인다

'감정'이라는 문에 손잡이를 달자

감정코칭의 4단계는 '감정에 이름 붙이기', 즉 '감정 명료화하기'입니다. 가트맨 박사는 감정에 이름을 붙여주는 것은 '감정'이라는 문에 손잡이를 달아주는 것과 같다고 비유합니다. 문에 손잡이가 없으면 들어가거나 나가는 방법을 알 수가 없죠.

마찬가지로 막연하게 느껴지는 감정에 이름을 붙여주면 '아, 이런 감정이 억울함이구나' '이런 감정이 서운함이구나' 하고 명료하게 알 수가 있습니다. 감정에 이름을 붙여서 명료하게 알게 되면, 다음에 비슷한 상황이 생겼을 때 '억울할 때는 이렇게 하면 되지' 하는 식으로 대처능력이 생깁니다.

민수는 학교에 20분이나 지각을 하고도 교실에 들어오자 책가방을 쿵 소리가 들릴 만큼 내던집니다. 선생님은 민수의 행동을 보고 "가방 똑바로 놔. 그리고 늦었으면 조용히 인사하고 자리에 앉아야지!" 하고 꾸짖듯 말합니다. 민수는 웅얼웅얼 얼버무리듯 "늦었습니다" 하고는 자리에 앉으면서 짝의 책상을 툭 칩니다. 그러자 민수의 짝은 짜증을 내고, 민수는 짝에게 화를 냅니다.

선생님은 민수의 행동에 화가 나서 "다시! 인사 똑바로 하고 조용히 앉아!" 하고 큰 소리로 질책합니다. 그러자 민수는 더 화가 나서 앞에 앉은 친구의 의자를 괜히 발로 툭 찹니다. 선생님은 다시 "민수, 너 보자보자 하니까 안 되겠네!" 하면서 민수에게 나가라고 호통을 칩니다.

이때 선생님이 민수의 행동이 아니라 감정을 헤아린다면 이렇게 반응할 수 있겠지요. "뭔가 사정이 있어서 늦은 모양이고 기분도 안 좋은 것 같은

데, 수업 끝나고 선생님한테 늦은 이유를 말해 주면 좋겠다. 지금은 수업 중이니까 다른 학생들에게 방해되지 않도록 조용히 해주기 바란다."

그러면 자신의 기분에 관심을 받았다는 것만으로도 민수의 기분은 수그러질 것이고, 선생님의 제안을 따를 수도 있을 것입니다.

수업이 끝난 후 민수의 이야기를 들어보니, 그날 아침 부모님이 크게 다투셨다고 합니다. 그래서 아침도 못 먹고 교통카드 충전할 돈도 못 받은 채 걸어서 등교하느라 기분이 몹시 상했던 것입니다. 지각했다고 교문에서 벌점을 받으며 부모님이 원망스러웠고, 교실에 늦게 들어가느라 창피했고, 선생님께 죄송하기도 했던 것이지요.

이런 여러 감정을 한마디로 명료화하기는 어려웠지만, 민수의 감정을 탐색하다 보니 가장 큰 감정은 부모님이 이혼할까봐 두렵고 걱정되는 것이었습니다. 이러한 감정들이 뒤엉켜 화난 것처럼 행동했던 것입니다.

감정에 이름 붙이기의 효과

위의 경우 민수의 감정을 반드시 한 가지 이름으로 요약할 필요는 없습니다. 한두 가지 혹은 그 이상의 이름을 붙여도 괜찮습니다. 예를 들어, "민수야, 오늘 지각한 상황을 들어보니까 기분이 안 좋을 수밖에 없었겠구나. 부모님이 원망스럽기도 하고, 걸어서 등교하느라 지각한 것도 억울하고, 지각으로 벌점을 받은 것도 속상하고, 늦게 교실에 들어오는 게 창피하기도 했다는 거지? 특히 부모님이 이혼하실까봐 두렵고 걱정되는구나?"

이렇게 말해 주면 민수는 자신의 감정이 왜 그렇게 무겁고 복잡하고 힘들었는지를 명료하게 알 수 있을 것입니다. 그것만으로도 막혔던 기분이 뚫리는 것 같고 선생님으로부터 이해받고 존중받는다는 느낌이 들어서 큰 위로가 될 것입니다. 또한 자신의 감정의 정체를 알게 되니 어떻게 대처해야 할지도 생각할 수 있게 됩니다. 그런 것이 감정에 이름을 붙여주는 것의 효과입니다. 그 효과를 좀더 구체적으로 살펴보겠습니다.

해결책을 좀더 쉽게 찾을 수 있다

민수처럼 강한 감정을 느낄 때 그 감정의 정체를 파악하면 무엇을 어떻게 하면 좋을지 해결책을 좀더 쉽게 찾을 수 있습니다. 그렇지 않으면 '학교 가기 싫다' '다 때려치우고 싶다' '죽고 싶다' 등 극단적으로 생각하기 쉽습니다. 집에서도 힘들고, 학교에서도 힘들고, 누구도 자기편이 되어 이해해 주거나 도와주는 것 같지 않아서 외롭고 절망감이 들 수 있으니까요.

힘들고 고통스러웠던 감정의 핵심이 부모님이 이혼하면 어쩌나 하는 두려움과 걱정이었다는 것을 알게 되면 그 두려움에 대처하는 방안을 찾을 수 있습니다. 그동안은 부모님이 다투고 이혼한다는 말을 할 때마다 컴퓨터 게임에 몰두하면서 듣지 않으려고 했지만, 이제는 그 외에 다른 방법을 찾을 수 있습니다.

엄마 아빠와의 대화를 통해 두 분이 이혼할까봐 두렵다는 마음을 전하고 어떤 점이 특히 두려운지 이야기할 수 있을 것이고, 부모님으로부터 실제 이혼할 뜻은 없다는 확인을 받을 수도 있을 것입니다. 아니면 인터넷에서 이혼을 예방하는 방법을 찾아보거나 책을 권해드릴 수도 있을 것입니다. 감정을 알고 나면 이처럼 좀더 유연하고 폭넓게 대처법을 찾을 수 있습니다.

감정을 표현하는 것을 도와준다

어린이나 청소년들에게 있어서 감정을 표현하는 건 쉬운 일이 아닙니다. 감정과 관련한 어휘가 부족하고 감정에 대해 공감을 잘 받지 못하고 자란 청소년들은 감정을 흑백으로 나눠서 '짱 좋아!' '짜증나!' 두 가지로밖에 표현하지 못하는 경우도 많습니다.

앞에 오색찬란한 꽃을 두고도 흑백으로밖에 표현할 수 없다면 매우 안타깝고 답답할 겁니다. 감정에 이름을 붙이는 연습을 하다 보면 감정을 훨씬 잘 표현할 수 있게 됩니다. 자신이 느끼는 감정이 어떤 것인지 알게 되면 마음이 놓이고, 그 감정으로 인해 혼란스러워하거나 감정에 집착하는 대신 대처법에 조금 더 신경 쓸 수 있는 여지가 생깁니다.

불확실한 감정을 구체화해서 논의하기 쉽다

아이가 명료화된 감정의 이름(억울함, 상실감, 비애감 등)을 완전히 이해하지 못해도 괜찮습니다. 감정에 이름이 생긴 후에는 그에 대한 논의가 수월해집니다.

청소년들은 유년기 아이들에 비해서는 어휘력이나 사고력이 발달되어 감정에 이름을 붙이는 것도 더 원활할 수 있지만, 감정적인 표현이나 소통에 익숙하지 않으면 어색하고 힘들어할 수 있습니다. 마치 청소년들이 운동이나 노래를 어린이보다 더 잘할 수 있는 신체적 여건이 된다 해도 연습과 훈련 경험이 적다면 어색해하고 어려워할 수 있는 것과 마찬가지입니다.

이성적으로 대처할 수 있다

감정, 느낌, 색깔, 형상 같은 것들은 우뇌에서 관장합니다. 그런데 이름을 붙이는 행위는 언어와 논리를 관장하는 좌뇌에서 하는 일입니다.

그렇다면 감정에 이름을 붙인다는 것은 우뇌의 현상을 좌뇌를 사용하는 언어로 연결시켜 줌으로써 감정이 이성과 만날 수 있도록 다리를 놓아주는 일입니다. 감정이 이성과 만나면서 강한 감정에 이성적으로 대처할 수 있는 가능성이 높아집니다.

먼저 충분히 들어야 한다

감정에 이름을 붙이려면 아이가 어떤 감정인지 충분히 들어줘야 합니다. 그러지 않으면 감정을 제대로 파악할 수 없고, 엉뚱한 감정으로 단정 짓는 오류를 범할 수 있습니다. 감정을 들어주는 연습을 한번 해보겠습니다.

아이의 감정을 들어주는 연습

두 사람이 짝을 지어서 한 사람이 부모나 교사 역할을, 한 사람이 아이 역할을 합니다. 아이가 학교에 가기 싫어하는데, 그 이유로 '왕따를 당했다, 선생님이 싫다, 공부하기 싫다'라는 세 가지 상황 중 하나를 가정합니다.

부모나 교사 역할을 하는 사람이 아이 역할을 하는 사람에게 "언제부터 그랬어?" "무엇 때문에 그래?" "기분이 어때?" 같은 질문을 합니다. 그리고 아이의 이야기를 듣고 아이의 입장에서 상황이 어떻게 느껴지는지를 이해해 봅니다. 연습을 혼자서 한다면 1인 2역을 하면서 두 사람이 주고받는 대화를 공책에 적어봅니다.

이 연습을 해보면 아이의 감정을 들어주고, 공감하고, 상황을 이해하는 것이 생각보다 쉽지 않다는 걸 확인할 수 있습니다.

예를 들어서 아이가 "나 학교 안 갈래"라고 했을 때, 엄마는 "학교를 왜 안 가!"라고 하기보다는 같은 뜻이라도 "무슨 일로 학교에 가기 싫은지 얘기해 줄 수 있겠니?"라고 하는 것이 더 좋습니다. 아이가 "선생님 때문에 화가 났어요"라고 대답하면 거기서 그치지 말고 어떤 일로 화가 났는지, 언제부터 화가 났는지 등을 좀더 물어봅니다. 그러면 아이가 "맨날 나만 혼내요" "시험 못 봤다고 기분 나쁘게 놀려요" "그냥 싫어요" "불공평해요" 처럼 어떤 상황들을 이야기할 겁니다.

그런 이야기를 충분히 들어보면 아이가 갖고 있는 감정을 조금은 알 수 있습니다. '학교에 가기 싫다'는 사실만으로는 아이가 갖고 있는 감정이 어떤 것인지 충분히 알 수 없습니다. 상황을 좀더 물어봐야 합니다. 그렇게 물어보고 이야기를 많이 들어야만 감정을 탐색할 수 있고 이름을 붙일 수 있습니다.

두 사람이 부모 역할과 아이 역할을 하며 감정을 들어주는 연습을 했던 사례를 소개하겠습니다. 콩밥을 싫어하는 아이와 엄마의 대화입니다.

아이 : 콩밥 먹기 싫어.

엄마 : 아, 콩밥이 먹기 싫구나. 음, 콩밥을 먹을 때 느낌이 어때?

아이 : 굵은 알이 입 속에서 맴도는 게 싫어요.

엄마 : 아…… 콩알이 굵어서 입에서 구르는 느낌이 싫구나. 음, 엄마가 콩밥을 자주 해줬는데, 언제부터 그런 느낌이 들었어?

아이 : 지난번에 아빠가 콩밥을 먹으면서 콩이 싫다고 옆에다 골라놓았을 때, 엄마가 콩을 대신 먹어줬잖아요. 근데 내가 콩을 골라놓으면 먹으라고 하는 게 너무 싫었어요.

엄마 : 아, 똑같은 상황에서 아빠하고 가영이가 다른 대접을 받아서 서운했구나.

아이 : 네, 서운했어요.

콩밥이 싫다는 말에서 대화를 끝냈다면 아이의 감정을 잘못 짚을 수가 있습니다. 굵은 알이 입 속에서 맴도는 게 싫다는 얘기만 가지고는 아이의 감정을 충분히 알 수 없지요. 아이가 감정을 갖게 된 여러 상황과 그때의 기분을 들어보아야 아이의 감정을 제대로 이해할 수 있습니다.

적절한 질문을 몇 가지만 해도 아이가 갖고 있는 감정이 어떤 것인지 명료화해 주기가 쉬워집니다. 위의 대화에서도 몇 가지 질문을 통해 아이가 섭섭함과 불공평하다는 기분을 느끼는 것을 알 수 있었습니다.

다시 한 번 말하지만, 감정에 이름을 붙일 때 중요한 것은 쉽게 단정 짓지 않는 것입니다. 성급하게 이름을 붙이려 하면 엉뚱한 감정으로 단정할 수 있습니다. 부모님이나 선생님 입장에서 짐작되는 부분이 있더라도 "네 기분은 ○○○지?"라고 단정적으로 묻지 말고 "네가 느꼈던 감정이 혹시 ○○○니?" "○○한 기분이 느껴져?" 이렇게 조율의 여지를 두고 물어보는 게 좋습니다.

대화를 거부할 때는 감정을 그대로 비춰주고 기다려라

선생님이나 부모님이 좋은 의도가 있어도 아이들이 대화를 거부할 때가 있습니다. 얘기해 봐야 야단만 맞을 거라든지, 오해만 받을 거라든지, 더 불편하다든지, 그런 자기 나름대로의 부정적 감정의 기억이 있기 때문일 겁니다.

그런 상황에서 사용할 수 있는 방법들이 있습니다. 예를 들어, 학생이 상담을 받으러 와서 고개만 푹 숙인 채 입을 열지 않을 수가 있습니다. 그럴 때는 "지금은 별로 말을 하고 싶지 않구나?" 하고 아이의 상태를 있는 그대로 말합니다. 그러면 대개 "네" 하고 대답할 겁니다. 그러면 "그렇구나" 하면 됩니다.

혹은 아이가 "몰라요"라고 답하면 "잘 모르겠지. 정말 모를 수 있어" 하면서 아이가 그 자리에서 느끼는 것을 그대로 수용합니다. "싫어요" 하면 그냥 "싫구나" 하고 학생이 말한 것을 그대로 받아서 얘기합니다.

이런 방법을 '거울식반영법(Mirroring)'이라고 합니다. 있는 그대로 비춰주는 거울처럼 상대방의 말을 해석하거나 분석하거나 왜곡하지 않고 있는 그대로 수용하는 겁니다. 그렇게 두세 번만 해주면 아이는 '아, 이 사람이 내 말을 잘 듣고 있구나. 내 말에 토를 달거나 훈계하거나 비판하거나 분석하지 않는구나' 하고 느끼게 되고, 그러면 안심하고 속마음을 열기 시작합니다. "몰라요" 하는 아이에게 "그러지 말고 말해 봐" 하면 아이는 더 말하기 싫어집니다.

또 한 가지 방법은, 아이가 묵묵부답일 때 부모나 교사가 15초 정도 가만히 있으면서 호흡에 집중하는 것입니다. 그렇게 이쪽에서 먼저 편안한 파장을 보내면 아이도 차츰 진정하게 됩니다. 사실 누군가에게 말하고 위로도 받고 싶지만 어디서부터 어떻게 시작해야 좋을지 몰라서 말문을 열지 못하는 경우도 있고, 엉클어진 기분의 실마리를 어디서부터 풀어야 할지 모를 수도 있습니다. 이럴 때 듣는 사람이 안전감과 편안함을 줄 수 있도록 마음을 진정하고 있으면 아이가 얘기를 꺼내는 경우가 있습니다.

고등학교 2학년 남학생이 사람을 똑바로 마주볼 수 없는 것이 고민이라고 찾아온 적이 있습니다. 눈을 마주치기가 힘들다 보니 대화도 잘 못하고, 관계도 잘 맺지 못하고, 졸업 후 취업을 하면 어떻게 될지 너무나 두렵다고 했습니다.

그래서 "다른 사람과 눈을 맞추는 게 굉장히 어려운가 보구나" 했더니 그렇다고 하더군요. "언제부터 그랬니" 하고 물어보니 초등학교 3학년 때부터라고 대답했습니다. 부모님이 이혼하신 후 시설에 들어갔는데, 그곳에서 아이들에게 놀림을 당한 후로 사람들과 눈을 마주치기가 어려웠다고 합니다.

저는 아이의 고민을 경청하고, 공감하고 수용해 주고 난 다음, "한 가지 방법을 제안해도 될까?" 하고 말했습니다. 아이는 그러라고 했고, 저는 "나하고 1초만 눈을 맞춰볼 수 있을까?"라고 말했습니다. 그러자 아이는 처음엔 "못하겠어요. 못해요" 하더군요.

그래서 15초 동안 기다렸습니다. 아이가 얼마나 힘들까 마음으로 느껴 보면서 15초간 가만히 있다가 "1초만 다시 한 번 볼까?" 하고 1초를 쳐다봤습니다. 그러고 나서 "이번엔 2초 해볼까?" 하고 2초를 쳐다보았죠. 그렇게 5초, 15초, 30초로 시간을 늘렸습니다. 결국 학생과 저는 30초를 마주보고 얘기할 수 있었습니다.

1초도 눈을 마주치기 어려워하는 아이라도 채근하지 않고 교사나 부모가 먼저 15초 동안 자기진정을 하면 서서히 마음의 문을 열 수 있습니다.

사례로 배우는 감정코칭 1~4단계

감정코칭을 처음 하면 대부분 가장 어려워하는 4단계를 다음의 고2 남학생 사례로 보여드리겠습니다.

선생님 : 현수가 자퇴하겠다는 말을 들었는데, 어떤 이유에서 그러는지 말해 줄 수 있겠니?
현수 : 그냥 학교 다니기 싫어요.
선생님 : 그냥 학교 다니기가 싫다는 말인데…… 학교를 계속 다닌다면 어떤 기분이 들 것 같아? (3단계 : 감정 탐색)
현수 : 답답하고 무의미할 것 같아요.

선생님 : 답답하고 무의미할 것 같다고? 언제부터 그런 기분이 들었어? (3단계 : 감정 탐색)

현수 : 고1 기말고사 때부터요.

선생님 : 고1 기말고사 때부터? 그때 무슨 일이 있었니? (3단계 : 감정 탐색)

현수 : 시험을 너무 못 봐서 부모님이 기대하시는 대학에 못 갈 거라는 게 확실해졌어요. 그러니 학교에 다닐 필요가 없을 것 같아요.

선생님 : 그랬구나. 1학년 기말고사 성적이 너무 안 나왔구나. 그래서 부모님께서 기대하는 대학에 못 갈 것 같으니 아예 학교를 그만두고 싶다는 말이구나. 그런 생각을 할 때 기분이 어땠어? (3단계 : 수용, 감정 탐색)

현수 : 죽고 싶었어요.

선생님 : 그래……. 선생님도 고등학교 때 성적이 많이 떨어진 적이 있었는데, 절망감이 들고 포기하고 싶더라. (3단계 : 공감)

현수 : 선생님도 그런 적이 있으셨어요?

선생님 : 그래. 시골에서 중학교에 다닐 때까지는 1등만 하다가 대도시 고등학교에 갔을 때 그랬고, 재수할 때 또 그런 적이 있었어.

현수 : 두 번이나요? 선생님은 그때 어떻게 하셨어요?

선생님 : 그때는 요즘같이 상담실도 없었어. 그래서 같이 자취하던 사촌형한테 말했더니, 지금 시골 학교로 돌아갈 수는 없으니 그냥 앞으로 나가자고 하더라. 그래서 다시 죽기 살기로 공부해서 원하던 대학에 들어갔어.

현수 : 그러셨군요…….

선생님 : 그래. 현수가 그동안 열심히 공부한 건 선생님도 잘 알고 있어. 그런데 노력한 만큼 성적이 안 나오니 포기하고 싶은 기분이 드는 건 선

생님도 알 것 같구나. (3단계 : 수용, 지지, 공감)
현수 : 네. (고개를 숙이고 눈물을 흘린다.)
선생님 : 지금 기분이 어떤지 말해 줄 수 있겠니? (다시 감정을 물음, 3단계 : 감정 탐색)
현수 : 부모님께 죄송해요. 저한테 많은 기대를 거셨고, 좋은 대학 가라고 밤 늦게까지 장사하면서 고생하시는데…….
선생님 : (현수의 감정에 공감하면서 조금 감정에 머물러 있음) 부모님께 죄송한 마음도 들고, 실망시켜 드려서 더욱 힘들구나. (3단계 : 거울식 반영)
현수 : 네. 정말 다 그만두고 싶어요.
선생님 : 그래. 기대보다 낮은 성적 때문에 목표를 이루지 못할 것 같고, 부모님을 실망시켜 드려서 힘이 드는구나. 이런 기분을 절망감과 죄책감이라고 하는데, 네 기분이 지금 그러니? (4단계 : 감정에 이름을 붙임)
현수 : 네. 정말 절망감이 들고 죄책감으로 괴로워요. (이렇게 감정에 이름을 붙여서 명료화되었으면 5단계로 나아가고, 혹시 다른 감정이 또 나오면 3단계로 다시 돌아가서 더 탐색해 볼 필요가 있습니다.)

감정코칭 4단계 포인트

1. 감정에 이름을 붙이면 불확실한 감정이 명료화되어 논의하기가 쉬워지고 대처법을 찾기가 쉬워집니다.
2. 감정에 이름을 제대로 붙이려면 감정코칭 3단계에서 충분히 아이의 이야기를 듣고 공감해야 합니다. 성급하게 아이의 감정을 단정 지어서는 안 됩니다.

17장

감정코칭 5단계 : 바람직한 행동으로 이끈다

🌱 스스로 해결책을 찾도록 이끌어라

감정코칭의 마지막 단계는 바람직한 행동으로 이끌어주는 것입니다. 아동기에 비해 청소년기에는 바람직한 행동의 폭과 가능성이 무궁무진할 정도로 확장됩니다. 신체적인 면만 보더라도 중학생의 키와 몸무게가 어른을 능가하는 경우도 많고, 힘도 세서 선택할 수 있는 행동이 어른과 맞먹을 수 있지요. 인지적으로도 책, TV, 인터넷, 스마트폰 등을 통해 받아들이는 정보의 양과 범위가 어른의 상상을 초월하는 학생들도 많습니다.

하지만 어른보다 부족한 부분이 있습니다. 실생활에서의 경험과 경험에 대한 평가와 해석, 그리고 분별력과 판단력 등이 그것입니다. 그 이유는 전두엽의 미성숙과 리모델링 때문이라는 것은 앞에서 설명했습니다. 따라서 청소년기 자녀나 학생들을 '자기가 알아서 하겠지' 하고 방관하는 것은 위험한 행동을 저지를 가능성을 열어두는 것입니다. 그리고 아이가 결과에 대한 책임이나 교훈을 배우기 어려워서 더 크고 위험한 행동으로 이어질 수 있습니다. 따라서 감정코칭 5단계에서 바람직한 행동으로 이끌어줄 필요가 있습니다.

여기서 중요한 것은 부모나 교사가 해결책을 주는 게 아니라 "어떻게 하면 좋을까?" "네가 가장 원하는 결과는 무엇이니?" "그 결과를 얻으려면 어떻게 하면 좋을까?" 하고 스스로 생각할 수 있도록 질문하는 겁니다.

아이들에게 질문을 할 때는 '왜' 대신 '무엇'과 '어떻게'로 질문하는 것이 좋습니다. "왜 여태 숙제를 안 했어?" 하면 아이들은 대개 답을 안 합니다. 하지만 "뭘 하다가 숙제를 못했어?" 하고 물으면 "축구 하다가요" 등으로 이야기를 할 겁니다.

그렇게 정황을 파악하고 난 다음에 "그럼 어떻게 하면 좋을까?" 하고 물으면 아이가 해결책으로 나아갈 수 있습니다. 훈계를 하거나 답을 주는 게 아니라 바람직한 행동을 하기 위해서 어떻게 하면 좋을지를 아이에게 묻는 겁니다.

이럴 때 아이가 이런저런 생각을 할 수도 있지만, 생각이 전혀 떠오르지 않을 수도 있습니다. 자기가 알고 있는 한 가지 방법 외에는 다른 방법은 전혀 생각하지 못할 수도 있습니다. 예를 들어, 부모님이 싸울 때 아버지가 술병을 깨거나 물건을 던지는 모습을 자주 봤다면, 화가 날 때는 당연히 그래야 하는 줄 알고 다른 방법을 전혀 모를 수도 있습니다.

이처럼 아이가 다른 방법을 전혀 생각하지 못할 때는 제안을 해도 됩니다. "선생님이 한번 제안해 볼까?"라든지 "이러이러한 방법 중에서 너는 어떤 게 더 나은 것 같아?" 하고 물어볼 수 있지요.

하지만 대개의 경우 아이가 3단계에서 충분히 공감과 지지를 받고 4단계에서 자신의 감정의 정체를 알게 된다면, 그리고 안전하고 편안한 마음이 되면 지혜롭고 바람직한 답을 스스로 낼 수 있습니다.

사실, 그 상황에 대해 가장 잘 아는 사람이 아이 본인이기 때문에, 그 상황에 대해 충분한 지지와 공감을 받는다면 어떻게 하는 게 좋을지도 아이가 가장 잘 알 수 있습니다. 아이가 괜찮은 방법을 이야기하면 "아, 참 좋은 방법이네"라고 말해 줍니다.

🌱 '무엇'과 '어떻게'로 적절한 질문을 하라

앞 장에서 감정코칭을 4단계까지 했던 현수의 사례에서 마지막 5단계를 어떻게 마무리하는지 봅시다.

선생님 : 그래. 기대보다 낮은 성적 때문에 목표를 이루지 못할 것 같고, 부모님을 실망시켜 드려서 힘이 드는구나. 이런 기분을 절망감과 죄책감이라고 하는데, 네 기분이 지금 그러니? (4단계 : 감정에 이름을 붙임)

현수 : 네. 정말 절망감이 들고 죄책감으로 괴로워요.

선생님 : 그렇게 목표를 이루지 못할 것 같아 절망감이 들고 부모님을 실망시켜 드린 것 같은 죄책감으로 힘이 드니 현수는 어떻게 하면 좋을까? (적절한 질문) 학교를 그만둔다고 절망감이나 죄책감이 사라지지는 않을 것 같은데? (5단계 : 대안을 생각해 보도록 질문함)

현수 : 네…… 학교를 그만두면 더 괴롭고 우울해질 것 같아요. 학교 다닐 때보다 부모님 얼굴 보는 것도 더 죄송할 것 같고요.

선생님 : 그래. 선생님 생각에도 지금 네가 학교를 그만두면 더 힘들 것 같아. (지지) 지금 상황에서 현수가 가장 원하는 게 뭔지 말해 줄 수 있겠니? (5단계 : 원하는 것이 무엇인지 물어봄)

현수 : 성적을 올려서 원하는 대학에 가고 부모님을 기쁘게 해드리는 거요.

선생님 : 어떤 대학에 가고 싶은데? (5단계 : 원하는 것이 무엇인지 물어봄)

현수 : 그게 문제예요. 부모님은 무조건 법대나 의대에 가라고 하시면서 상위 3퍼센트에 들어야 지방대 의대나 법대라도 들어갈 수 있다고 하세요. 그런데 전 법대나 의대보다 인공지능과 로봇에 대해 연구

하는 공대에 더 가고 싶거든요.

선생님 : 그래. 부모님 세대에는 의대와 법대를 나오면 일생이 보장될 거라고 생각했지. 하지만 현수가 살 시대는 많이 다를 거야. 현수 부모님뿐 아니라 많은 부모님들이 20세기에 태어나서 공부하셨던 분들이라서 21세기에 얼마나 다른 직업과 가능성이 있는지 잘 모르시는 경우가 많거든. 그래서 다음 달에 학부모님들을 초청해서 '21세기 인재 키우기'라는 특강을 하기로 했단다. 부모님의 생각을 바꾸기가 쉽지는 않더라도, 부모님도 현수가 학교를 포기하는 것보다는 정말 원하는 것을 잘하기를 바라시지 않을까? *(5단계 : 좀더 크고 넓게 보도록 제안함)*

현수 : 네, 사실 아빠보다 엄마는 제가 원하는 로봇이나 인공지능을 전공해도 좋을 것 같다고 하셨어요. 아빠는 예전에 법대를 쳤다가 낙방해서 판사의 꿈을 접고 다른 일을 하시거든요. 그래서 제가 아빠의 꿈을 대신해 주길 바라시는 것 같아요.

선생님 : 그 점에 대해서 현수는 어떤 생각이나 기분이 드니? *(적절한 질문)*

현수 : 아빠한테는 아빠의 꿈이 있고, 저한테는 저의 꿈이 있다고 생각해요. 제가 이번에 공부하기 싫었던 것도 법대에 가려면 외우는 과목을 잘해야 하는데 저는 외우는 과목은 딱 질색이거든요. 로봇 만들고 수학 문제 풀고 할 때는 도전의식을 느끼고 몰입이 되는데, 무조건 외우는 과목은 책을 펴자마자 잠이 와요. 선생님, 저 법대 안 가도 되는 거죠?

선생님 : 법대 안 가고 현수가 좋아하는 공대에 간다면 기분이 어떨 것 같아? *(적절한 질문)*

현수 : 답답하게 짓누르던 압박감에서 벗어나서 예전에 로봇대회 나갔을

때 느꼈던 신나고 즐거운 마음이 들 것 같아요. 아, 선생님, 이제 알 것 같아요. 제가 이번 기말고사 때 공부가 왜 그렇게 하기 싫고 힘들었는지요. 제가 하고 싶은 것을 한다는 생각만 해도 공부가 재미있어질 것 같아요. 아빠에게 제가 공대에 간다면 학교를 더 열심히 다니고 공부도 더 잘할 수 있을 거라고 말씀 드릴래요. 아빠도 제가 이번에 워낙 성적이 안 나와서 법대 쪽은 접으신 것 같던데, 제가 자퇴하고 공부를 포기하는 것보다는 원하는 인공지능과 로봇 쪽을 공부하는 걸 인정해 주실 것 같아요. (5단계 : 학생 스스로 답을 찾음)

선생님 : 그래, 선생님도 너와 동감이야. (지지) 지금 기분이 어떠니? (마무리 질문)

현수 : 학기말 고사 이후 내내 마음이 무거웠는데, 이제 좀 희망이 보이고 용기가 생기네요. 고맙습니다, 선생님. (5단계 : 기분이 편해지고 희망과 용기가 생김)

선생님 : 나도 네가 날 믿고 얘기해 줘서 고맙다. (감사와 마무리)

위의 대화를 보면 선생님은 답을 주기보다 질문을 주로 합니다. 선생님이 공감과 이해, 지지와 격려를 해주면서 적절한 질문을 몇 가지만 해도 아이 스스로 답을 찾아갑니다.

답을 찾아가는 스스로에 대해서도 뿌듯하겠지만, 인내심 있게 자기를 믿어주고 존중해 주고 지지해 준 선생님께는 감사한 마음과 신뢰감, 존경심이 들 것입니다. 그리고 이런 기억은 평생 잊히지 않을 겁니다.

🌱 감정코칭의 단계는 유연하게 선택하라

5단계에서 아이에게 할 수 있는 질문은 '어떻게 하면 좋겠니?' '선생님이 한번 제안해 볼까?' '이러한 방법 중에서 너는 어떤 게 나을 것 같아?' '그러면 기분이 어떨까?' 등이 있습니다.

마지막에 '그러면 기분이 어떨까?'라는 질문을 해서 '기분이 좋아요' '희망이 보여요' 등 긍정적인 반응이 나오면 감정코칭이 잘된 것입니다.

만일 '답답해요' '화가 아직 안 풀렸어요' '슬퍼요' '모르겠어요' '혼란스러워요' 등 부정적인 반응이 나온다면 3단계로 돌아가 감정을 더 탐색해 볼 필요가 있습니다. 유민정 선생님과 영석이의 사례로 설명하겠습니다.

선생님 : 영석이는 억울할 땐 어떻게 해?

영석 : 그냥 아무 말도 안 해요.

선생님 : 아무 말도 안 하는구나.

영석 : 네. 억울할 땐 입이 막 떨려요. 그래서 입을 꽉 다물고 있는데, 그럴 땐 아무 소리도 안 들려요.

선생님 : 그럴 땐 아무 소리도 안 들리는구나. 입을 꽉 다물고 있으면 숨도 막힐 텐데?

영석 : 몰라요. 그럴 땐 선생님이 무슨 말씀을 하시는지 하나도 못 알아듣겠어요.

선생님 : 그러니까 선생님이 오해하실 수 있겠다. 너는 말이 들리지 않는데 선생님은 네가 선생님 말을 무시한다고 생각하실 테니. 그렇지?

영석 : 그런가봐요. 더 야단만 치시는 걸 보니······.

선생님 : 그럼 어떻게 하면 좋을까? 선생님께서 오해하시지 않게 하려면?

영석 : 몰라요. 어쨌든 억울할 땐 기분이 나빠요. 어떻게 하면 돼요?

이 정도만 대화가 진행되어도 90퍼센트는 성공입니다. 영석이의 문제는 무척 심각하기 때문에 한두 번의 대화로 해결하기 어려울지도 모릅니다. 상황을 감정적으로만 대하지 말고 이성적으로 고려해 보는 기회를 마련해 줘야 합니다. 차분하게 해결책을 생각하여 좀더 바람직한 선택이 있다는 사실만 깨닫게 되어도 영석이가 접하는 부정적 상황이 절망으로 치닫지는 않을 것입니다.

감정코칭이란 문제를 해결하는 기술이 아니라 긍정적이고 신뢰할 수 있는 인간관계를 형성하는 기술입니다. 즉, 문제를 해결해 나갈 수 있는 기본을 마련하는 것입니다. 유민정 선생님이 영석이의 문제를 해결해 주지는 못했지만, 자신에게 귀를 기울여주고 공감해 주는 어른을 처음으로 만난 영석이는 자신의 문제가 드디어 해결될 수 있겠다는 희망을 갖게 될 것입니다.

사례로 배우는 감정코칭 1~5단계

다음은 선생님이 고등학교 1학년 여학생에게 감정코칭을 해주는 사례입니다.

선생님 : 은혜야, 요즘 기운이 없어 보이고 수업시간에 잘 때가 많던데? (1단
　　　　계 : 감정을 포착함)
은혜 : (눈물을 글썽거리며) 선생님, 저 학교 그만둘래요. (2단계 : 좋은 기회로
　　　여김)
선생님 : 학교를 그만두겠다는 말이구나. (3단계 : 감정 들어주기, 거울식반영

법) 언제부터 그런 생각을 하게 되었니?

은혜 : 원래 고등학교를 인문계가 아니라 미용이나 요리를 배울 수 있는 실업계에 가고 싶었어요. 그런데 엄마가 실업계는 분위기가 안 좋다면서 굳이 인문계로 가라고 해서 억지로 온 거예요.

선생님 : 그랬구나. 인문계에 오니까 기분이 어땠어? (3단계 : 감정 들어주기)

은혜 : 뭐랄까. 물 위에 뜬 기름 같고 저랑은 안 맞는 것 같았어요. 친구들도 잘사는 애들이 많고 저처럼 가난한 애들은 별로 없어요.

선생님 : 물 위에 뜬 기름 같다니, 어울리기 쉽지 않다는 말이네. (3단계 : 감정 들어주기, 거울식반영법) 그래, 이 동네에 경제적으로 부유한 학생들이 많은 건 사실이지만, 알고 보면 학생들의 경제적 형편은 다양해.

은혜 : 그래도 우리 반에서 반지하 열 평짜리 빌라에 사는 애는 저뿐이에요. 다른 애들은 최소한 30~40평에 살고, 50평 넘는 아파트에 사는 애들도 많아요.

선생님 : 그래. 은혜보다 경제적으로 풍족한 친구들이 많다는 거구나. 그래서 물 위에 뜬 기름 같이 느껴졌다는 거지? (3단계 : 감정 들어주기)

은혜 : 한 달에 수강료가 30만원이 넘는 학원을 두세 개씩 다니고, 여름방학에는 해외 연수 다녀오고, 용돈도 한 달에 5만원은 최하고 10만원씩 받는 애들도 있어요. 그런데 저는 공부도 못하고, 가난하고, 어차피 대학도 못 갈 것 같으니 일찌감치 포기하겠다는 거죠.

선생님 : 은혜 말을 듣고 보니 선생님이 초등학교 다닐 때가 생각나네. 우리 집이 별로 넉넉하지 않았는데, 부모님이 좀 무리해서 사립학교에 보내주셨거든. 우리 반 50명 중에 우리 집이 가장 못사는 것 같았어. 반 친구들 아빠가 국회의원, 장관, 사장, 의사, 변호사, 교수, 그런 분들이었는데, 우리 아빠는 중학교 선생님이셨거든. 그때는 도시락을

싸서 다녔는데, 점심시간마다 도시락 뚜껑 열기가 창피했어. 다른 아이들은 장조림, 달걀말이, 명란젓을 싸오는데 내 도시락은 늘 김치와 콩자반뿐이었거든. 그래서 나는 다른 친구들보다 가난하고 못난 것 같은 기분이 들었어. 너도 그런 기분이 든다는 거니? (3단계 : 감정을 들어주고 공감함)

은혜 : 네, 맞아요. 다들 저보다 잘나고 잘사는 것 같아요.

선생님 : 그런 기분을 열등감이라고 해. 내가 다른 사람보다 못한 것 같으니까 쉽게 어울리지 못하는 기분이랄까? (4단계 : 감정의 명료화)

은혜 : 맞아요. 우리 집이 가난하고 제가 공부도 못하니까 친구들하고 어울리기가 어렵고 제가 못난 느낌이 들어요.

선생님 : 전에 오프라 윈프리 자서전을 보니까, 어릴 때 되게 가난했대. 백인 학교에 다니면서 열등감도 많이 느꼈고, 잘사는 백인들 사이에서 못사는 흑인으로 물 위에 뜬 기분 같은 걸 느꼈다더라.

은혜 : 그런데 그 사람은 어떻게 토크쇼의 여왕이 될 수 있었던 거예요?

선생님 : 우선 책을 많이 읽었고, 공부도 열심히 해서 대학에 갔지. 자신의 역경을 바탕으로 다양한 사람들의 고충에 진심으로 공감해 주면서 토크쇼를 성공시켰다고 하더라. 남보다 일찍 어려움을 겪었던 사람이 남의 어려움을 더 잘 이해하고 공감하는 경우가 많은 것 같아. 네 생각은 어때?

은혜 : 선생님 말씀을 듣고 보니 저는 오프라 윈프리처럼 피부색이 다르거나 인종차별을 당하지는 않아서 다행이네요. 저도 좋은 일 하면서 돈도 잘 벌고 부모님도 호강시켜 드리고 싶어요.

선생님 : 좋은 생각이네. 은혜가 아까 학교를 그만두고 싶다고 했는데, 학교를 그만둔다면 무엇을 하고 싶어? (5단계 : 바람직한 행동으로 이끌어

주기 위한 질문)

은혜 : 부모님이 하시는 장사를 거들면서 돈을 벌려고요.

선생님 : 아, 부모님이 하시는 붕어빵 장사를 도와드리면서 돈을 벌려는 생각을 했구나. 돈을 얼마나 벌 수 있을까? (5단계 : 바람직한 행동으로 이끌어주기 위한 질문)

은혜 : 사실 얼마 못 벌어요. 그리고 제가 장사를 한다면 부모님께서 오히려 더 걱정하실 거예요.

선생님 : 그래. 내 생각에도 너희 부모님께서 네가 장사해서 돈 번다고 기뻐하실 것 같지는 않아. 어쩌면 더 걱정하실 것 같은데…….

은혜 : 맞아요. 부모님은 시골에서 올라와서 돈도 없고 배운 게 없으니 막노동과 장사를 하실 수밖에 없었죠. 저는 좋은 대학에 가서 안정된 직장에 다니기를 바라셨어요. 사실 제가 장사한다고 하면 부모님은 더 절망하실 것 같아요.

선생님 : 그럼, 부모님께도 희망을 드리고 너도 네가 하고 싶은 일을 할 수 있으려면 어떻게 하면 좋을까? (5단계 : 바람직한 행동으로 이끌어주기 위한 질문, 해결책을 주지 않고 의견을 물음)

은혜 : 사실 제가 다 포기하고 싶은 기분으로 한동안 공부를 전혀 하지 않았는데요. 이제부터라도 정신 차려서 열심히 공부하면 다른 건 몰라도 국어, 한문, 사회 과목은 성적을 잘 낼 수 있을 것 같아요. 참, 전 기술가정도 좋아해요. 만드는 것, 요리하는것, 꽃 가꾸는 건 잘하거든요.

선생님 : 그래, 선생님 생각에도 은혜가 평소에 착실했고 기초 실력이 잘 쌓여 있으니까, 시험 한 번 잘 못 봤다고 포기할 필요는 없을 것 같아. 그리고 아직 고1이니까 적성과 소질에 맞는 진로를 탐색해 보면서 공부하면 부모님께서도 시름을 좀더실 것 같은데. (5단계 : 바람직한 행

　　　　　　동으로 이끌어주기 위한 공감과 지지)

은혜 : (얼굴이 환해지며) 네. 선생님과 말씀을 나누고 나니까 희망이 생겨요. 사실 자퇴는 도피일 뿐이란 걸 알아요. 피하지 않고 다시 도전해 볼래요. (스스로 해결책을 찾은 것에 대해 뿌듯해함)

선생님 : 그래. 날 믿고 솔직히 얘기해 줘서 고맙다. 선생님도 널 믿어. 또 힘들 땐 언제든지 찾아오렴.

감정코칭 5단계 포인트

1. 감정코칭의 마지막은 아이가 해결책을 찾도록 이끌어주는 것입니다.
2. 부모나 교사가 나서서 해결책을 제시하지 않고 질문을 해서 아이가 스스로 해결책을 찾도록 이끄는 것이 중요합니다.
3. 아이가 도저히 해결책을 생각해 내지 못하는 경우라면 조심스럽게 제안해도 됩니다.

18장

역할극을 통해 배우는 감정코칭

감정코칭 5단계 실전 연습

이번에는 워크숍에서 참가자 분들이 실제로 감정코칭을 연습했던 사례를 통해 감정코칭의 다섯 단계를 복습하고 확인해 보도록 하겠습니다. 연수자 두 분이 각각 선생님과 학생 역할을 하고, 강연자인 제가 필요할 때만 개입하여 지침을 드리는 방식으로 진행됩니다.

강연자 : 선생님 역할을 해주실 분과 학생 역할을 해주실 분이 나와주셨습니다. 그러면 우선 선생님 역할을 해주실 분이 어떤 상황에서 이루어지는 감정코칭인지 간단히 소개해 주시기 바랍니다.

연수자1 : 네, 먼저 상황을 설명하겠습니다. 저희 학교 학생 한 명이 담배를 피운다는 걸 알게 되었습니다. 제가 그 학생의 주머니를 뒤지려고 하자, 그 학생은 옆자리의 학생에게 담배를 넘겼고, 그 옆자리의 학생이 담배를 숨겨주었습니다.

제가 담배를 숨겨준 학생의 머리를 잡고 "야, 너 지금 담배를 숨겼어?" 하니까 그 학생은 휴대전화를 집어던지고 욕을 하면서 밖으로 뛰쳐나갔습니다. 제가 따라 나가서 학생을 잡았는데, 학생은 울분을 참지 못하고 덜덜 떨며 눈물을 흘리고 있습니다.

강연자 : 네, 좋습니다. 학생은 몇 학년인가요?
연수자1 : 고등학교 2학년입니다.

강연자 : 이름은요? 가명을 써도 괜찮습니다.

연수자1 : 상준이로 하겠습니다.

강연자 : 좋습니다. 그럼, 어떤 상황에서 시작할까요?

연수자1 : 학생이 운동장으로 뛰쳐나가서 울고 있는 상황에서 시작하겠습니다.

연수자2 (학생역) : (막 울고 있다.)

연수자1 (교사역) : 상준아, 너 지금 되게 억울한 느낌이 드는 것 같은데, 어떤 기분이야?

강연자 : 잠깐만요. 선생님이 미리 아이의 기분이 억울할 거라고 단정하면 안 됩니다. 아이가 고개를 숙이고 울고 있는 모습을 있는 그대로 보고, 기분이 어떤지 질문해야 합니다.

연수자1 (교사역) : 상준아, 너 그렇게 울고, 몸까지 부르르 떨고 있구나. 지금 기분이 어떠니?

연수자2 (학생역) : 모르겠어요. 말하고 싶지 않아요.

연수자1 (교사역) : 음…… 말하고 싶지 않은가 보구나.

연수자2 (학생역) : 네.

강연자 : 좋습니다. 바로 이겁니다. 학생이 "모르겠어요. 말하고 싶지 않아요"라고 했을 때 선생님이 "말하고 싶지 않은가 보구나"라고 거울식반영법으로 받아주니 학생이 "네"라고 답을 했죠. 벌써 조율이 조금씩 되기 시작하는 겁니다. "아니요!"나 "싫어요!"라는

반응이 아니니까요.

그러고 나서 학생이 선생님을 쳐다보잖아요. 선생님이 진짜 자기 마음을 받아주려고 하는 건지를 확인해 보려는 표시입니다. 쳐다본다는 건 아주 좋은 신호입니다.

연수자1 (교사역) : 상준아, 아까 네가 친구의 담배를 숨겨주려고 해서 선생님이 붙잡았을 때 굉장히 강하게 반응했는데, 그때 기분이 어땠어?

연수자2 (학생역) : 무척 무시당하는 느낌이 들었습니다.

강연자 : 이렇게 감정이 나오면 제대로 된 겁니다. 질문을 제대로 한 것이지요.

연수자1 (교사역) : 음, 선생님이 너를 무시하는 느낌이 들었구나.

연수자2 (학생역) : 네.

강연자 : 이때 선생님은 "아, 그랬구나" 하고 잠시 가만히 있어도 됩니다. 그런데 대개는 선생님들이 "아, 그게 아니었고……" 하면서 선생님의 입장을 이야기하려고 합니다. 그렇게 선생님의 입장을 먼저 얘기하면 아이는 '아휴, 역시 자기만 옳다고 하는구나' 하면서 마음의 문을 닫게 됩니다.

이럴 때는 선생님도 자기진정을 하는 셈치고 잠시 가만히 있는 게 좋습니다. 선생님도 학생들 앞에서 무시당하는 느낌을 받고 당황하는 등 강한 감정 상태였을 테니까요. 그렇게 선생님이 편안해지면 학생이 얘기를 하게 됩니다.

연수자1 (교사역) : 그래, 어…… 선생님은 기분이 어땠을 것 같니?

강연자 : 아, 그건 아닙니다. 선생님이 학생한테 감정코칭을 받으시려는 건 아니죠? 하지만 이렇게 얘기할 수는 있습니다. '아, 상준이는 무시당하는 느낌이 들었구나. 나는 아까 상준이가 뛰쳐나가니까 좀 의아하기도 하고, 당황스럽기도 했어.' 이렇게 '나 전달법'으로 자신의 감정을 솔직하게 얘기하는 건 괜찮습니다.

하지만 학생에게 내 기분이 어땠을 것 같냐고 물으면 주객이 전도되는 것이고, 학생 입장에서는 '선생님 기분이 어떤지 알게 뭐예요! 내 기분도 모르는데!' 하는 생각이 들 수 있습니다. 일단, 학생의 기분에 초점을 맞춘다면 '지금 상준이 기분은 어때?'라고 물어봐도 좋습니다.

연수자1 (교사역) : 음, 상준아, 지금 기분은 어때?
연수자2 (학생역) : 예, 제가 아까 뛰쳐나온 건 죄송합니다. 그건 정말 죄송한데, 사실은 제가 아침에 조금 일이 있었어요.

강연자 : 이렇게 학생이 아침에 무슨 일이 있었다고 말하는 건 굉장히 발전한 겁니다. '선생님이 지금 내 입장이나 내 감정을 수용해 주시는구나. 이해하고 공감해 주려고 하시는구나' 하는 생각이 드니까 아이가 마음의 문을 여는 거죠.

그러면 선생님은 '아, 아침에 무슨 일이 있었구나' 하고 거울식반영법으로 받아주면 됩니다. 아니면 '어떤 일인지 선생님한테 얘기해 줄 수 있겠니?' 하고 물어보셔도 되고요.

연수자1 (교사역) : 그래. 어떤 일이 있었는지 선생님한테 얘기해 줄 수 있겠니?

연수자2 (학생역) : 네. 아침에 나오는데, 엄마가 제가 엄마 돈을 훔쳤다고 의심했어요. 제가 훔치지 않았는데 말이에요. 그것 때문에 정말 화가 나 있었는데, 선생님이 또 저를 무시하시는 것 같아서 휴대전화를 집어 던지고 나왔습니다. 정말 죄송합니다.

연수자1 (교사역) : 음, 선생님이 너를 무시했다고 생각하니까 화가 엄청 났겠다.

연수자2 (학생역) : 네.

연수자1 (교사역) : 그래서 휴대전화를 그렇게 집어 던진 거구나.

연수자2 (학생역) : 예, 죄송합니다.

연수자1 (교사역) : 죄송하다고 하는 걸 보니까, 상준이 보기와는 다르네?

강연자 : 잠깐만요. 상준이가 훔치지 않은 돈을 엄마가 훔쳤다고 하니까 인격적으로 심한 모욕감을 느꼈을 수 있잖아요? 그렇게 화가 난 상태에서 선생님한테도 무시당했다는 모욕감을 느낀 상황입니다. 그래서 굉장히 화가 난 상태죠.

이럴 때는 아이의 감정이 어떤지를 조금 더 들여다보거나, 아니면 상황을 조금 정리해 주면 감정이 명료화될 수 있습니다. 저, 잠깐 제가 선생님 역할을 해봐도 될까요?

강연자 (교사역) : 그러니까, 네가 돈을 훔치지 않았는데 어머니로부터 의심을 받아서 굉장히 무시당하는 느낌과 모욕감을 느낀 상태로 학교에 온 거지. 그런데 담배 숨겨주는 걸 보고 선생님이 머리를 잡을 때 다시 무시당하는 느낌이 들었다는 얘기네?

연수자2 (학생역) : 네.

강연자 (교사역) : 내가 제대로 들은 거니?

연수자2 (학생역) : 네, 맞아요. 무시당하는 느낌이 많이 들었어요. 평소에도 엄마는 저를 항상 의심하고 무시하는 경향이 있어요.

강연자 (교사역) : 그랬구나. 그래서 아까 그렇게 굉장히 강한 감정이 일어났구나?

연수자2 (학생역) : 네. 갑자기 저도 모르게 그랬습니다.

강연자 (교사역) : 아, 그랬어? 그러니까 평소에도 어머니한테 의심을 받거나 무시당하는 느낌이 들었단 얘기지?

연수자2 (학생역) : 네.

강연자 (교사역) : 그래. 나도 누가 나를 의심하거나 무시하면 기분이 나쁘거든.

연수자2 (학생역) : 네, 맞아요.

강연자 : 네. 벌써 감정이 명료화됐습니다. 의심받고 무시당하는 기분에 대해 "맞아요"라고 했으니까요.

강연자 (교사역) : 그래. 아침에 그런 일이 있었는데 선생님한테 또 무시당하고 의심받는 느낌이 들어서 굉장히 화가 났다는 건데, 그러면 그때 뛰쳐나가는 방법 말고 다른 방법은 없었을까?

연수자2 (학생역) : 아…… 그냥 좀 참고, 쉬는 시간에 다른 친구와 얘기를 하거나 제가 좀 참았어야 하는 게 옳은 것 같습니다.

강연자 (교사역) : 음, 그랬구나. 일단은 나를 믿고 이렇게 얘기해 주니까 참 고맙다. 그래, 친구들하고 얘기하는 것도 한 가지 방법인데, 그 외에 다른 방법은 없을까?

연수자2 (학생역) : 엄마랑 얘기를 하고 싶은데, 엄마가 절 믿어주지 않아서 많이 고민이 돼요. (더 깊은 문제가 나왔음)

강연자 (교사역) : 음, 그렇구나. 언제부터 어머니께서 상준이를 믿어주시지 않은 것 같아? (다시 감정코칭 3단계로 상황을 들어줌)

연수자2 (학생역) : 어릴 때부터 계속 그랬던 것 같습니다.

강연자 (교사역) : 어릴 때부터? 대략 몇 살 때, 몇 학년 때부터?

연수자2 (학생역) : 초등학교 3학년 때부터 그랬던 것 같아요.

강연자 (교사역) : 아, 초등학교 3학년 때부터? 그때 어떤 계기가 있었거나 무슨 일이 있었니?

연수자2 (학생역) : 그때 엄마랑 아버지랑 이혼했는데, 그때부터 엄마가 조금씩 저를 미워하기 시작한 것 같아요.

강연자 (교사역) : 아, 그랬구나. 그럼 그때부터 상준이는 어머니와 같이 살게 됐니? 어떻게 됐지?

연수자2 (학생역) : 네. 엄마랑 단 둘이 살다가 엄마가 재혼을 해서 다른 아버지랑 같이 살고 있어요.

강연자 (교사역) : 아, 그래. 그런 일이 있었구나. 부모님이 이혼하시고…… 초등학교 3학년 때인데, 굉장히 힘들었겠네.

연수자2 (학생역) : 네, 많이 힘들었어요.

강연자 (교사역) : 글쎄 말이야. 거기다가 어머니가 다른 분하고 결혼해서 사시니까. 그건 너한테 어떻게 느껴지니?

연수자2 (학생역) : 정말 속상하고, 엄마가 제 편이 아닌 것 같아요.

강연자 (교사역) : 그러니까 평소에도 어머니가 상준이 편이 아닌 것 같은데, 거기다가 의심까지 하시니까 더 무시당하는 기분이 들고, 어머니가 네 편이 아닌 것 같고. 그렇다는 얘기구나.

연수자2 (학생역) : 네. 맞아요.

강연자 (교사역) : 음, 그래. 그럼 일단 오늘 교실에서 있었던 일은 조금 놔두고. 지금 상준이 마음을 아프게 하는 게 어머니로부터 신뢰를 받지 못하는 것, 그리고 어머니가 내 편이 아닌 것 같고 나를 무시하는 것 같은 게 제일 힘들다는 얘기인가?

연수자2 (학생역) : 네, 맞아요.

강연자 (교사역) : 그 문제에 대해서, 어떻게 하면 좋을 것 같아? 어떻게 하면 어머니한테 신뢰를 받을 수 있을까? 어머니가 상준이 편이 되게 하려면 상준이가 어떻게 하면 좋을까?

연수자2 (학생역) : 그래서 엄마한테 잘하려고 노력하는 중이에요.

강연자 (교사역) : 음, 그렇구나. 어떤 노력을 해봤어?

연수자2 (학생역) : 집에 일찍 들어가고, 공부도 열심히 하려고 노력 중이에요.

강연자 (교사역) : 어, 그렇구나. 내가 봐도 요새 상준이가 공부를 열심히 하는 것 같더라. 그래, 집에도 일찍 가고, 그러면서 어머니께 신뢰를 좀 받고 싶다는 얘기지?

연수자2 (학생역) : 네.

강연자 (교사역) : 음, 그렇구나. 혹시 어머니가 이미 상준이 편이시지 않을까 하는 생각이 드는데, 상준이 생각은 어때?

연수자2 (학생역) : 네. 그런 면도 조금은 있는 것 같아요.

강연자 (교사역) : 조금은 있는 것 같아? 사실 부모님도 마음을 전달하는 방법을 잘 모르실 때가 있거든. 선생님이 한 가지 제안을 하면 어떨까 싶은데. 물론 지금 많은 문제들과 어려움이 있어서 한꺼번에 풀 수 있는 건 아니겠지만, 다음 주에 학교에서 부모님 교육이 있거든? 혹시 어머니께서 그런 교육을 받아보시면 어떨까 하는데, 네 생각은 어떠니?

연수자2 (학생역) : 네. 좋은 것 같아요. 엄마한테 한번 얘기해 볼게요.

강연자 (교사역) : 그럴까?

연수자2 (학생역) : 네.

강연자 (교사역) : 그래, 혹시 어머니가 못 오실 수도 있겠지만 한번 제안 드려 보는 건 괜찮을 것 같아.

연수자2 (학생역) : 네, 좋아요.

강연자 (교사역) : 그래, 지금 상준이 기분은 어때?

연수자2 (학생역) : 네. 기분이 많이 좋아졌어요.

강연자 (교사역) : 많이 좋아졌어?

강연자 : 네, 수고하셨습니다. 짧은 시간 안에 문제를 다 해결할 수는 없지

만, 중요한 건, 지금 상준이로서 선생님한테 어떤 기분이 드세요?

연수자2 : 제 얘기를 많이 들어주셔서 편안했고, 이 세상에 제 편이 하나 있구나, 하는 따뜻한 감정이 들었습니다.

강연자 : 네. 그리고 다음에 비슷한 상황이 벌어진다면 어떻게 하실 것 같아요?

연수자2 : 그때는 화를 내지 않고 따로 선생님께 말씀을 드린다거나 그렇게 할 수 있을 것 같아요.

강연자 : 네. 선생님이 내 편이 되어주신다는 느낌이 들고, 존중받는 느낌이 들고, 이해받는 느낌이 드니까요. 그렇죠? 네, 수고하셨습니다.

일반적인 감정코칭보다는 조금 긴 사례였습니다. 학생들이 표면으로 보이는 문제 속에 더 깊고 큰 문제나 상처를 갖고 있음을 보여준 사례였습니다.

요즘 해체 가정이 점점 늘어가면서 상준이처럼 여러 가지 심리적 상처를 입는 학생들도 많고, 거기에 어떻게 대처해야 할지 모르는 경우도 많습니다. 실제로 이 정도의 상담을 하려면 30~40분 정도의 시간이 필요합니다. 하지만 한 학생이 학교 부적응자나 낙오자가 될지, 아니면 역경을 딛고 한층 성숙해질지를 가를 수도 있는 중요한 상황이었습니다.

발단은 친구의 담배를 숨겨준 것에 대한 선생님의 비난에 상준이가 강하게 반발하며 감정을 어떻게 감당할지 몰라 운동장으로 뛰쳐나가 울분을 못 참고 벌벌 떠는 극심한 감정적 상황이었습니다. 재혼한 어머니로부터 관심과 보살핌을 제대로 받지 못한다고 느끼는 데다 의심까지 받는 등 많은 상처를 받고 있었는데, 선생님께 지적을 당하자 어떻게 자신을 추스를지 모르는 상황이었습니다.

그러나 선생님이 학생의 감정을 경청하고, 수용하고, 공감과 지지를 해주자 차츰 자신의 고통과 어려운 가정상황까지 말할 수 있을 정도로 선생님을 신뢰하게 되었습니다.

자신의 감정이 어머니로부터 무시당하고 의심받는 것에 대한 슬픔과 반발이라는 것을 알게 되니 감정이 명료화되고, 반발하고 괴로워하기보다는 어머니로부터 신뢰를 얻을 수 있는 행동이 무엇인지 차분하게 생각하고 대안을 찾을 수 있게 되었습니다.

꾸지람과 처벌이나 훈계를 받았다면 상준이는 더욱 빗나간 행동을 했을지 모릅니다. 하지만 선생님에게 이해받고 지지받고 소중한 존재로 존중받자, 자신이 원하는 바를 긍정적으로 얻을 수 있는 해결책을 찾을 만큼의 여유를 갖게 되었습니다.

앞으로 비슷한 일이 생긴다 해도 상준이는 무작정 뛰쳐나가는 미숙하고 비적응적인 행동을 하는 대신, 좀더 침착하게 행동할 수 있을 것입니다.

감정코칭은 다섯 단계를 거치는 '과정'입니다. 과정에는 시작(출발점)과 끝(목적지)이 있습니다. 감정코칭의 끝은 아이의 발달단계를 고려한 바람직한 행동입니다. 끝까지 잘 가기 위해서는 먼저 출발점을 잘 알아야 합니다. 그 출발점을 아는 것이 아이의 환경을 아는 것입니다.

5부

효과적인 감정코칭을 위해 꼭 알아야 할 것들

19장

감정코칭을 하지 말아야 할 때도 있다

🌿 감정코칭이 만병통치약은 아니다

처음 감정코칭을 해볼 때는 '어휴, 이 힘든 걸 매번 해야 하나? 시간도 없는데……' 하고 느낄 수 있습니다. 그러나 감정코칭을 하면 할수록 신뢰감과 유대감이 생기면서 점점 쉬워지고, 감정코칭을 하는 게 무척 자연스러워집니다.

감정코칭을 어렵다고 느끼는 것은 '다음엔 무슨 말을 하지? 다음이 3단계인가? 4단계인가?' 하고 머리로 생각하기 때문입니다. 생각을 하면 소통이 힘들어집니다. 감정이 흐름을 타면 감정코칭은 자연스럽게 이루어집니다. 마치 수영할 때 몸에 힘을 주면 가라앉지만 몸에 힘을 빼고 물에 몸을 맡기면 자연스럽게 뜨는 것과 같은 이치라고 할까요?

또한 감정코칭을 항상 5단계까지 하지는 않아도 됩니다. 3단계까지만 확실하게 해도 대개는 아이들이 마음의 문을 열고 다가옵니다. 그리고 아이들이 감정을 보일 때마다 감정코칭을 하지는 않아도 됩니다. 세 번에 한 번 정도만 감정코칭을 해도 다음에 비슷한 상황에 처했을 때 아이들이 차분하게 대안을 생각할 수 있습니다.

한편, 감정코칭이라고 해서 어느 상황에서나 무조건 효과가 있는 건 아닙니다. 하지 말아야 할 때도 있습니다. 별로 효과가 없거나 역효과를 낼 수 있는 상황들이 있습니다. 감정코칭을 하지 않는 게 좋은 상황은 과연 어떤 상황들일까요?

시간과 공간을 고려하라

시간에 쫓길 때

　시간에 쫓길 때는 감정코칭을 하지 않는 게 좋습니다. 수업과 상담, 각종 보고서 등으로 여유가 없을 때 무리하게 감정코칭을 시도했다가 학생이 막 마음을 열기 시작했는데 "아, 내가 지금 좀 바빠서…… 이제 그만하자" 하면 안 되겠죠.

　감정코칭은 3단계까지만 해도 효과가 있지만, 3단계에서 충분한 시간을 할애할 수 없는 상황이라면 아예 시작하지 않는 게 좋습니다. 다행스러운 건, 대개는 10분이나 15분 정도만 여유가 있어도 감정코칭을 할 수가 있습니다. 하지만 5분, 10분도 시간이 없을 때는 나중에 시간이 있을 때나 쉬는 시간에, 아니면 방과 후에 만나서 얘기하자고 하는 게 좋습니다.

　부모님도 마찬가지입니다. 아침에 출근과 등교를 앞두고 바쁠 때 감정코칭을 하려면 인내심을 발휘하기 어렵고, 빨리 원하는 결과를 얻으려다가 오히려 역효과를 낼 수도 있습니다. 그럴 때는 지금은 출근해야 하니까 저녁에 다시 이야기하자는 식으로 대화를 할 수 없는 이유를 말하고, 언제 다시 대화를 할지 미리 알려줘서 기다릴 수 있도록 하는 게 좋습니다.

관객이 있을 때

　관객이 있을 때는, 즉 다른 사람들이 있을 때는 감정코칭을 하지 않는 게 좋습니다. 예를 들어, 교실에서 학생이 강한 감정을 보인다고 해서 그 자리에서 대화를 시도한다면, 학생도 선생님도 교실에 있는 다른 학생들을 의식하게 됩니다. 그러면 진정한 두 사람의 의사소통이 되기보다는 '학생들의 반응이 어떨까?' '내가 어떻게 보일까?' 하며 주변을 의식하게 되고, 학생들이 웃거나 야유를 할 수도 있어서 진정한 소통이 어렵습니다.

시어머니나 친정어머니가 함께 계시거나, 옆집 사람이나 친구가 놀러 왔을 때처럼 다른 사람이 있을 때는 감정코칭은 하지 않는 게 좋습니다. 그리고 두 학생이 싸움을 했을 때 당사자 둘을 동시에 불러서 감정코칭을 시도하는 것도 좋지 않습니다. 감정코칭은 가능하면 일대일로 하는 게 가장 효과적입니다.

백성희 선생님은 싸움을 한 영석이와 창민이를 함께 교무실에 불러 상담을 했습니다. 선생님이 두 아이에게 왜 싸웠느냐고 묻자 창민이는 영석이가 먼저 밀고 짜증을 냈다고 답했지만, 영석이는 입을 꼭 다물고 있었습니다.

"그래? 영석이가 먼저 밀고 짜증을 냈다고? 영석아, 짜증스러웠구나?"

"영석아, 지금 말을 하고 싶지 않구나. 좀 있다 말해 줘. 알았지?"

말을 하지 않는 영석이에게 선생님은 자꾸 말을 시켰고, 창민이의 입장에서는 그 모습이 영석이를 편애하는 것처럼 보였을지 모릅니다. 또한 '(영석이처럼) 짜증을 내고 선생님의 질문에 답하지 않아도 되는 거구나'라고 잘못 이해할 수도 있지요.

한편, 영석이는 선생님이 창민이 앞에서 자기를 어린아이 취급한다고 오해할 수도 있습니다. 이래저래 오해와 착각을 초래할 수 있지요. 이처럼 둘 이상을 대상으로 하거나 관객이 있는 상황에서의 감정코칭은 역효과만 가져올 수 있습니다.

단, 여러 명이어도 한 사람처럼 생각할 수 있을 때는 다수를 대상으로 감정코칭을 해도 됩니다. 예를 들어, 학생들이 시험을 앞두고 불안해할 때는 학생들 전체를 대상으로 감정코칭을 할 수 있습니다.

학생들에게 "지금 기분이 어때요?"라고 물으면 학생들은 "불안해요" "시험 보기 싫어요" "시험이 빨리 끝났으면 좋겠어요" 등 여러 가지 감정을 얘기할 겁니다. 그럴 때 공감을 해주면 감정코칭이 되지요.

양육자의 감정을 먼저 다스려라

감정이 격할 때

자신의 감정도 다스리기 어려울 때는 감정코칭을 하지 않는 게 좋습니다. 자신의 감정에 압도되어 있기 때문에 다른 사람의 감정코칭을 해줄 여력이 안 되죠. 그럴 때는 자기진정을 먼저 해야 합니다. 자기진정을 해서 긍정적인 마음 또는 최소한 감정적 중립상태가 된 다음 감정코칭을 해야 합니다.

백성희 선생님은 싸움을 해서 불려온 영석이가 말을 한마디도 하지 않자 인내의 한계에 다다르며 화가 나기 시작했습니다. 때려주고 싶다는 충동을 느낄 정도였지요. 다행히 선생님은 그런 자신의 감정을 인지하고 영석이에게 청소하는 벌을 내리고 마무리 지었습니다.

때리는 것보다는 현명한 선택이었지만, 무의미한 벌을 내리며 급하게 마무리하기보다는 자기진정법으로 평정심을 되찾아 감정코칭을 계속했다면 더 현명한 선택이 되었을 겁니다. 선생님이 참고 벌만 주고 지나간다고 해서 영석이의 행동이 나아지리라고 기대하기는 힘들기 때문이죠. 오히려 더 나빠질 가능성이 많습니다. 선생님도 자꾸 참다 보면 스트레스를 받아서 영석이와의 관계가 좋아질 기회가 점점 줄어들 것이기 때문입니다.

어떤 선생님이 저에게 이런 질문을 한 적이 있습니다. 부모님이 이혼하고 어머니가 재혼을 한 가정의 학생이 있는데, 여러 겹의 상처를 갖고 있고 여전히 큰 고통을 겪고 있는 그 학생의 감정코칭을 해주다 보면 선생님도 눈물이 나올 때가 있다는 겁니다. 그래도 괜찮냐는 게 선생님의 질문이었습니다.

선생님도 당연히 감정이 있는 존재고, 그 상황에서 선생님의 감정이나 초감정이 발동될 수도 있습니다. 그러나 공감을 해주는 정도는 괜찮지만, 선생님이 오히려 감정이 격해져서 흐느껴 우는 등 감정을 주체하지 못하면, 학생은 당황하고 미안해할 것입니다. 자기로 인해서 선생님이 고통스러워한다는 생각에 죄책감이 들 거고요. 그럴 때는 "잠깐 진정 좀 하고 올게"라는 식으로 말하고 자기진정부터 하는 것이 좋습니다.

다른 사람과의 관계가 안 좋을 때

부모나 교사가 다른 사람과의 관계가 매우 안 좋은 상황에서는 감정코칭을 하지 않는 게 좋습니다. 예를 들어, 부부싸움을 하고 나서 기분이 굉장히 안 좋을 경우에는 아이에게 감정코칭을 하는 것이 위험할 수 있습니다. 자기도 모르게 아이에게 안 좋은 감정을 표출할 우려가 있기 때문이죠. 아이의 감정을 있는 그대로 보는 게 아니라 "하는 짓이 네 엄마(아빠)와 똑같구나!" 하는 식으로 괜한 분풀이를 할 수가 있습니다. 그래서 다른 사람과의 관계가 몹시 안 좋을 때는 그 관계부터 회복하는 게 중요합니다.

피곤할 때

부모나 교사가 체력적으로 힘들 때는 감정코칭을 하지 않는 게 좋습니다. 자신이 그런 상황일 때는 다른 사람에게 정신적으로 공감해 주고 지지

해 주기 어렵기 때문입니다. 그럴 때는 쉬고 충전을 해야 합니다. '쉬고 충전할 시간이 어디 있냐?'고 반문할 수도 있습니다. 하지만 자신을 위해서도, 자녀나 학생을 위해서도, 잡무를 줄이거나 우선순위를 잘 정해서 자기 충전을 해야 합니다.

선영이 엄마는 늘 힘이 없었습니다. 스트레스성 수면장애로 항상 잠이 부족하고 피로했고, 외출이라도 한 날 저녁에는 기진맥진했습니다. 그런 상황에서 선영이의 감정을 읽고 다가가는 대화를 하며 경청하고 공감해 줄 여력이 없었지요. 모든 게 귀찮고 힘겨웠습니다.

스트레스의 원인은 남편과의 관계였습니다. 선영이 아빠의 횡포가 날이 갈수록 심해졌기 때문입니다. 부부싸움을 목격한 후 선영이의 태도가 달라진 것도 여간 신경 쓰이지 않았습니다. 자신이 선영이 나이쯤에 겪었던 심적 고통을 선영이에게 고스란히 물려주는 게 가장 마음 아팠습니다.

선영이 엄마는 부부상담을 받으면서 상담사의 권유에 따라 운동을 하기 시작했습니다. 걷기부터 시작했습니다. 첫날은 5분, 다음 날은 조금 더, 그렇게 서서히 운동 시간을 늘려갔습니다. 이제는 매일 한 시간 정도 산책을 합니다. 걷고 나면 기분이 상쾌합니다. 이제 선영이를 보면 아이의 표정이 보이기 시작합니다. 그만큼 정신적 여유가 생겼습니다.

기분이 우울하거나 불안할 때 운동은 정말 중요한 해결책입니다. 대단한 운동을 할 필요는 없습니다. 자기가 좋아하는 운동이면 아무거나 괜찮습니다. 가장 간편하고도 좋은 운동은 걷는 것입니다. 걸으면 뇌가 건강해집니다.

자신이 할 수 있는 한에서 피로를 풀고 충전을 하는 것을 생활화해 보십시오. 그러면 감정코칭도 잘할 수 있게 되지만, 무엇보다도 삶 자체에 활력이 생깁니다.

어른이 원하는 목표를 이루려 할 때

감정코칭은 교사나 부모가 어떤 목표를 갖고 그 목표를 이루기 위해서 하면 안 됩니다. '아이를 반에서 1등으로 만들어야지' '피아노를 잘 치게 해야지' 등의 목표를 갖고 감정코칭을 하려 하면 그와 정반대되는 결과가 나옵니다. 처음 한두 번은 부모님이나 선생님이 감정에 공감해 주는 척하니까 아이가 감정을 털어놓을 수도 있습니다. 하지만 부모님이나 선생님이 어떤 의도를 갖고 자신을 끌고 가려 했다는 걸 깨닫는 순간 아이는 부모님이나 선생님에 대한 신뢰를 완전히 잃을 수 있습니다.

감정코칭이 최선인지 상황을 고려하라

위험한 상황일 때

아이가 확실하게 위험한 행동을 하거나 위험에 처해 있을 때는 아이의 감정보다는 안전이 최우선으로 중요합니다. 감정코칭을 하기 전에 위험 요소를 제거하거나 위험한 상황에서 벗어나게 해야 합니다.

아이가 친구에게 돌을 던지려 할 때, "응, 돌을 던지고 싶구나" 하면 안 된다는 것이지요. "친구에게 돌을 던지면 다칠 수 있으니까 안 된다!" 하고 그 자리에서 부드럽지만 단호하게 말해줘야 합니다. 또 아빠가 자동차 시동을 켜놓은 채로 집에 잠깐 물건을 가지러 간 사이에 다섯 살 아들이 운전석에 앉아 핸들을 돌리는 장면을 보았다면, "아, 운전이 하고 싶구나?" 하면 안 된다는 겁니다.

아무리 경청과 공감이 중요하다고 해도 누군가 다칠 수도 있는 급박한 상황이라면 감정코칭보다는 아이의 안전부터 챙겨야 합니다.

아이가 거짓 감정을 보일 때

자녀가 울거나 화를 내면 부모나 교사가 쩔쩔 매고 아이의 뜻을 그대로 들어줄 때가 있죠? 그래서 아이가 어떤 목적을 달성하기 위해서 거짓 감정을 보이는 경우가 있습니다.

침으로 눈물을 찍어 바르고 우는 척을 한다면 쉽게 알아볼 수 있겠지만, 대개의 경우 거짓 표정을 알아보는 게 쉽지는 않습니다. 전문가라면 몰라도 일반인들은 어렵습니다. 거짓을 진짜로 오판하는 것도 문제지만 반대로 진실인데도 거짓이라고 믿어주지 못하는 것도 문제입니다.

저는 진위를 잘 알지 못하겠을 때는 제가 먼저 평점심을 갖고 제 느낌을 가만히 느껴봅니다. 예를 들어, 친구를 때린 아이에게 기분이 어떠냐고 물었을 때 "기뻤어요"라고 한다면 조용히 듣고 난 후 한마디로 묻습니다. "정말?" 그러면 대개 아이는 "아니요. 사실은 때리고 나서 마음이 안 편했어요. 미안했어요" 등으로 자신의 진짜 감정을 말하는 경우가 많습니다.

아이가 보이는 감정이 확실히 거짓 감정이라고 판단될 때는 감정코칭을 해서는 안 됩니다. 그럴 때는 "엄마가 보기에는 네가 진짜 슬픈 건지 아닌지 잘 모르겠어"라든지 "나한테는 그렇게 안 보이는데?" 하고 얘기해도 됩니다. 진정성을 갖되 아이의 인격을 꾸짖지 않는다면 아이도 진정성을 갖고 다가옵니다.

인격을 꾸짖는다는 것은 이런 것입니다. "야, 너 지금 나 속이는 거지? 넌 어쩜 그렇게 감쪽같이 연극을 잘하냐? 너 사기꾼 될래? 벌써부터 남 속이는 걸 밥 먹듯이 하니, 싹이 노랗다!" 이런 태도가 인격을 꾸짖고 경멸하는 것입니다.

설사 거짓 감정을 보이더라도, 중요한 것은 아이가 거짓말쟁이임을 확인하는 것이 아니라 진실을 말하는 것이 더 바람직하다는 걸 깨우쳐주는 것입니다. 그래서 원하는 바를 긍정적으로 요청하는 게 좋습니다. 예를 들어, "거짓말 하지 마!"는 부정적으로 요청하는 것이고, "진심을 이야기 해주면 좋겠어"는 긍정적으로 요청하는 것입니다.

20장

아이의 기질을 파악하라

🌱 사람에게는 저마다의 기질이 있다

성격론을 공부하지 않은 사람이라도 아이들을 몇 가지 유형으로 구분할 수 있다는 것은 경험해 보셨을 겁니다. 얌전한 아이, 극성맞은 아이, 수다스러운 아이, 말수가 적은 아이…… 이것은 성격 차이일까요? 타고난 것일까요, 아니면 양육환경 탓일까요? 이것은 지난 150년간 심리학에서 큰 논쟁거리였던 주제 중 하나입니다.

자녀나 학생들을 이해하려면 입체적으로 볼 필요가 있습니다. 우선 아이의 타고난 기질을 보고, 두 번째로 아이의 발달단계를 보며, 세 번째로 아이의 환경을 봅니다.

기질이라는 것은 성격과는 조금 다릅니다. 성격은 영어로 personality이고 기질은 temperament입니다. 전혀 다른 뜻이죠. 30~40년 전부터 기질에 대한 연구가 활발히 진행되고 있습니다.

기질은 쉽게 말해서 '감정적·행동적 양식의 개인차' 또는 '외적 자극에 어떤 정서적(감정적) 반응을 보이는가에 대한 경향'이라고 할 수 있습니다. 기질은 영유아기 때부터 나타나므로 유전적이며 생물학적 기반에서 비롯됐다고 볼 수 있습니다. 기질은 성격 발달과 사회생활 등에 영향을 미치며, 성인이 되어서도 상당히 일관되게 유지됩니다.

토머스(Thomas)와 체스(Chess)라는 학자가 1977년에 발표한 연구 결과에 따르면, 타고나는 기질에는 크게 세 가지가 있다고 합니다. 이는 문화나 지역, 인종과 관계없이 보편적으로 나타난 결과입니다.

순둥이형 (키우기 쉬운 아이)

- 전체의 약 40퍼센트
- 순응형이라서 대체로 키우기 쉽다.

체제거부형 (키우기 어려운 아이)

- 전체의 약 10퍼센트
- 까다롭거나 자기주장이 강하여 고집이 세다.
- 창의력, 호기심, 모험심, 개척정신 등이 높다.

대기만성형 (한 박자 늦는 아이)

- 전체의 약 15퍼센트
- 새로운 것을 바로 받아들이지 않고 뜸을 들이며, 새로운 사람이나 환경을 만나면 일단 뒤로 물러선다.
- 새로운 경험을 선뜻 반기지는 않지만 반복적으로 노출된 후에 안심이 되면 받아들이고, 일단 받아들이면 싫증내지 않고 꾸준히 한다.

아이젱크 박사의 연구 – 과각적 기질과 저각적 기질

토머스와 체스 외에 인간의 기질에 대해서 오랫동안 연구했던 한스 아이젱크(Hans Eysenck) 박사라는 사람이 있습니다. 아이젱크 박사는 어린 시절 부모와의 관계와 무의식의 영향으로 성격이 결정된다는 이론과 프로이드의 성격론이 주류를 이루던 시절에 '기질적 특성이 생물학적 기반에 의해 유전적으로 결정된다'고 제안한 선구적 연구자입니다.

이후 행동주의, 인지주의, 실존주의 등 심리학의 여러 학파가 각기 다양한 성격론을 발전시켜 왔으나, 아이젱크 박사는 조금 다른 방향으로 연구를 했습니다. 햇빛, 색깔, 소리, 맛 등의 자극이 들어왔을 때 신체적으로 반응하는 각성의 상태가 사람에 따라 다르다는 것을 밝혀낸 것이죠. 조금만 자극해도 각성 수준이 높은 사람들이 있고, 반대로 각성 수준이 낮은 사람들이 있었습니다.

작은 자극에도 각성이 잘되는 경우 '과각적'이라고 하는데, 이런 사람들은 대개 조용한 것을 선호하고 혼자 있거나 소수의 사람들과 지내는 것을 편하게 여긴다는 것을 알아냈습니다.

반대로 강한 자극에 각성되는 경우 '저각적'이라고 했는데, 이들은 각성이 낮기 때문에 더 크고 강렬한 자극이 필요합니다. 이런 사람들은 조용히 있으면 심심하고 좀이 쑤셔서 시끄러운 파티에 가서 춤추고 놀거나 왁자지껄한 것을 좋아합니다.

아이젱크 박사는 저각적이냐 과각적이냐 하는 것은 대체로 타고나는 것으로, 생물학적으로 몸이 반응하는 차이로 봤습니다.

제롬 케이건 박사의 연구 – 고반응적 기질과 저반응적 기질

하버드대학교의 제롬 케이건(Jerome Kagan) 교수도 기질에 대해 연구했는데, 아이젱크 박사의 이론과 비슷한 맥락을 조금 다르게 표현했습니다. 케이건 박사는 기질에는 '고반응적' 기질이 있고 '저반응적' 기질이 있다고 했습니다. 그리고 기질은 타고나는 것이며, 평생에 걸쳐 별로 변하지 않는다는 걸 알았습니다.

고반응적 기질은 같은 자극이 오더라도 반응이 높습니다. 이런 특성을 흔히 '까다롭다, 예민하다'라고 표현하는데, 이는 부정적인 어감을 주기 때문에 가치판단을 배제한 중립적 표현으로 '고반응적'이라고 한 것입니다. 반대로 같은 자극에 대해서 상대적으로 낮고 느린 반응을 보이면 '저반응적'이라고 했습니다.

어느 것이 좋거나 나쁜 건 아닙니다. 한국의 부모님이나 선생님들은 얌전하고 말 잘 듣는 아이들을 좋아합니다. 그런데 미국의 부모님들은 아이가 고반응적이라서 얌전하고 조용하면 걱정을 합니다. 리더가 못 되고, 사회에 나가서 인정을 받지 못할까봐서죠. 기질에는 좋고 나쁜 게 없지만, 이렇게 문화적으로 선호하는 건 있습니다.

뇌과학과 기질

최근에는 뇌과학에서 좌우뇌의 활성화와 감정에 대해 많은 연구가 이루어졌습니다. 좌뇌의 활성화는 긍정적 감정과 연관이 있고, 우뇌의 활성화는 부정적 생각이나 이미지와 연관이 있는데, 어느 것이 먼저 작동하느냐 또한 어느 정도는 타고나는 것으로 밝혀졌습니다. 똑같은 현상을 봐도 걱정거리부터, 즉 부정적인 것부터 보는 사람이 있는데, 꼭 그것이 안 좋다고 할 수 없습니다. 걱정과 조심도 필요하니까요.

긍정적 감정을 먼저 경험할지 부정적 감정을 먼저 경험할지도 예측할 수 있다고 합니다. 중요한 건 어느 정도 균형이 맞아야 한다는 점입니다. 그리고 훈련을 통해서 어느 정도는 균형을 유지할 수 있습니다.

체질적으로 살이 잘 찌는 사람이 있고 먹어도 살이 잘 찌지 않는 사람이 있지만, 적당한 섭식과 생활습관으로 건강과 균형을 이룰 수 있는 것과 비슷한 이치입니다.

🌱 아이의 기질에 따른 감정코칭

 기질에는 각기 장단점이 있기에 어느 것이 좋거나 나쁘다고 논할 수는 없습니다. 역사적으로, 진화론적으로 모든 유형은 사회에 필요합니다. 순둥이형은 사회에 안정을 가져다주고, 대기만성형은 안전을 가져다주며, 체제거부형은 혁신을 가져다주기 때문입니다.

 단, 감정코칭을 할 때는 아이의 기질을 염두에 두면 효과를 극대화할 수 있습니다. 감정코칭으로 인해 기질이 표현되는 방식이 변하기도 합니다. 우선, 기질은 아이가 원해서 갖게 된 것이 아니고 살아가면서 크게 변하지도 않는다는 것을 받아들여야 합니다. 그리고 아이의 기질을 파악하고 나서 각각의 기질에 적합한 감정코칭법을 적용하는 것이 좋습니다.

 예를 들어, 순둥이 형은 "네가 알아서 해"라는 말을 별로 좋아하지 않습니다. 이들은 모범을 보여주면 순순히 따라하므로 예를 들어주어 본받도록 하면 좋습니다. 또 양육자와 의견이 달라도 자신의 감정이나 생각을 쉽게 접고 순응할 수 있다는 것을 염두에 두고 진정으로 아이가 원하는 것을 찾을 수 있도록 시간적·심리적 여유를 줄 필요가 있습니다.

 체제거부형이 가장 거부하는 것이 정답이나 모범을 따라하라는 것입니다. "네가 알아서 해"라는 말을 좋아하지요. 하지만 아직 경험과 판단력이 부족하므로 자신과 타인에게 해로운 것은 안 된다는 확실한 한계를 그어주고 그 안에서 스스로 시행착오도 해보고 선택하게 하는 것이 바람직합니다. 도전, 모험, 개척 등을 좋아한다는 것을 염두에 두고, 감정 표현이나 해결책에서 뜻밖의 기발한 아이디어가 나올 수도 있으니 기대는 하되 강요하는 자세는 피하는 게 좋습니다.

 대기만성형은 서두르거나 급하게 요청하는 것을 힘들어합니다. 시간에

촉박하게 밀어붙일 때 다른 기질에 비해 스트레스를 많이 받는 유형입니다. 감정코칭을 할 때뿐 아니라 다른 때에도 여유를 두고 천천히 대화하고 반응이 늦더라도 느긋하게 기다려줄 필요가 있습니다.

기질에 따라 이런 기본적 차이가 있지만, 발달단계상 청소년기에는 대체로 익숙한 것을 거부하거나 새로운 것을 시도해 보려는 욕구가 있다는 것을 기억하시기 바랍니다. 또 기본적으로 감정의 기복이 심할 수 있고, 쉽게 짜증을 내며, 잠이 많다는 것도 기질과 상관없는 청소년기의 특징임을 기억하면 감정코칭을 할 때 도움이 될 것입니다. 이런 특성을 염두에 두고 각 기질에 따른 감정코칭법을 좀더 살펴보겠습니다.

순둥이형 : 선택할 수 있도록 제시하라

순둥이형 같은 경우는 감정적으로는 따르지 않아도 겉으로는 "네, 네" 하고 따를 수 있습니다. 그러면서 상처를 받을 수 있지요. 정말 하기 싫은데 꾸역꾸역 하다가 나중에 "난 내 삶을 사는 것 같지 않아"라고 말할 수도 있습니다. 그렇기 때문에 순둥이형의 경우, 기분이 어떤지는 따로 물어볼 필요가 있습니다.

순둥이형은 부모나 교사가 좋은 역할모델이 되어주거나, 선택할 수 있는 것들을 제시해 주는 게 좋습니다. 만 1세에서 2세 사이에 독립심이 발달하면서 숟가락으로 밥을 떠먹고, 아장아장 걷기도 하고, 신발도 직접 신어보고 하는데, 이때 서툴다고 해서 "엄마가 떠줄게" "엄마가 신겨줄게" 하면 순둥이형 아이들은 가만히 있습니다. 하지만 그러다 보면 정말 자기가 느끼는 감정이나 원하는 게 무엇인지를 놓치고 지날 수도 있습니다.

순둥이형은 감정코칭이 가장 쉬워 보이는 아이들입니다. 하지만 이런 아이들은 본인의 감정은 뒤로 한 채 어른이 기대하는 답을 말하고 어른이 원하는 대로 행동할 수 있습니다. 그러면 감정코칭이 잘된 것처럼 보이지만 실은 표면적인 현상이며, 실제로 아이는 계속해서 감정적으로 미성숙한 상태에 머물러 있는 것입니다. 따라서 아이가 바람직한 행동으로 선도되었다 하더라도 기분이 어떤지를 물어보면서 확인할 필요가 있습니다.

기질이 순둥이형이라고 해서 현 시점에서 순둥이란 말은 아닙니다. 순둥이형으로 태어났더라도 자라온 환경에 의해 거칠어질 수 있습니다. 좋은 예가 영석이입니다.

유민정 선생님이 보기에 영석이의 기질은 순둥이형이었습니다. 선생님 말에 바로 반박하지 않고 꾹 참고 있는 모습도 그랬고, 감정코칭을 해준 유민정 선생님에게는 쉽게 마음을 열었기 때문이죠. 본래 순했던 영석이의 본바탕이 또래들의 놀림과 폭력, 어른들의 무관심에 심하게 훼손되었던 것입니다.

아직 어리기 때문에 감정코칭을 받으면서 원래 모습을 회복하기는 했지만, 오랜 기간 자신의 감정을 제대로 느끼거나 표현하지 못했기 때문에 감정을 처리하는 부분은 아직 미숙했습니다. 감정 발달에 있어서는 유치원생 수준이었죠.

체제거부형 : 테두리 안에서 모험할 수 있도록 허락하라

체제거부형은 이래라저래라 하는 걸 싫어합니다. 그래서 정답이 있는 학습지 같은 걸 아주 싫어하지요. 대신 "네가 틀린 것을 찾아볼래?" 하면 좋아합니다. "네가 문제를 내보면 어떨까?" 하면 더 좋아합니다.

틀에 짜인 정답이 있는 것보다 일정한 테두리 안에서 선택할 수 있는 여지를 주고, 안전한 상황에서 모험을 할 수 있는 기회를 주는 게 좋습니다.

체제거부형은 말끝마다 '딴지'를 걸고, 엉뚱한 소리나 하고, '삐딱'하고,

소위 '매를 버는' 행동을 하는 유형이기 때문에 부모님이나 선생님 입장에서는 감정코칭을 하다가도 힘들게 느껴질 수 있습니다.

일방적인 훈계에 대해서는 반박을 위한 반박을 하는 유형이므로, 해결책을 말해 주는 대신 아이의 의견을 물어보는 게 중요합니다. 즉, 진심으로 감정코칭을 해야 합니다.

선영이는 체제거부형이었습니다. 아빠의 말에 반박하고 아빠가 화를 내도 자신의 생각을 여지없이 드러낼 정도로 '대가 센' 아이였죠. 심상치 않은 분위기를 눈치 채고 입을 다물고 있어야 할 때는 연신 입을 삐쭉거렸습니다. 그런 불손한 태도에 아빠는 조용하게 대화를 시작했다가도 점점 화를 내게 되었습니다.

유민정 선생님은 선영이에게 일방적인 지시나 훈계를 하는 대신 의견을 물어보는 대화를 시도했습니다. 선영이는 아빠의 고압적이고 억압적인 대화방식은 짜증스러웠고, 반대로 아무 의견이 없는 엄마와의 대화에서는 도전을 느끼거나 즐거움을 맛볼 수 없었습니다. 그래서 자신의 의견을 존중해 주는 동시에 뚜렷한 한계를 지어주는 유민정 선생님과의 대화는 신선했고, 믿음이 갔으며, 의지할 수 있었습니다.

사춘기 아이들이 어른을 '귀찮은 존재'로 여기는 듯 보여도 사실은 어른으로부터 지도와 보호를 받기를 기대하고 있다는 사실을 유민정 선생님은 잘 알고 있었습니다. 선영이의 자신만만한 행동 뒤에는 불안감과 불신이 자리하고 있기에, 아이의 오만한 겉포장(표정)을 잘 소화하면 그 안의 허약함에 접근할 수 있음을 알았지요.

대기만성형 : 아이의 속도에 맞춰 충분히 공감하라

한 박자 늦는 대기만성형 아이들은 '빨리 빨리'를 가장 힘들어합니다.

재촉을 당하면 스트레스를 굉장히 많이 받죠. '빨리 빨리' 하라고 재촉하기보다는 조금 느긋하게 할 수 있도록 해주는 게 좋습니다.

대기만성형 아이들은 밀어붙인다고 되는 게 아니기 때문에 감정코칭의 다섯 단계를 아이의 속도에 맞춰 천천히 진행하는 것이 좋습니다.

민수가 대표적인 대기만성형이었습니다. 조금 느린 면이 있지만, 지능이 낮지는 않았습니다. 수업시간에는 소극적이고 뒤로 물러서서 다른 아이들이 하는 것을 물끄러미 쳐다보길 좋아했습니다. 앞에 나와서 칠판에 문제를 풀어보라고 하면 쑥스러워하고 난처해하는 모습이 역력했습니다.

"민수, 지금 뭐 하고 있어?" 백성희 선생님이 말을 걸었습니다.

"네. 저……"

"방금 전에 푼 문제가 어떤 거야?"

"네? 어, 어……"

이때 "방금 푼 문제도 기억 못해?" 이렇게 비난하면 민수는 더 위축되어 아무 생각도 나지 않았을 것입니다. 그러나 선생님은 이렇게 물었습니다.

"파란색 공책이었던 것 같던데? 힘들어하는 것 같던데."

"아, 네. 수학이었어요. 방정식인데 잘 안 풀려서 짜증나요."

"수학이 마음만큼 잘 안 돼서 답답하구나."

"네. 답답해요. 이대로는 시험 빵점 맞을 것 같아요."

"불안하구나."

"네. 불안해요. 학교가 재미없어요."

"그럼 어떻게 할까?"

"모르겠어요."

백성희 선생님도 몰랐습니다. 그저 더 열심히 하라고밖에 말할 수 없었습니다. 그리고 얼마 후에 민수는 자퇴를 했던 것입니다. 유민정 선생님이었더라면 민수에게서 더 많은 감정을 읽어냈을 것입니다. 시험에 대한 불안감, 점수에 대한 부담감, 아무리 해도 오르지 않는 성적에 대한 불만, 끝날 것 같지 않은 학업에 대한 지겨움, 화를 잘 내는 부모님에 대한 두려움, 자기편이 되어주지 않는 부모님에 대한 원망, 이 모든 게 끝나지 않을 것 같은 절망감. 중학생이 견디기 어려운 스트레스입니다.

이런 감정들을 모두 탐색하고 의식 수준으로 끌어내면 통합적인 해결책을 모색할 수 있을 것입니다. 막연한 상태에서는 현명한 조언이 아니라 일방적 충고만 가능합니다. 그래서 감정코칭 1~3단계를 여러 차례 반복하면서 아이의 감정을 충분히 듣고 공감해 주어야 합니다. 대기만성형인 아이들일수록 필요한 작업이지요.

평소 활달하고 행동이 빠른 김민철 선생님은 중학교에서 체육을 가르치고 있습니다. 김 선생님은 꾸물거리는 학생들을 보면 답답해서 호통을 치기 일쑤였습니다. 특히 반장인 윤석이는 답하는 데 시간이 걸리고 눈만 먼저 껌뻑거려서 답답하기 그지없었습니다. 하지만 감정코칭 연수에서 '한 박자 늦는' 기질이 있다는 것을 알게 된 후, 윤석이에게 말을 할 때는 호흡을 좀 천천히 하고 느긋해지려고 노력 중입니다.

또 다른 학생은 늘 혼자 있기를 좋아해서 축구나 농구같이 여럿이 하는 활동적인 운동을 시키려고 했습니다. 그런데 그 학생은 그런 운동을 무척 싫어했고, 김 선생님은 그 모습을 안타깝고도 한심하게 여겨왔습니다. 하지만 그 학생이 기질적으로 고반응적인 아이라고 생각하니 이해가 되었고, 크게 몸을 부딪치지 않고 할 수 있는 탁구나 배드민턴 같은 운동을 권했더니 잘하고 좋아했습니다. 이렇게 아이들에게 기질에 맞는 운동을 선택하게 하니 체육시간을 싫어하는 학생들이 없어졌다고 합니다.

아이의 기질에 적합한 양육법과 감정코칭법을 적용하면 아이들도 자신의 기질을 수용하면서 행복하게 자랄 수 있습니다.

감정코칭은 무작정 따라하는 기술이나 기교가 아니고, 한 가지 고정된 방법으로 하는 것이 아닙니다. 아이의 특성을 보고 타고난 기질을 이해한 후 거기에 맞춰서 유연하게 적용해야 합니다. 그래야 양육자와 아이 둘 다 만족할 수 있고 성장할 수 있습니다.

21장

아이의 발달단계를 따라가라

🌱 발달단계에 알맞은 감정코칭을 한다

기질과 함께 알아야 할 것이 아이의 발달단계입니다. 감정코칭의 목표는 아이를 바람직한 행동으로 이끌어주는 것입니다. 바람직한 행동이란 가장 윤리적인 행동이 아니라 아이의 생각이나 행동의 표현이 이전보다 발전하여 자신과 남에게 좀더 유익한 행동입니다. 즉, 감정코칭의 목표는 아이를 완벽한 인간으로 성장시키기 위한 것이 아니라 아이가 정상적인 발달단계를 거치며 발전할 수 있도록 도와주는 것입니다.

바람직한 행동은 아이의 나이, 즉 발달단계에 따라 다릅니다. 아이가 무언가를 자꾸 물어뜯는 경우, 나이가 두 살이면 정상적인 행동이지만, 열두 살이라면 문제가 있습니다. 그렇듯이 아이의 정상적인 행동은 연령별로 달라집니다. 물론, 정상의 범위를 폭넓게 잡고 유연하게 대처해야 하지만, 바람직한 행동의 '기준'은 알고 있어야 합니다.

영유아부터 초등학교 4학년까지의 아동들에 대해서는 저의 책 『내 아이를 위한 감정코칭』에서 자세히 다루었으므로 이 책에서는 사춘기가 시작되는 5~6학년부터의 발달단계를 살펴보겠습니다. 중학생은 초등학교 5~6년생이 보이는 특성이 좀더 극대화된 것으로 간주하면 됩니다.

사춘기 이전과 이후의 구분은 두뇌 발달상 전두엽의 리모델링 시기와 맞물린다는 것은 앞서 사춘기의 뇌에 대해 설명할 때 언급한 바 있습니다. 한 가지 고무적이고 희망적인 사실은 혹시 영유아기 때 애착 형성이나 감정 발달의 기회를 놓쳤더라도, 사춘기는 이를 회복할 수 있는 제2의 기회라는 점입니다.

사춘기 아이들의 발달단계 특성

아이가 노골적으로 어른의 말을 거부하고 자기주장을 하면 대개 "사춘기가 됐구나" 합니다. 요즘은 아이들이 먼저 "우리가 사춘기라는 걸 모르세요? 사춘기 땐 다 이렇게 반항하잖아요!"라고 말하기도 합니다. 초등학교 5~6학년은 그전의 아동기와는 신체적·정서적·사회적 발달 모습이 확연히 구분될 만큼 그 특성이 두드러지는 시기입니다.

물론 대개 5~6학년 때 이런 변화가 시작된다는 것이지 모두가 그런 건 아닙니다. 초등학교 4학년부터 사춘기가 시작되는 학생들도 있습니다. 학년으로 구분하기보다는 신체적·정서적·인지적 특성으로 구분하는 것이지요.

"다 알아요" 하는 태도를 보인다

이 또래의 아이들은 뭔가 설명해 주면 늘 "알아요" 합니다. 어른들 입장에서는 "네가 알긴 뭘 알아?"라고 말하고 싶어지죠. 아이의 입장에서는 아직 더 큰 세계를 경험해 보지 못했기 때문에 자신이 아는 것이 세상의 전부라고 여길 수 있습니다. "다 알아요"는 '나 혼자서도 알 수 있고 할 수 있다'는 뜻입니다. 하지만 그러기에는 아직 미숙하지요. 마치 좁은 우물 안에서는 모든 것을 다 아는 것 같지만 더 넓은 세상을 상상조차 못하는 '우물 안 개구리'와 같습니다.

"다 알아요" 한다고 해서 혼자 알아서 하게 두면 시행착오를 많이 할 수 있고, 엉뚱한 방향으로 간다는 사실을 모를 수 있습니다. 뒤늦게 깨우칠 때는 이미 너무 큰 손실이나 대가를 치렀을 수 있지요. 예를 들어, 성에 대해서도 아이들은 다 안다고 생각할지 모르지만, 그리고 어쩌면 인터넷을 통해 아는 부분이 많을지 모르지만, 대개는 호기심이 동하는 부분만 알고 있지 성에 대해 균형 있는 지식과 가치관을 형성하기 어렵습니다. 이럴 경우 아이에게 '네가 알아서 하라'거나 '네가 무슨 일을 하든 상관 안 하겠다'고 하는 것은 양육자로서 책임 있는 행동이 아닙니다. 결국 뒷감당이나 책임은 어른들의 몫일 수밖에 없고요.

한계를 시험해 보려고 교사나 부모를 힘들게 한다

청소년들은 한계를 시험해 보고 싶어 합니다. 강아지를 어릴 때 상자에 넣어 키우면 그 안에서 먹고, 놀고, 자고, 다 합니다. 그런데 조금 크면 밖으로 나오고 싶어서 기를 씁니다. 마찬가지로 이 나이가 되면 아이들은 자기가 알고 있는 세계 밖에 뭐가 있는지 굉장히 궁금해합니다. 하지 말라는 일은 어떤 일이 벌어질지 알고 싶어서 기를 쓰고 하려 듭니다.

이럴 때는 도전할 수 있는 미션을 주면 좋습니다. 자기가 경험한 한계를 조금 넘어서는 일을 해보게 하는 것이죠. 단, 안전한 테두리 안에서 할 수 있도록 해야 합니다.

함께 여행을 하는 것이 굉장히 좋습니다. 패키지 여행을 따라가서 짜인 대로 보고 먹고 자는 것보다는, 캠핑이나 등산을 가서 자신의 신체적·심리적·사회적 한계를 경험해 볼 수 있게 하는 게 좋습니다.

쉽게 상처받고 감정적으로 불안정하다

사춘기에는 쉽게 상처를 받습니다. 작은 꾸지람이나 오해에도 토라지고 기가 죽을 수 있습니다. 그리고 이때 받은 상처는 오래 남거나 깊은 후유증을 남길 수 있습니다. 집이 지어질 때 시멘트가 굳지 않은 상태에서 발자국이 남는 것과 비슷합니다. 따라서 어른이 먼저 자기진정으로 감정을 조절하고 나서 대해야 합니다. 그래야 본의 아닌 상처를 주지 않고 원활하게 소통할 수 있습니다.

감정 기복이 크고 조절이 잘 안 된다

칙센트미하이 교수가 1970~80년대에 다음과 같은 흥미로운 연구를 했습니다. 청소년들에게 호출기를 주고 잠자는 시간을 빼고 무작위로 하루에 열두 번 정도 연락을 해서 지금 무엇을 하고 있고 기분이 어떤지를 적게 했습니다. 그 결과, 청소년들은 10분, 15분 만에도 감정이 크게 변하는 것으로 밝혀졌습니다. 기분이 굉장히 좋았는데, 몇 분 만에 기분이 굉장히 나빠지기도 했습니다.

청소년기에는 이렇게 기분이 급상승하거나 급강하하고, 감정 기복이 심하고, 감정을 조절하기 힘든 것이 정상입니다. 따라서 양육자들은 청소년의 그때그때의 감정에도 주의를 기울여야 하지만, 더 큰 틀에서 가치와 의미 있는 일을 찾아서 청소년기를 잘 보낼 수 있도록 지도해야 합니다.

감정코칭이 도움이 되는 것은 아이가 감정으로 먼저 공감과 신뢰를 받으면 교사나 부모의 좋은 뜻을 받아들이기 쉬워지고, 설사 의견이 다르더라도 논의나 합의가 가능해지기 때문입니다. 아무리 의도가 좋아도 감정적 유대감을 쌓기 전에 행동을 고쳐주려 한다거나 당위적으로 강요하면 거부하고 더 비뚤어질 수 있습니다.

거부당하는 것에 대한 두려움이 크다

청소년기에는 거부당하는 것에 대한 부담과 고통이 굉장히 큽니다. 특히 또래집단들로부터 거부당하는 것은 굉장히 큰 상처가 됩니다. 달리 말하면 소속감이 무척 중요하다는 것입니다. 새 학년이 되어 반이 바뀔 때 아이들은 어느 그룹에 속할지, 누구와 친해지고 어느 집단에 속할지에 매우 민감합니다.

외교관 자녀, 군인 자녀, 교사 자녀같이 부모의 근무지가 자주 바뀌는 자녀들이 또래집단이나 학교에 소속감을 느끼지 못해 겪는 고충은 상상하기 어려울 정도로 큽니다. 따라서 초등학교 5학년 이후에는 이사나 전학을 신중히 결정해야 합니다. 이사나 전학이 부득이한 경우라도 가능한 한 신학기처럼 구성원들이 새로워진 상황일 때 하는 것이 좋습니다.

이 나이 때는 또래집단에 받아들여지느냐 거부를 당하느냐가 자아정체성 형성에 큰 영향을 미칩니다. 자신이 좋은 사람인가 싫은 사람인가, 인기가 있는가 혐오스러운가, 유능한가 무능한가 등 자기평가는 주로 또래의 반응으로 결정됩니다. 그만큼 이 시기에 또래관계는 굉장히 중요하고도 심각한 문제죠. 또래집단에 들어가기 위해서 담배를 피우거나 화장을 하는 등 좋지 않은 행동을 따라하는 것을 감수하기도 합니다.

이때 부모나 교사가 무조건 하지 말라고 하면 안 됩니다. 그러면 숨어서 하는데, 그건 더 위험합니다. 학교나 집에서 또래들이 어울릴 수 있는 기회를 주는 게 좋습니다.

미국 미시간 주의 어느 공립학교에서는 선생님들과 학부모님들, 그리고 지역의 후원자들이 힘을 모아서 일 년에 한두 번 정도 학생들이 파티를 열 기회를 줍니다. 학생들끼리 의논해서 밴드도 부르고, 춤도 추고, 다른 학교 학생들도 초대합니다.

학교 체육관에서 저녁 7시부터 새벽까지 소위 '올나잇 파티'를 하는데, 선생님들과 부모님들은 그저 멀찍이서 바라만 봅니다. 배 놔라, 감 놔라 간섭하지 않고 단지 학생들이 안전하게 노는지를 보면서 다른 학부형들과 담소를 나눕니다. 단, 술, 담배, 마약을 소지하고는 입장할 수가 없다는 것을 분명히 하고 이를 어길 시에는 즉각 퇴장이라는 조건이 붙습니다.

이런 공개되고 허용된 올나잇 학교 파티를 하기 전에는 학생들이 어른들 몰래 술, 담배, 마약, 섹스 등을 가까이 하는 경우가 있었지만, 공개 파티를 시작한 후에는 마약을 사용하는 일이 거의 없어졌고, 섹스나 혼전임신 등도 상당히 줄었으며, 아이들이 알코올을 남용하는 일도 무척 줄었다고 합니다. 청소년들의 비행으로 골치를 앓는 미국에서 이 학교의 우수 사례는 타 학교에서도 많이 본받고 있다고 합니다.

존경하는 어른과 자신을 동일시하려고 한다

이 나이 때는 존경하는 어른과 자신을 동일시하고자 합니다. 그래서 아이들이 존경하는 사람을 직접 만나보거나, 자기가 누군가에게 믿고 따를 수 있는 역할을 해보는 것은 무척 의미 있는 일입니다. 그런데 요즘 아이들이 존경하는 어른들은 대개 연예인입니다. 그게 나쁜 건 아니지만, 존경하는 어른들의 폭이 너무 좁지요. 그래서 멘토 프로그램 같은 것이 활성화될 필요가 있습니다.

미국에는 '빅브라더스 빅시스터스'라는 프로그램이 있습니다. 중·고등학교 이상의 학생이나 어른이 자신보다 나이가 어리고 사회경제적으로 열악한 환경에 있는 아이들에게 1 대 1로 형이나 언니 역할을 맡아서 6~12개월 동안 짝지어서 놀고, 운동도 하고, 음악회나 박물관도 가는 프로그램입니다. 아우들이 형이나 언니를 통해 더 넓은 세계를 접해볼 수 있는 프로그램이지요.

100년 이상의 역사를 지닌 프로그램인데, 미국 자선연구소(American Institute of Philanthropy)에서 최고 등급인 A+를 받을 만큼 우수성과 효과가 입증된 프로그램입니다. 이 프로그램에 참여한 대상자들을 장기적으로 관찰한 결과, 학교 중퇴율, 마약 사용률, 알코올 남용 등이 현저히 낮고,

학교와 사회에는 무척 잘 적응했다고 합니다. 놀라운 것은 수혜 대상 아동뿐만 아니라 형이나 언니 역할을 했던 학생들에게도 무척 좋은 영향을 미쳤다고 합니다. 남을 배려하고, 관심을 갖고, 놀아주고, 나누면서 자신이 가진 것에 대해 고마움을 느낄 수 있었기 때문입니다.

제가 우리나라의 한 시설에 있는 아이들에게 이 프로그램을 실시한 적이 있는데, 역시 좋은 결과를 얻었습니다.

어른들에게 비판적이다

사춘기에는 어른들에게 비판적이 되는데, 이 역시 건강하고 정상적인 발달상입니다. 이것은 나름대로 판단력과 이성적 사고력이 발달하기 시작한다는 표시입니다. 선생님의 작은 실수라도 발견하면 흥분하여 지적하려고 합니다. 선생님이나 부모님의 옷차림도 촌스럽다, 구식이다, 멋지다, 센스 있다 등등 평가하기를 좋아합니다. 가장 흔히 하는 비판적 행동은 어떤 특성을 한두 가지로 요약하여 만화로 그리거나 성대모사를 하거나 별명을 짓거나 하는 일입니다.

좀더 어릴 때는 인지능력과 비판능력이 없기에 보고 느낀 대로 행동하지만, 사춘기에 접어들면 본 것을 나름대로 요약·각색·평가·해석한다는 뜻입니다. 따라서 어른들에게 비판적이라는 이 시기의 특성을 무조건 나쁘다고 꾸짖거나 벌을 주면 비판력을 반항이나 저항 등 부정적인 방향으로 키울 수 있습니다.

반대로 비판력을 사고력의 발달 징표로 보고 사회적인 현상에 대해 토론하는 등 긍정적으로 활용하도록 이끈다면 아이는 건강하게 발달할 수 있을 것입니다. 부모님과 함께 뉴스를 보거나 신문을 보면서 사회적 이슈와 사건들에 대해 이야기를 나누는 것은 비판력을 건전하게 키우기에 아주 좋은 방법입니다.

이성을 짝사랑하는 경우가 흔하다

이때부터는 자연스럽게 이성 친구에게 새로운 감정을 느끼기도 하고 호기심을 느끼기도 합니다. 자신을 좋아할지 안 좋아할지 궁금해하면서 여러 가지 방법으로 테스트를 해보기도 합니다.

이때는 기호와 가치관 등이 뚜렷하게 형성되지 않은 상태라서 한두 가지 면만 보고 전부인 듯 좋아하다가, 사소한 것에 실망하고 토라져서 싫어하고 다툴 수도 있습니다. 가장 흔한 형태는 멀찍이서 혼자 좋아하는 감정을 지니고 그 감정을 혼자 테스트하면서 고민하고 상상에 빠지는 것입니다. 흔히 짝사랑이라고 하는 이런 행동도 이 시기의 특징입니다.

부모님과 선생님은 이런 모습을 이성관계와 사랑에 대한 '연습과 훈련' 과정으로 여기고, 이런 '홍역기'를 안전하게 지낼 수 있도록 해주는 게 좋습니다. 자신의 실패담이나 미숙했을 때의 이야기를 들려주면서 그것이 자연스런 성장과정임을 공감해 주는 것이 좋지요.

어떻게 하면 돈이 생길까 궁리한다

사춘기가 되면 행동반경이 확장되면서 친구들과의 활동과 왕성한 식욕, 호기심 등을 충족시키기 위한 연료인 돈이 필요해집니다. 또한 친구들과의 경쟁심도 커져서 옷과 신발, 휴대전화, 컴퓨터 등 소지품의 상표와 가격에도 민감해집니다. 원하는 것을 부모님이 사주지 않으면 스스로 살 궁리를 하고, 돈을 어떻게 구할까를 구체적으로 생각하기도 합니다.

미국에서는 이 나이쯤부터는 단순한 노동으로 용돈을 벌기도 합니다. 이웃집 잔디 깎아주기, 아기 돌봐주기, 개 산책시키기, 세차하기, 신문 배달하기 등이 용돈을 벌기 위해 하는 가장 흔한 일들입니다. 대부분의 한국 부모님들과 달리 미국 부모님들은 용돈을 그냥 주지 않고 어떤 일을 맡아서 책임 있게 완수했을 때 받는 것으로 인식하게 합니다.

한국에서는 아이들을 잘 먹이고 잘 입히고 멋있는 곳을 여행시키는 등 고급 소비자로 키우는 것을 잘 키운다고 여기는 듯합니다. 하지만 사춘기 아이를 정말 잘 키우려면 경제관념을 키워주고, 검소함이 몸에 배도록 하고, 건전하게 돈을 벌어서 현명하고 유용하게 쓸 수 있는 방법을 가르쳐주는 것이 훨씬 좋습니다. 잔소리를 열 마디 하는 것보다 훨씬 효과적인 방법은 부모님이나 선생님이 몸소 그렇게 실천하는 것이지요.

같은 나이라도 인지 발달과 정서 발달의 수준이 다르다

아이들의 신체적 연령이 같더라도 정신연령에는 차이가 날 수 있습니다. 같은 중학교 2학년이지만 영석이는 정서 발달이 초등학생 이하 수준이고, 선영이는 인지 발달이 거의 고등학생 수준입니다. 하지만 선영이는 감정 처리 부분에서는 영석이와 마찬가지로 미숙한 상태입니다.

신체적 발달과 인지적 발달, 그리고 정서사회적 발달이 항상 정비례하는 것은 아닙니다. 각각 다른 정도와 속도로 발달할 수 있고, 서로 무관할 수도 있습니다. 그런데 대개 신체 발육이 가장 눈에 띄므로 덩치가 큰 학생들은 정서적으로나 인지적으로도 더 발달했을 거라는 오해를 받을 수 있습니다. 학생 입장에서는 어른 대접을 받아서 좋을 수도 있지만, 미숙한 행동을 했을 때는 덩칫값도 못하냐고 핀잔을 들어서 억울하고 속상하기도 합니다.

부모님이나 선생님들은 아이의 신체 발달과 정서 발달 상태가 서로 다를 수 있음을 감안해서 키와 몸집이 작다고 어린애 취급을 하거나 좀 크다고 큰 기대를 하지 않는 게 좋습니다. 신체 발달 상태와 상관없이 모두 인격적으로 존중하면 됩니다.

아이의 발달상에 맞는 기대를 하라

한성율 선생님은 6학년인 딸 미진이가 최근 들어 부쩍 신경질과 짜증을 많이 내는 모습이 안타깝습니다. 원래 순하고 부지런하던 아이인데 갑자기 게을러진 것 같고 잠도 늘었습니다. 주말이나 방학 때는 깨우지 않으면 훤한 대낮까지 늦잠을 잡니다. 방은 엉망으로 어질러놓고 친구들과 어울려 노는 것만 좋아합니다.

주병호 선생님은 중2 과학을 가르치는데, 학생들이 까불고 장난칠 때는 어린아이 같고, 음란 동영상을 볼 때는 성인 못지않게 성적으로 발달한 것 같고, 공부할 때는 한심할 정도로 이해력이 떨어져서 종잡을 수가 없습니다. 아이인지 어른인지 짐승인지 괴물인지 천사인지 알 수가 없어서 거리를 두고 관망하는 편입니다. 가까이 다가가면 피곤한 존재들이니까요.

함세형 선생님은 고2 담임을 맡고 있습니다. 여학생들이라 신체적으로는 이미 성숙한 여성인데, 짧은 교복 치마에 상의를 꽉 조이게 입은 모습을 보면 눈길을 어디에 둬야 할지 난감합니다. 그런데 학생들과 이야기를 나눠보면 어리광을 피우는 것인지 철부지인양 연기하면서 원하는 것을 얻으려고 하는 것인지 헷갈릴 때가 있습니다. 고민거리를 듣다 보면 무슨 일에 대한 고민인지 이랬다 저랬다 해서 그냥 듣는 체만 하고 마는 경우가 많습니다.

위의 세 선생님은 초등학교 6학년, 중학교 2학년, 고등학교 2학년 자녀나 학생을 두고 관심사와 걱정이 얼핏 다른 것 같지만 공통점이 있습니다. 아이의 발달단계상 지극히 정상인 특성을 문제로 본다는 것입니다.

6학년 미진이는 전두엽이 리모델링 중이라 잠이 늘고 짜증이 늘면서 잔소리를 듣기 싫어하는데, 이 역시 이 시기의 전형적인 모습입니다.

중2 남학생들은 성욕, 식욕, 감정을 관장하는 변연계는 발달했지만 전두엽은 미성숙하여 이해력이 떨어지고, 집중도 잘 못하고, 장난치고 감각적인 것에만 예민한 '변연계 전성기'입니다.

고2 여학생들은 신체적으로는 거의 성숙한 여성입니다. 예전 같으면 아이도 낳고 수유도 할 수 있는 나이입니다. 인지적으로도 성인 못지않은 기억력과 이해력을 갖출 수도 있습니다. 하지만 사회적인 책임감이나 경험이 부족하여 작은 일도 심각하게 고민하거나 큰일도 단순하게 속단하는 경향이 있습니다.

세 선생님은 감정코칭 연수 중 발달단계상 특징에 대해 배우면서, 자신들이 지금까지 어른의 기준으로 아이들에게 '침착해라, 조심성 있어라, 삐치지 마라, 부지런해라, 방 치워라, 일찍 자고 일찍 일어나라, 먼 훗날을 내다봐라' 등 걱정과 잔소리를 해왔다는 사실을 깨달았습니다. 그리고 '학생들의 눈높이에 맞춘다'는 게 무슨 뜻인지 알 것 같다고 합니다.

연령별 발달상에 적합한 기대를 하고 그에 따라 양육하는 것은 부모님과 선생님, 아이들 모두가 성장과정을 좀더 여유롭고 긍정적으로 경험할 수 있는 토대입니다.

22장

아이의 가정환경을 보라

🌱 환경을 아는 것이 감정코칭의 출발

선생님이셨던 저희 어머니는 초년 교사이던 시절, 학생들은 학교에 오기 전에 집에서 당연히 누가 머리도 땋아주고, 밥상도 차려주는 줄 아셨다고 합니다. 그런데 반 학생 중 한 명이 거의 매일 지각을 하고, 손톱도 지저분하고, 머리도 부스스한 채 오더랍니다. 그래서 그 학생에게 "학교에 올 때는 깨끗하게 씻고 손톱도 잘 깎고 머리도 단정하게 빗고 와야지"라고 얘기하셨답니다.

나중에 그 학생 집에 가정방문을 가보니, 어머니가 돌아가셔서 학생이 집안일을 하며 동생들까지 돌보고 있었습니다. 동생들을 다 챙기고 나서 학교에 오다 보니 늦게 되었고, 몸단장을 제대로 할 경황이 없었던 것이지요.

그때 어머니는 눈에 보이는 것만으로 아이들을 판단하면 안 되며 아이의 환경을 봐야 한다는 걸 깨달으셨다고 합니다.

우리는 아이가 나이에 걸맞지 않은 행동을 하거나 상식 밖의 행동을 하면 어이없어 합니다. "도대체 어떻게 된 애가 저런 행동을 할 수가 있을까?" 도저히 이해를 할 수 없을뿐더러 이해해서는 안 될 것처럼 느껴집니다. 가끔 감정코칭은 바로 이렇게 이해 불가한 상태에서 시작합니다.

잘 알다시피 감정코칭은 다섯 단계를 거치는 '과정'입니다. 과정에는 시작(출발점)과 끝(목적지)이 있습니다. 감정코칭의 끝은 아이의 발달단계를 고려한 바람직한 행동입니다. 끝까지 잘 가기 위해서는 먼저 출발점을 잘 알아야 합니다. 그 출발점은 바로 아이의 환경을 아는 것입니다.

여러 번 강조했듯이 감정코칭을 할 때는 3단계와 4단계를 간단하게 거쳐서 5단계로 가서는 안 됩니다. 3, 4단계를 수차례 되풀이하면서 아이의 감정에 공감해 주어 아이가 말을 하도록 이끌어주고 기다려주어야 합니다. 아이의 사정을 듣고 진심으로 이해가 되어야 비로소 5단계로 진입하여 아이가 공감하고 동의할 수 있는 바람직한 행동으로 안내할 수 있습니다.

이 과정을 상당히 단축시킬 수 있는 것이 아이가 처한 환경을 아는 것입니다. 아이의 감정과 행동은 상당 부분 아이의 환경(특히 가정환경)의 결과이기 때문이지요.

선영이는 기본적으로 불만스러운 표정을 하고 있었습니다. 늘 인상을 쓰고 있어서 미간에 주름이 잡혀 있었고, 말투는 상당히 호전적이고 입은 반쯤 튀어나와 있었습니다. 그런 뿌루퉁한 얼굴 표정으로 말대꾸하는 모습을 보면 한 대 쥐어박고 싶은 생각이 절로 들었지요. 하지만 유민정 선생님은 참아낼 수 있었습니다. 선영이의 가정환경을 알았기 때문입니다.

만일 자신의 부모가 선영이의 부모처럼 밤낮으로 싸우고 버럭 화부터 낸다면, 그리고 자신이 선영이처럼 온종일 공부만 해야 하고, 주말에도 혼자 밥을 먹어야 하고, 사춘기의 고민을 의논할 사람도 없고, 새롭게 보이는 세상에 호기심이 생겨서 '왜'라고 질문해 봐야 야단만 맞는다면, 자기라도 외롭고, 혼란스럽고, 짜증스러울 것 같았습니다.

예전에는 가정환경이라고 하면 주로 부잣집인지 가난한 집인지를 생각했습니다. 텔레비전이 있느냐 없느냐, 냉장고가 있느냐 없느냐 등으로 가정환경 조사를 하기도 했습니다. 그렇게 과거에는 주로 경제적 수준으로 환경에 차이가 나타났다면, 요즘은 다릅니다. 정서적으로 풍요로운지 빈곤한지에 따라 가정환경이 많이 달라집니다.

부부가 얼마나 화목하게 지내느냐, 얼마나 갈등하고 서로 미워하느냐에 따라 아이들의 정서상태가 달라집니다. 정서적으로 풍요로운 아이들은 명랑하고, 너그럽고, 여유가 있고, 잘 웃고, 긍정적이고, 희망적이고, 낙관적이지요. 반대로 정서적으로 빈곤한 아이들은 짜증이 많고, 우울하고, 불안하고, 비관적이고, 화를 잘 내거나 잘 웁니다.

그래서 아이가 처한 정서적 환경을 눈여겨볼 필요가 있습니다. 그런데 안타깝게도 우리나라는 해체 가정이 증가하고 있습니다. 2003년에는 이혼율이 아시아 1위를 기록하기도 했습니다. 그후 세계 최고 수준으로 올라갔다가 지금은 조금 머뭇거린다고 하지만, 역시 해체 가족이 굉장히 많고, 그 결과 정서적으로 힘든 아이들도 많이 있습니다.

부부를 보면 아이의 행복이 보인다

아이들의 환경을 아는 데 가장 중요한 것은 그들의 엄마와 아빠의 관계를 보는 것입니다.

가트맨 박사는 부부에 대해서도 많은 연구를 했습니다. 가트맨 박사는 30대 초반에 부인에게 이혼을 당했는데, 그 이유를 알 수 없어 몹시 괴로웠다고 합니다. 아내가 '당신과는 정말 못 살겠다'고 하니까 '아니, 나같이 머리 좋고 마음씨 좋은 사람이랑 못 살겠다니, 도대체 이게 웬일인가?' 하고 충격을 받았다지요. 그러던 차에 교수 식당에서 밥을 먹다가 역시 최근에 이혼을 했다는 다른 젊은 교수와 이야기를 나누게 되었습니다.

그 동료는 로버트 레빈슨 교수였는데, 두 사람 모두 자신들이 이혼당한 이유를 알 수가 없었습니다. 그래서 두 사람은 어떻게 하면 행복하고 안정적인 결혼생활을 할 수 있는지 답을 찾아보기로 했습니다.

처음에는 도서관에 가면 답이 나올 거라 생각했습니다. 도서관에서 결혼과 가족에 대해 자료를 찾아보았습니다. 70년대 초반이던 당시에 결혼, 가족, 이혼에 대한 논문이 2천 편쯤 있었는데, 그중 과학적으로 연구되었다고 볼 수 있는 건 거의 없었고, 상관관계를 연구한 것도 일곱 편밖에 없었습니다. 나머지는 주로 인터뷰 결과를 갖고 해석을 붙이거나 추측한 것이었죠.

결국 두 사람은 결혼과 이혼 문제를 과학적으로 연구하기로 결심하고, 40년 가까운 시간 동안 3천 쌍을 과학적으로 관찰하고 다양한 요인들을 정밀 분석하며 추적 연구를 실시했습니다. 그렇게 해서 나온 결과를 가지고 관계치료를 하고 교육을 하면서, 부부의 관계가 자녀에게 영유아기부터 얼마나 지대한 영향을 미치는지를 확실하게 깨달았습니다. '결혼은 과학이다'라는 결론을 얻게 된 것이죠.

이혼의 예측 인자

가트맨 박사는 무엇이 이혼을 불러오는지 알아내기 위해 부부가 대화하는 내용이나 억양, 음성, 표정, 자세, 심장 박동수, 맥박의 흐름, 스트레스의 양까지 모두 과학적으로 조사했습니다. 그리고 조사 결과를 토대로 상관계수를 맞춰보니 성격은 이혼과 무관하다는 결론이 나왔습니다. 흔히 생각하는 것과 달리 성격 차이가 이혼의 원인이 아니라는 것이죠. 가트맨 박사는 부부는 성격 차이가 아니라 싸우는 방식 때문에 이혼한다는 것을 알아냈습니다.

부부가 대화하는 모습을 15분 정도만 보면, 그들이 이혼을 할지 안 할지를 94퍼센트의 정확도로 알아맞힐 수 있습니다. 심지어 아이의 소변 속 스트레스호르몬의 양만 봐도 아이의 부모가 이혼할지 안 할지를 예측할 수 있습니다. 부모가 싸우고 갈등하면 아이의 몸에서 스트레스호르몬이 다량 검출되기 때문이죠. 스트레스호르몬은 지속력이 있어 간밤에 부모가 다퉜다면 그 다음 날 학교에 와서까지 아이는 스트레스에 시달립니다.

부부들을 신혼 때부터 쭉 추적 연구를 해보니, 사이가 괜찮던 부부도 첫 아이를 낳은 뒤 3년 안에 관계가 급속도로 나빠지는 경우가 많았습니다. 세 쌍 중 두 쌍이 사이가 나빠지는데, 적대감이 급속히 증가하고, 스트레스도 급속히 올라가고, 대화는 급격히 줄어드는 등 관계가 아주 나빠졌습니다. 그 가장 큰 원인이 무엇일까요?

바로 '피로'입니다. 수면 부족 때문이지요. 돈 문제나 다른 문제는 차치하더라도 신생아를 둔 부부는 아이를 돌보느라 숙면을 취할 수가 없지요. 수면 부족이 부부의 관계에 어느 정도 영향을 미치는지 보기 위해 미국에서 대학생들을 대상으로 유사한 실험을 한 적이 있습니다. 살림도 안 하고 돈도 안 벌지만, 신생아와 비슷한 생체리듬으로 자고 깨고 우는 아기 인형을 주고 한 달 동안 모의 신생아 부모 역할을 해보도록 하자, 한 달 만에 대학생들이 우울증에 빠졌습니다.

잠을 제대로 못 자는 것만으로도 신생아를 둔 부모들은 굉장히 많은 스트레스를 받고, 관계가 아주 나빠집니다. 조사에 따르면, 산후우울증에 걸린 엄마의 비율이 출산 후 1년 만에 25퍼센트에서 62퍼센트로 껑충 뛰었습니다.

놀랍게도, 출산이나 수유로 인한 호르몬의 변화가 없을 텐데도 불구하고 신생아 아빠들의 33퍼센트가 산후우울증에 걸렸습니다. 회사는 회사대로 힘들고, 집에 오면 아내가 지쳐 있고, 걸핏하면 울고, 잠도 잘 못 자고 하니 아빠도 우울증에 빠지는 것이죠. 그렇게 우울증이 있는 두 사람이 같이 지내다 보니 갈등을 겪게 되면서 심한 경우 이혼까지도 하게 되는 것입니다.

🌱 부모의 갈등이 자녀에게 미치는 영향

가트맨 박사는 부모가 갈등을 겪고 급기야 이혼까지 했을 때 아이에게 어떤 영향을 미치는지도 추적 조사를 해보았습니다. 그 결과, 생후 3개월 밖에 안 된 아기도 부모의 사이가 나쁘면 더 많이 울고, 더 많이 보채는 것으로 나타났습니다. 엄마와 아빠가 무엇 때문에 싸우는지 이유를 몰라도, 부모의 언성만 높아져도 6개월 된 아이의 소변 속에서 스트레스호르몬이 다량 검출된다는 것이 밝혀졌습니다.

부부싸움을 하는 부모도 힘들지만, 그것을 보고 들으며 심장으로 느끼는 아이들이 겪는 고통도 엄청납니다. 그것도 하루 이틀이 아니라면 더 심각하겠죠. 부모의 갈등을 목격하는 것은 아이에게 심각한 트라우마가 될 수 있습니다. 어린 나이에 스트레스를 받으면 뇌가 제대로 발달하지 못합니다. 생명을 유지하는 뇌간 쪽으로 자꾸 피가 가기 때문에, 언어 발달, 정서 발달, 신체 발달, 사회성 발달이 모두 지연됩니다.

그렇다면, 부모의 갈등과 이혼이 자녀에게 어떤 좋지 않은 영향들을 미치는지 구체적으로 살펴보겠습니다.

스트레스에 취약해진다

생후 첫 1년 동안 뇌하수체에서부터 신체 각 부위로 호르몬 체계가 연결되는 도로망이 형성됩니다. 그 시기에 그 도로망으로 너무 많은 스트레스호르몬이 지나가면 오솔길로 탱크가 지나가는 것과도 같습니다. 그러면 도로망이 제대로 튼튼하게 깔리지 못하므로 청소년기가 되어도 스트레스 상황이 되면 혼란스러워하고 고통스러워합니다. 어른들이 보기에는 별것 아닌 일에도 힘들어합니다. 영유아기 때, 혹은 엄마 뱃속에 있을 때부터 너무 많은 스트레스호르몬이 배출되었기 때문입니다.

작은 스트레스에도 과격하게 반응하며 위축되거나, 공격적이 되거나, 충동적이 되고, 신체 각성을 조절하기 어려워집니다. 걸핏하면 울거나 화내거나 싸우다 보니 부모님이나 선생님들에게 자꾸 꾸지람을 받게 되고, 또래관계가 나빠지며, 집중해서 공부하기도 어려워집니다. 이런 학생들이 중학교에 가면 술과 담배를 일찍 시작하고, 학교 중퇴율도 높으며 성행위와 임신 등을 더 많이 하는 것으로 조사되었습니다.

뇌과학에 따르면, 아동기까지는 부모 사이가 좋았더라도 청소년기에 부모 사이에 심각한 갈등과 불화가 있다면 아이에게 깊은 상처와 후유증을 남길 수 있습니다. 청소년기는 전두엽이 리모델링하면서 감정을 관장하는 변연계가 아주 예민한 시기이기 때문입니다. 전두엽의 리모델링 자체만으로도 집을 새로 짓는 것과 같은데, 거기에 충격까지 가하면 집이 지어지는 데 무리가 생기고, 후유증도 오래갑니다. 당시에는 별로 표가 나지 않고 지나갔다 하더라도 눈에 보이지 않는 깊은 구조적 문제를 훗날 발견하게 될 수도 있습니다.

또래관계가 나빠진다

스트레스에 취약해지다 보니 또래관계도 안 좋아집니다. 친구들하고 자주 다투고, 친구들의 장난을 잘 받아주지 못합니다. 청소년기에는 친구들을 놀리는 걸 아주 좋아합니다. 키가 크면 크다고 놀리고, 작으면 작다고 놀리고, 눈이 크면 왕눈이라고 놀리고, 작으면 새우눈이라고 놀립니다. 정서적으로 안정돼 있고 넉넉한 아이들은 장난을 재미있게 받을 수 있지만, 정서적으로 취약한 아이들은 그런 장난이 자기를 공격하는 것 같으니까 짜증을 내고, 화를 내고, 울고, 토라집니다. 그러면 친구들은 더 놀리기 일쑤입니다. 그러다 보니 더 많은 상처를 받게 되고, 또래관계가 아주 나빠지기도 합니다.

요즘 우리나라에서도 학생들 사이의 집단따돌림, 소위 왕따 문제가 심각한데, 미국에서도 왕따는 심각한 문제입니다. 가트맨 박사가 조사해 보니, 왕따를 당하는 학생들은 자신이 왕따를 당하는 이유가 못생겨서, 가난해서, 운동을 못해서, 허약해서, 공부를 못해서, 또는 공부를 너무 잘하거나 너무 잘나서 등으로 알고 있었습니다. 하지만 실제 연구 결과, 왕따를 당하는 학생들의 공통점은 감정적으로 미숙하고 인간관계에 서툴며 감정 조절을 잘 못하고 공감능력이 부족한 것이었다고 합니다.

부모가 갈등이 심하거나 헤어지면 자녀들은 공감과 관계의 기술을 잘 배우지 못할 수 있습니다. 감정적인 조율을 잘 못하고 싸우거나 도피해 버리니 또래관계가 나빠질 수 있습니다. 또한 자신감의 결여, 표현력의 부족, 열등감, 정서적 불안 등으로 전반적으로 인간관계에 미숙해질 수 있습니다.

학습에 집중하지 못한다

학습에 집중을 잘 못하고, 그러다 보니 학교 가는 게 재미가 없습니다. 그러니 지각이나 결석이 늘고, 정학, 퇴학, 자퇴가 증가합니다.

미국에서는 학생들의 학력이 너무 낮아서 정부에서 고민 끝에 좋은 학교도 짓고, 시설도 확충하고, 선생님들을 훈련하는 등 여러 가지 정책을 실행했지만 효과가 없었습니다. 미국 학생들은 전반적으로 다른 OECD 국가들의 학생들에 비해 학력이 낮습니다. 고등학교를 졸업하고도 책을 못 읽거나 구구단을 외지 못하는 아이들도 많습니다. 그래서 연구를 해보니, 자녀의 학업 성취도의 가장 큰 예측 인자가 부모가 얼마나 안정적으로 행복하게 사느냐 하는 점으로 밝혀졌습니다. 부모의 관계를 보면 자녀의 학교생활뿐 아니라 훗날 자녀가 직장생활을 어떻게 할지까지도 예측할 수 있다고 합니다.

빈곤층으로 살아갈 확률이 높아진다

부모의 이혼은 자녀가 훗날 빈곤층으로 살아갈지 여부를 예측해 주기도 합니다. 부모가 이혼하면 적지 않은 자녀들이 방황하게 됩니다. 방황하면서 학교를 그만두는 일이 흔합니다. 집에 '새엄마, 새아빠' 같은 사람이 있으니 집에 들어가기가 싫어지고, 집 밖을 떠돌다가 비슷한 상황의 아이들끼리 밤낮으로 몰려다닙니다. 그러다가 비슷한 아이들끼리 만나서 동거하고, 변변한 직업도 없다 보니 최하층으로 전락하게 됩니다. 이렇게 부모의 이혼으로 인해 학교를 중퇴하고 실업과 동기 부족 등으로 빈곤층으로 전락하는 비율이 20퍼센트나 된다고 하니, 특정 극소수에 해당되는 예외적인 문제는 아닙니다.

결혼을 두려워하게 된다

갈등이 심하거나 이혼한 부모의 자녀들이 지닌 또 하나의 특성은 결혼을 두려워한다는 점입니다. 결혼했다가 부모처럼 싸우다 헤어지면 어떡하나 생각해서 결혼을 두려워합니다.

일반적으로 보면 부부의 행복도는 신혼 때 제일 높다가 첫아이를 낳고 떨어지기 시작하여 그후 계속 떨어집니다. 막내가 스무 살이 될 즈음이 부부 사이가 최악입니다. 그러다가 막내가 대학에 가거나 취업하여 부부만 남으면 관계가 차츰 회복되어 유턴 곡선을 그립니다. 그런데 부부가 관계를 회복하지 못하고 이혼을 하면, 아이 입장에서는 부모가 싸우는 것만 보았으니 행복을 회복하는 그림이 그려지지 않습니다. 그러니까 최악의 상황이 되기 전에 일찌감치 헤어지자고 생각하게 되죠.

정이 깊이 들까 두려워 사람을 사귀기 어려워하고 정이 들만 하면 헤어지는 사람도 있습니다. 그런 습성을 애착불안이라고 합니다. 혼자 짝사랑을 할 뿐 상대가 함께 좋아하면 버겁고 부담스럽게 여기는 경우도 있습니다. 이렇게 부모의 갈등은 자녀의 연애관과 결혼관에 무척 부정적인 영향을 미칩니다.

건강과 평균수명에 악영향을 미친다

부모의 나쁜 관계는 또한 자녀의 건강에도 영향을 미칩니다. 예를 들어, 부부 사이가 좋지 않은 가정의 자녀들은 뼈가 잘 자라지 않고 다리도 짧은 경우가 많은데, 스트레스호르몬이 뼈에서 무기질을 흡수하는 걸 방해하기 때문이라고 합니다.

미국의 한 보험회사에서 조사한 바에 따르면, 응급실에 실려 오는 아이들은 부모의 갈등이 심하거나 이혼한 경우가 많다고 합니다. 또한 그런 경우 자녀의 평균수명도 감소된다고 합니다. 1910년 전후에 태어난 영재들을 장기적으로 연구한 터먼 연구에서 보니, 부모가 이혼했던 사람들은 평균수명이 4년 짧고, 본인이 이혼했던 사람은 8년 짧은 것으로 밝혀졌습니다.

심리면역생리학 연구에 의하면, 스트레스를 받으면 심리적·신체적 면역력이 저하되어 감염성 질병에 걸릴 확률이 높아지고, 수술 후 회복기간도 더 길다고 합니다. 아토피, 류마티스 관절염, 고혈압, 당뇨, 천식 등이 스트레스와 밀접한 관계가 있는 것은 수많은 의학연구에서 밝혀진 바입니다.

🌱 부부가 행복해야 아이도 행복하다

얼마 전에 심리학과 심리치료를 선도하는 미국 에살렌연구소(Esalen Institute)의 고든 휠러(Gordon Wheeler) 박사님과 이야기를 나눌 기회가 있었습니다. 휠러 박사에 따르면, 미국에서 전례 없이 이혼율이 높아졌던 시절, 천문학적인 돈을 들여 여러 프로그램을 실시했다고 합니다.

연방정부와 주정부가 지원한 공공프로젝트도 있었고, 기업에서 후원하는 프로그램도 있었고, 교회나 단체 또는 개인이 만든 프로그램도 있었는데, 그중 상위 1,000개 정도 되는 프로그램들의 비용 대비 효과를 연구해 보았다고 합니다. 투자 대비 효과가 가장 높았던 게 무엇일까요? 바로 부모교육이었다고 합니다.

부엌 바닥에 물이 넘쳐흐르면 바닥을 닦는 것도 급하지만, 우선 수도꼭지부터 잠가야 합니다. 수도꼭지는 잠그지 않고 계속 바닥만 닦으면 한도 끝도 없습니다. 마찬가지 이치입니다. 아이의 문제를 해결하려면 부모에 대한 교육을 병행해야 합니다. 부모만 교육해도 아이의 문제가 해결되는 경우도 있습니다. 그 정도로 부모교육은 효과가 큽니다.

가트맨 부부치료

가트맨 부부치료는 과학적이고 체계적이며 그 효과가 검증된 세계 최고의 부부치료 방식입니다. 이를 바탕으로 한 부모교육의 대표적인 예가 '조금씩, 자주 사랑을 표현하라'는 가트맨식 부부 감정코칭입니다.

가트맨 박사는 40여 년간 3,000쌍이 넘는 커플을 연구한 후, 망가진 부부 사이를 고치는 것보다는 망가지지 않도록 예방하는 것이 훨씬 중요하다는 걸 깨달았습니다. 특히 첫아이를 낳고 사이가 급속도로 망가진 시기에 빨리 예방교육을 하는 것이 부부에게도, 아이에게도, 학교에게도, 기업에게도, 국가에게도 좋을 거라고 생각했습니다.

가트맨 부부치료를 행하니 부모들이 자기진정을 빨리 할 수 있게 되었을 뿐 아니라, 그 자녀들도 놀라거나 슬플 때 자기진정을 훨씬 더 빨리 할 수 있었다고 합니다. 그리고 외부의 자극에 안정적으로 대처하게 되고, 집중력이 높아지고, 그 결과 공부를 더 잘하게 되었다고 합니다.

행복씨앗 프로젝트

저희 부부는 2010년 여름부터 '행복씨앗 프로젝트'라는 것을 시작하여 제게 훈련받은 가트맨 부부치료사들, 감정코칭 강사들과 함께 가정 해체 방지를 위한 교육을 실시하고 있습니다. 부모가 이혼했거나 외도나 폭력이 있던 가정에서 자란 자녀들과 저소득층 및 저학력층 사람들에게 무료로 이틀간 교육을 합니다.

가트맨 방식 치료법 외에 저희가 개발한 여러 방식들, 심뇌과학, 자기진정법, 정서지능 등을 교육하고, 감정코칭을 실천할 수 있도록 연습합니다.

행복씨앗 교육을 받기 전과 후에 스트레스 검사를 하는데, 이틀간 교육을 받고 나면 놀랍도록 스트레스가 떨어집니다. 그리고 부부 사이뿐 아니라 자녀들이나 부모님과의 관계가 좋아지고, 그런 상태가 장기간 지속됩니다. 행복씨앗 무료 교육을 받기를 원하시는 분들은 www.handanfamily.com을 참고하시기 바랍니다.

우리나라는 세계적으로 교육열이 높고, 학부모들은 자녀를 위해 좋다는 것은 많은 비용과 희생을 감수하고라도 합니다. 엄청난 사교육비 지출과 '기러기 아빠'가 그 좋은 예지요.

하지만 부모의 관계의 질이 자녀에게 전반적이고도 장기적인 영향을 미친다는 것은 알고 있을까요? 자녀를 학원에 보내거나 해외로 어학연수나 유학을 보내기 전에 부부가 관계의 기술을 배우는 것이 장기적으로 아이의 행복과 성공에 더 도움이 됩니다. 아이가 안정되고 행복한 가정에서 자라는 것이 아이들을 위해 부모가 해줄 수 있는 최고의 선물입니다.

23장

아이의 애착형성상태를 확인하라

애착형성상태를 알면 아이의 과거가 보인다

창민이는 친구들을 수시로 괴롭혔습니다. 친구들이 느끼는 괴로움과 고통을 전혀 느끼지 못했습니다. 집중력이 떨어지고 산만해서 선생님의 주의를 자주 받는 편이지만, 미움을 받지는 않았습니다. 붙임성이 있어서 선생님들에게 잘 대하는 면이 있었기 때문입니다. 특히 여선생님들에게 잘했고, 유민정 선생님한테는 귀찮을 정도로 많은 관심을 보였습니다.

창민이는 애착형성이 제대로 되지 않은 아이였습니다. 부모님이 맞벌이를 해서 태어나자마자 외할머니에게 맡겨졌는데, 1년 후에 외할머니가 갑작스럽게 돌아가셨습니다. 그후 몇 달간 이 사람 저 사람에게 맡겨졌다가 도우미 아줌마에게 맡겨졌는데, 아줌마는 창민이를 방치했습니다. 기어다닐 때는 화장실에 가둬놓고 돌아다니지 못하게 했고, 두 살 정도가 될 때부터는 온종일 텔레비전 앞에 앉혀놓고 만화영화를 틀어주었습니다. 세 살부터는 어린이집에 다녔는데, 이사를 하거나 어린이집이 문을 닫는 등 여러 이유로 학교에 들어가기 전까지 어린이집과 유치원을 수차례 옮겨 다녔습니다.

창민이 인생의 첫 5년간 주 양육자가 열댓 명은 되니, 평균적으로 넉 달마다 주 양육자가 바뀐 셈입니다. 창민이의 입장에서 본다면 한 양육자에게 겨우 적응하고 안정되려고 하면 헤어지고 새로운 양육자를 만나고 한 것입니다.

분리불안이 가장 심한 돌 전후에 외할머니를 잃고 애착손상을 입었고, 그런 상태에서 여러 명의 양육자에게 맡겨지면서 애착이 제대로 형성되지 못했습니다. 그래서 사람에 대한 근본적인 신뢰감이 없었습니다. 지속적인 인간관계를 맺기를 포기한 상태였고, 순간만 잘 넘기면 된다고 생각했습니다. 하지만 누군가로부터 관심을 받고 의지하고 싶은 본능적 욕구는 있었지요. 굶은 사람이 밥을 보면 정신을 못 차리듯이 자신에게 조금이라도 관심을 보여주는 유민정 선생님이 마냥 좋았습니다. 사춘기 남학생으로서 젊은 여선생님에게 이성적 매력을 느끼는 것이라기보다는 모성애를 느낀 것이었습니다.

창민이가 자라온 배경과 환경을 알게 되면서 유민정 선생님은 어떻게 대처해야 할지 고민이 되었습니다. 애착미형성에서 비롯된 문제는 방치했다가는 더 심각해질 수 있기 때문이었지요.

아이의 정서상태를 이해하려면 아이의 환경, 특히 가정환경을 알아야 한다고 했습니다. 그다음으로 중요한 것은 아이의 애착형성상태를 아는 것입니다. 부모 간의 관계와 부모와 자녀 사이의 관계가 아이가 '현재' 처한 환경이라면, 아이의 애착형성상태는 아이가 '과거'에 처해 있던 환경이라고 할 수 있습니다.

영유아기(특히 0~2살 사이)의 환경은 이후 아이의 삶에 지대한 영향을 미칩니다. 영유아기에 한 명의 양육자와 안정적인 관계를 맺지 못하고 방치되었거나 이 사람 저 사람에게 맡겨져 애착이 제대로 형상되지 못한 아이들은 애착손상을 입고 분리불안을 느낄 수 있습니다.

아기와 엄마의 사이는 세상에서 제일 가깝다고 볼 수 있는데, 요즘은 이런 자연스러운 모습이 여러 가지에 의해서 방해를 받습니다.

저는 약 27년간 미국에 있다가 2005년에 한국에 돌아왔습니다. 한국에 돌아와서 조금 놀라고 걱정스럽게 느낀 부분이 아이를 낳으면 산후조리원에서 일정 기간을 보내는 것이었습니다. 물론 산모가 아기를 낳은 후 편하게 쉬고 마사지도 받고 하는 것이 나쁜 것은 아닙니다.

하지만 아기의 입장에서 산후조리원은 어떨까요? 신생아들은 놀라울 정도로 민감하게 주위 환경을 감지하고 반응합니다. 양육자와 애착을 형성하기 위해 시각, 청각, 후각, 미각, 촉각 등이 왕성하게 작동합니다.

그런데 엄마 얼굴은 잠깐씩만 볼 뿐, 대부분의 시간을 강보에 싸인 채 플라스틱 바구니에 담겨 다른 아기들과 나란히 누워 지냅니다. 아기의 초기 애착이 생모, 생부와 형성되기 어렵습니다. 배고플 때 응답을 못 받기도 하고, 곤하게 잠들어 있을 때 느닷없이 '일정'에 따라 수유를 받기도 합니다. 이러는 사이에 아기 각자의 고유한 생체리듬은 무시당하고, 엄마와 아기와 연결되어야 할 시간을 놓칩니다. 그렇게 애착형성에 문제가 생기면 이후 삶에 부정적인 영향을 미치게 됩니다.

애착형성에 대한 연구들

애착형성의 중요성과 애착손상이 불러올 수 있는 문제점들에 대해서는 오래전부터 많은 연구가 있어왔습니다. 신생아는 듣지도 보지도 못하고 아무것도 모를 것 같지만, 그렇지 않습니다. 미국 워싱턴대학교의 앤드류 멜조프(Andrew Meltzoff) 교수가 연구한 결과, 태어난 지 42분밖에 안 된 아기도 다른 사람의 표정을 따라합니다. 어른이 아기를 보며 혀를 내밀면 아기도 혀를 내밀고, 어른이 입을 벌리면 아기도 입을 벌립니다. 다만 두뇌의 시각피질과 운동피질 등 각 부분의 회로가 아직 연결이 안 되어서 눈으로 본 것을 따라하는 데 약간의 시간이 걸릴 뿐입니다.

신생아 연구 분야의 선구자인 하버드대학교의 베리 브레이즐턴(Berry Brazelton) 교수에 의하면 신생아가 학습하기 좋은 최적의 시간이 있습니다. 그런 시간을 '조용히 깨어 있는 상태'라고 하며, 이 상태를 다 합하면 하루 24시간의 10퍼센트라고 합니다. 그런데 그 시간은 하루 중 여러 번에 나뉘어 잠깐씩 일어나기 때문에 언제일지를 알 수 없습니다. 그래서 엄마가 가능한 한 아기와 하루 종일 함께 있어야 한다는 겁니다. 아이가 잠을 잘 때, 배고파서 울 때, 졸릴 때가 아닌 '조용히 깨어 있을 때'가 바로 양육자와 연결하는 시간인데, 엄마 아빠가 곁에 없으면 그 귀한 시간을 놓치는 겁니다.

에드 트로닉(Ed Tronick) 박사도 실험을 통해 아기들은 수동적으로 받아들이는 빈 칠판이 아니며, 능동적으로 세상을 받아들이고 자기 안에서 연결하고 관계를 맺으려고 노력한다는 것을 입증했습니다.

3~6개월 정도 된 신생아에게 엄마를 마주보게 하고, 엄마한테 아이와 놀다가 갑자기 무표정으로 가만히 있으라고 했습니다. 아기는 처음에는 침착하게 경계심을 갖고 엄마의 무표정을 응시합니다. 기죽은 듯한 미소를 지어보기도 하고, 하품도 하고, 곁눈질로 흘끗 바라보기도 합니다. 소리를 질러보거나 팔과 손가락을 뻗어 엄마 얼굴에 닿아보려고도 합니다. 이렇게 아기가 갖가지 노력을 들여도 계속해서 엄마가 무반응으로 일관하니 아이도 외면을 합니다. 흥미를 잃고 우는 아기도 있었습니다.

이 실험을 각양각색의 인종과 문화권에서 해보니, 거의 모든 아기가 유사한 패턴으로 반응했다고 합니다. 즉, 아기는 양육자와 긴밀한 상호작용을 하며 감정과 표정 변화를 감지하고 신속히 자신의 반응을 재조정하고 재구성한다는 것이지요.

산후우울증에 걸린 엄마의 얼굴은 아기에게 정지한 얼굴처럼 보일 수 있고, 너무 지치고 힘든 얼굴도 무표정, 무반응으로 보일 수 있습니다. 그러면 아이의 애착형성에 문제가 생길 수 있습니다.

만 2세까지 안정적인 애착이 형성되는 게 굉장히 중요합니다. 빠르면 생후 6~7개월부터 낯가림이 시작되고, 돌 전후부터 18개월까지 낯가림이 심하다가 24개월 정도 되면 낯가림이 덜해집니다. 돌부터 18개월 정도에는 유달리 한 양육자에게 애착을 보입니다. 그것을 애착 또는 접착(bonding)이라고 하는데, 본드가 붙듯이 접착되는 것이 필요한 것입니다.

진화적으로 볼 때, 생후 5개월까지는 양육자가 바뀌어도 거부감을 보이지 않습니다. 과거에는 산후에 엄마나 아기가 죽는 경우가 많았기에, 신생아가 처음부터 엄마에게 애착을 강하게 형성하면 생존에 위협이 올 수가 있었기 때문이죠. 하지만 아기가 기어 다니기 시작하고 걸음마를 떼고 하다 보면 다칠 수 있는 위험이 생깁니다. 그래서 돌 전후부터는 주 양육자에게 완전히 애착을 형성해서 따라다니며 제대로 먹고 보살핌도 받습니다. 생물학적·진화적 생존 프로그램인 것이죠.

돌 무렵에 양육자가 바뀌면 아이가 상당히 불안해하며 고도의 스트레스를 받는 애착손상을 입습니다. 그 손상이 나중에 분리불안으로 나타나기도 하고, 그런 일이 여러 번 반복되면 정드는 것 자체를 불안해하는 애착불안도 생깁니다.

제2차 세계대전 당시, 런던이 독일의 공습을 받아 많은 인명 피해가 있었습니다. 그래서 영국 정부는 영국의 미래인 아이들을 살리기 위해 어린 아이들을 폭격으로부터 비교적 안전한 농촌으로 대피시켰습니다. 무상으로 의식주를 제공하고 훈련된 보모들이 아이들을 안전하게 돌보았지요. 그런데 전쟁 후에 조사해 보니 좋은 의도와는 정반대로 농촌으로 대피시켰던 아이들이 도시에 있던 아이들보다 더 많이 병들고 더 많이 죽었다는 것이 밝혀졌습니다.

존 보울비(John Bowlby)라는 심리학자이자 의사가 그 진상과 원인을 조사했습니다. 조사 결과, 주 원인은 갑자기 부모와 떨어져 낯선 곳에 맡겨진 아기들의 극심한 분리스트레스(요즘은 이것을 트라우마로 간주합니다)였고, 이로 인해 면역력이 저하되어 질병에 쉽게 걸리고 잘 이겨내지 못했던 것입니다.

보울비 박사는 아이들이 생후 6개월에서 20개월 사이에 분리불안을 가장 고통스럽게 느끼고, 이때의 분리불안과 스트레스는 평생에 걸쳐 많은 심리사회적 문제 및 정신병리와 관련된다는 것을 연구를 통해 입증했습니다.

해리 할로(Harry Harlow)라는 미국의 심리학자가 했던 유명한 실험도 있습니다. 1950년대에는 아기들이 엄마를 반기고 따르는 것이 먹기 위해서라는 주장이 팽배했습니다. 그러나 해리 할로 박사는 그렇게 생각하지 않았습니다.

그는 신생아 원숭이를 두 개의 엄마 모형 곁에 놓아두었습니다. 하나는 철사로 만든 것이었고, 하나는 헝겊으로 만든 것이었는데, 철사 원숭이에 우유병을 놓아두었습니다. 그러자 아기 원숭이는 배가 고플 때만 철사 원숭이한테 가서 우유를 빨아먹고, 나머지 시간에는 헝겊 원숭이에게 가서 안겨 쉬었습니다. 더 놀라운 것은, 갑자기 무서운 소리가 나면 겁이 난 아기 원숭이는 헝겊 원숭이에게 가서 위안을 받으려고 했습니다.

이 실험을 통해 할로 박사는 포유류에게 엄마는 단지 영양을 공급받기 위해 필요한 존재가 아니라 위안을 주고 보살핌을 주는 존재라는 것을 입증했습니다. 그후 여러 연구와 실험들이 아기에게는 의식주만큼이나 정서적 안정과 애착이 건강과 생존에 매우 중요하다는 것을 거듭 입증했습니다.

메리 아인스워드(Mary Ainsworth)라는 심리학자가 애착의 형태에 대해 연구하여 알아낸 사실이 있습니다. 엄마가 만 2세 전후의 아이와 함께 있다가 보육사에게 아이를 잠시 맡기고 "엄마 조금 있다가, 30분 뒤에 올게" 하고 나가면 대부분의 아이들은 싫어합니다. 싫어하다가도 금방 안정되어 잘 놀고, 엄마가 돌아오면 "엄마!" 하고 가서 안기는 아이들이 있습니다. 이런 아이들은 애착이 안정적으로 잘 형성된 아이들입니다.

반면에, 엄마가 떠나면 싫어하고 한참 울다가도 막상 엄마가 돌아와서 안아주려고 하면 물러서고, 물러서면 다가가고, 어쩔 줄 모르는 아이들이 있습니다. 이렇게 불안정한 애착의 모습을 보이는 아이들은 엄마에 대해 확실한 신뢰가 형성이 안 된 아이들입니다.

한편, 아예 애착이 결여된 아이들은 엄마가 가도 그만, 와도 그만입니다. 이런 아이들이 가장 문제입니다. 애착이 결여된 아이들은 훗날 반사회적 행동을 하거나 남과 조율을 못하고 은둔생활을 하는 경우가 많습니다. 이렇게 뿌리가 제대로 내리지 않으면 집이든 학교든 환경에서 자양분을 제대로 빨아들이지 못합니다.

거울뉴런

'거울뉴런'이라는 것이 있습니다. 뇌과학에서 새롭게 연구되는 분야 중 하나인데, 뇌 부위 중 다른 사람과 공감하는 부위를 가리킵니다.

우리는 다른 사람이 레몬을 먹는 모습을 보기만 해도 자신이 레몬의 신맛을 느끼는 것처럼 입안에 침이 고입니다. 12개월밖에 안 된 아기도 옆에 있는 아기가 울면 영문도 모르고 따라 운다고 합니다. 그런 기능을 하는 부위가 바로 거울뉴런인데, 공감능력과 대인관계 및 정서 발달에 중대한 역할을 하는 뇌의 새로운 비밀입니다.

어린 시절에 안정적으로 양육자와 정서적 교감을 나누지 못하거나 방치나 학대를 받는 아이들은 거울뉴런이 제대로 형성되지 못할 수 있습니다. 그러면 공감능력이 결여될 수 있습니다. 최근에는 자폐증이 거울뉴런 체계의 이상이 아닌가 하는 가설이 연구되고 있기도 합니다.

애착형성을 지원하는 정책이 필요하다

존 보울비 박사는 산업화 이전의 세계에서는 부모와 자식 간에 자연스럽게 애착이 형성되었는데, 오히려 산업화가 된 문명국인 영국에서 무지막지한 보육정책을 행한다며 비판했습니다.

우리나라는 21세기인 지금 비슷한 정책을 실시하며 실수를 되풀이하려 합니다. 전 계층에 보육료를 지원해 준다는 것인데, 물론 부모들을 경제적으로 지원해 주려는 의도는 좋지만, 애착을 손상시켜 가면서 그렇게 하는 것은 굉장히 위험한 일입니다. 국가가 아동의 양육을 책임지려 할 게 아니라, 부모가 아동을 더 잘 보살필 수 있도록 안정적인 애착형성을 지원해 주는 정책이 필요합니다.

예를 들어, 산후 첫 두 해 동안 엄마나 아빠가 안심하고 육아에 전념할 수 있도록 이후 직장 복귀를 보장한다든가, 수입의 일정 부분을 국가에서 제공한다든가, 군가산점을 주듯이 양육가산점을 준다든가, 직장 안에 아기를 돌보는 시설을 만들어서 안심하고 맡기고 부모와 아기가 하루에 몇 번이라도 만날 수 있게 하는 것입니다. 이런 일들이 당장은 비용이 들어도 장기적으로는 개인, 기업, 국가 모두에게 이로울 것입니다.

기타를 치기 전에 현의 조율이 필요하듯, 부모와 아이도 정서적으로 조율하는 과정이 굉장히 중요합니다. 영유아기부터 자연스럽게 조율하는 과정이 결여되면 사회에 나와서도 타인과 조율하기가 무척 힘듭니다.

옛날에는 비록 가난했어도 아이와 엄마 사이에 애착이 잘 형성되었습니다. 엄마가 하루 종일 업고 다니고 안고 다니며 직접 보살펴주었으니까요. 엄마가 논밭에 나가더라도 언니, 할머니, 이모, 이웃 아주머니 등 돌봐줄 사람도 많았습니다. 그래서 물질적으로는 가난해도 정서적으로는 풍요로웠습니다. 지금은 반대입니다. 물질적으로는 풍요로워도 정서적으로 가난할 수 있습니다.

만 두 살까지라도 엄마가 아이와 확실하게 애착을 형성하는 것이 장기적으로 볼 때 훨씬 더 큰 투자입니다. 그때 단 몇 개월을 돈 조금 더 벌겠다고 직장에 나가면 나중에 아이가 문제를 일으킬 때 심리치료 비용으로 훨씬 더 많은 돈을 쓰게 될지도 모릅니다. 어떻게 하는 것이 장기적으로 자녀에게 바람직한 것인지에 대한 진지한 고민이 필요합니다.

애착손상이 청소년에게 미치는 영향

애착손상은 영유아기뿐 아니라 부모의 갈등과 이혼, 부모나 가까운 이와의 갑작스런 결별이나 사망, 배우자의 폭력과 외도 등으로 아동기, 청소년기, 성인기 등 일생에 걸쳐 발생할 수 있습니다. 특히 정서적 보호와 지지가 가장 필요할 때 신뢰할 대상이 없거나, 주변 사람이 무관심하거나, 소홀하거나, 상처를 줄 경우 어른도 애착손상을 입을 수 있습니다. 하지만 영유아기와 청소년기에 애착손상에 대한 취약성이 특히 높습니다.

애착손상을 입고 분리불안을 느끼는 아동은 집이나 양육자와 떨어지거나 떨어질 예상을 하면 극도로 고통스러워하고 여러 신체적 증상을 반복적으로 호소합니다. 엄마가 아침에 머리를 만지는 등 외출 준비를 할 때부터 찡찡댑니다. 헤어질 것만 생각해도 극도로 고통스러워합니다. 양육자를 잃어버릴까봐, 혹은 양육자가 다칠까봐 지속적으로 과도하게 걱정합니다.

또한 혼자 있는 것을 극도로 두려워하고 분리에 대한 악몽을 꿉니다. 양육자와 떨어지거나 헤어질 상황을 예상하면 신체적으로 고통스런 증상들이 나타납니다. 배가 아프거나 설사를 하거나 토하기도 합니다. 귀가 안 들리기도 하고, 눈이 잘 안 보이기도 하며, 목소리가 안 나오는 경우도 있습니다.

그런 만큼, 아이들에게는 안정적인 애착형성이 굉장히 중요합니다. 특히나 12개월 전후로 애착이 가장 강하게 형성될 때 양육자와 분리되는 것은 아이들에게는 끔찍한 고통입니다. 아이를 다른 사람에게 맡기지 않을 수 없다면 생후 5개월 이전에 적어도 2~3년은 지속적이고 안정적으로 돌봐줄 사람에게 맡기거나, 만 두 살 이후에 맡기는 게 좋습니다.

애착손상이나 분리불안을 겪는 청소년들 역시 여러 가지 문제를 보입니다. 가장 큰 징표는 사람과 눈을 못 맞추는 것입니다. 눈맞춤은 관계 형성의 기본이므로 그것을 못하면 관계를 형성하기가 어렵습니다. 도로가 깔리지 않은 곳으로 차가 가야 하는 상황이나 마찬가지이니 굉장히 힘들죠.

가식적으로 친절하고 상냥한 모습을 보이기도 합니다. 하지만 진정성이 빠져 있습니다. 의도적으로 그러는 건 아닙니다. 관계가 두렵고 불안하고, 제대로 관계를 맺을 줄 모르기 때문에 가식적으로 상냥하게 대하는 것입니다.

아무에게나 관심과 애정을 표시하고 요구하기도 합니다. 시설에 가면 이런 아이들이 많습니다. 자원봉사자가 오면 아무에게나 덥석 안기고, 뽀뽀하고, 안아 달라, 만져 달라 합니다. 이런 행동은 굉장히 위험할 수 있습니다. 아동뿐 아니라 청소년도 마찬가지입니다. 원조교제의 유혹에도 쉽게 빠지고 성추행이나 성폭행 등 여러 가지 위험한 상황에 노출될 수 있습니다.

분리불안이 있는 청소년은 또한 진정한 사랑을 주고받는 데 어려움을 겪습니다. 버림받으면 어쩌나 하는 두려움 때문에 진정한 사랑을 하지 못합니다.

성인이 되어서도 마찬가지죠. 어렸을 때 부모로부터 버림을 받았거나 갑자기 헤어지는 등 부모와 헤어져서 지냈던 사람들은 상대의 애정을 믿지 못하고 계속해서 시험하고 확인하려 듭니다.

의처증이나 의부증도 분리불안의 연속으로 볼 수 있습니다. 아내가 어디에 가면 안 돌아올 것 같고, 다른 사람을 만나서 살 것 같고, 상상이 실제인 듯 착각하면서 극도로 통제하고 지나친 집착을 보입니다. 또한 지나친 관심을 요구합니다. "나하고만 있어줘, 나만 쳐다봐줘" 하는 식이지요.

끊임없이 쓸 데 없는 말을 하거나 떠들고 지껄이는 경우도 있습니다. 마음이 허전해서입니다. 쓸 데 없이 말을 많이 하는 사람들은 뭔가 감정 정리가 안 된 경우가 많습니다. 이 말을 하다가 저 말이 튀어나오고, 관련 없어 보이는 화제들을 이리저리 바꿔가면서 장황하게 횡설수설하는 경우도 있습니다.

분리불안이 있는 청소년은 또래관계가 나쁘고 자존감이 굉장히 낮습니다. 자신의 감정도 잘 모르고, 타인의 감정도 잘 모르고, 감정적으로 공감하거나 조율하기 어려워서 외톨이가 되거나 공격의 표적이 되기도 합니다. 하지만 권위자의 통제에 대해서는 극도로 민감하지요. 그래서 지나치게 굴종하는 자세를 보이거나 지나치게 거부하고 반감을 보이기도 합니다.

또한 실수에서 교훈을 제대로 배우지 못하고 같은 실수를 반복합니다. 미혼모 시설에 가보면, 1년 전에 힘들게 아기를 낳았는데, 12개월 만에 또 오는 미혼모가 있습니다. 실수에서 교훈을 얻지 못하는 것이죠. 상처받을 만한 관계를 계속 찾아다니는데, 본인들 입장에서는 매번 굉장히 절실하고, 이번에는 확실할 거라고 믿습니다. 환갑이 넘도록 그런 생활을 반복하는 경우도 있습니다.

분리불안이 있으면 학습에 곤란을 겪고, 충동을 잘 조절하지 못합니다. 다 큰 청소년이 어린아이 말투를 쓰거나 아이가 어른처럼 음담패설에 가까운 욕설을 하는 등 비정상적인 언어습관을 보이기도 합니다.

비정상적인 식습관을 보이기도 합니다. 흙이나 돌을 먹거나, 식사를 거부하거나, 우물우물 씹다가 뱉다가를 반복하거나 지나치게 많이 먹는 등 섭식장애를 보이지요.

상습적으로 거짓말도 많이 합니다. 너무나도 뻔하고 말이 안 되는 황당한 거짓말을 하기도 하지요. 도벽이 있어서 남의 소지품을 빼앗거나 망가뜨리기도 합니다. 동물을 잔인하게 학대한다든지, 피나 불이나 끔찍한 일에 집착적인 관심을 보이는 경우도 있습니다.

이상과 같은 모습을 보이는 청소년들이 점차 늘고 있어서 부모님들과 선생님들이 당혹감을 느끼고 어디서부터 무엇을 어떻게 해야 할지 모르는 경우가 많습니다. 이런 증상을 보이는 청소년들을 감정코칭할 때는 애착 손상과 트라우마의 가능성을 염두에 두고 그 아이의 성장과정과 배경을 어느 정도라도 알아야 합니다.

아이가 거짓말을 하거나 물건을 훔치는 등의 행동에 대해 아이가 처한 환경과 입장을 이해하기보다는 훈계하거나 처벌만 한다면 별 효과를 보지 못하거나 오히려 역효과를 볼 수 있습니다.

애착이 제대로 형성되어 있지 않은 아이에게 필요한 것은 감정코칭의 3, 4단계를 통해서 행동이 더 나빠지지 않도록 예방하는 동시에 심리상담과 심리치료를 병행하여 문제를 조기에 치료하는 것입니다. 애착이 형성되지 못한 아이를 문제아로 낙인찍거나 'ㅇㅇ장애'라는 식으로 부르는 것은 더 큰 상처를 주고 심리사회적 성장을 왜곡하거나 저해하는 일이 될 수 있습니다. 다음 장에서는 애착손상을 회복하는 데 있어서 그 효과가 검증된 쉽고 안전한 치료놀이 몇 가지를 소개하겠습니다.

24장

애착손상을 회복시켜 주는 놀이

애착손상은 회복될 수 있다

　스물일곱 살인 수진 씨는 중학교 3학년 때 자퇴한 후 대안학교에 잠시 다니다가 그만두고, 고등학교 검정고시를 거쳐 겨우 전문대학을 졸업했습니다. 그후 취직도 안 하고 집에서 빈둥거린 지가 어느새 몇 년째입니다. 직업도 없고, 남자친구도 없고, 목적도, 희망도 없습니다.

　수진이 엄마 입장에서는 뭐가 어디서부터 잘못되었는지 알 수가 없습니다. 어릴 때는 공부도 중위권은 했는데, 5학년 때부터 성적이 안 나와서 IQ 검사를 해보니 83점이었습니다. 걱정이 되어서 신경정신과를 여러 곳 다녀봤지만 우울증과 수면제를 처방해 줄 뿐이었고, 딸은 약을 먹으면 신경이 더 예민해진다며 복용을 거부했습니다.

　수진 씨를 만나 진단해 보니 애착손상과 트라우마가 문제였습니다. 양육 내력을 돌이켜보니, 수진 씨 언니는 함께 살던 친할머니가 키워주셔서 친할머니와 애착형성이 잘되었는데, 수진 씨는 태어난 후 14개월 때 부모님이 분가를 해서 친할머니가 계속 키워주실 수가 없었습니다. 돌 전후는 애착손상이 일어나기 쉬운 시기입니다. 이후 수진 씨를 맡았던 도우미 아줌마는 하루 종일 텔레비전을 틀어놓고 잠을 자거나 아이를 방에 가둬놓는 등 수진 씨를 거의 방치했다는 걸 뒤늦게 알았습니다. 이후 도우미 아줌마들이 여러 번 바뀌기도 했고요.

　수진 씨처럼 아이가 가장 취약하고 의존적인 영유아기에 양육자가 일관되고 즉각적인 반응을 보이지 않거나 방치나 학대를 하면, 특히 한 사람과 강한 애착을 형성하는 6~24개월 사이에 주 양육자가 자주 바뀌면 애착손상을 입을 수 있습니다. 애착손상은 일종의 트라우마로, 조기에 발견하고 치료하지 못할 경우 오랜 후유증을 남깁니다. 수진 씨는 신뢰감, 독립심, 또래관계, 자존감 등 기본 인성이 형성되는 토대가 약한 상태였습니다.

다행스러운 점은, 애착손상은 회복될 수 있다는 사실입니다. 애착손상의 회복을 위한 노력은 일찍 시작할수록 효과가 높지만, 청소년기나 성인기, 심지어 노년기에도 가능합니다. 애착은 평생에 걸쳐서, 죽을 때까지 형성되는 것이기 때문입니다.

놀이를 통한 치료, 테라플레이

애착손상을 회복하는 방법 가운데 효과적인 것이 놀이를 통한 치료인 '테라플레이(theraplay, 치료놀이)'입니다. 테라플레이는 즐거운 놀이를 통해 애착관계를 회복하고, 자존감을 향상시키며, 상호 신뢰를 회복하는 아동 및 가족치료 방식의 하나입니다. 손상되었거나 제대로 발달되지 못한 애착정서 신경회로가 놀이를 통한 긍정적 경험을 통해 생겨나는 것이 뇌과학으로 입증되고 있습니다.

1960년대에 폭증하는 아동청소년 문제로 골치를 앓던 미국 정부는 문제 해결을 위해 천문학적인 비용을 들였으나 별 효과를 보지 못했습니다. 그후, 뒤늦게 문제청소년에 대한 대책을 세우기보다는, 두세 살 때 빨리 개입하는 것이 바람직하고 효과적이라는 판단 하에 시카고 헤드스타트(Head Start) 프로젝트 개발 디렉터였던 앤 젠버그(Ann Jenberg)와 필리스 부스(Phillys Booth)가 테라플레이를 개발했습니다.

이 프로그램은 존 보울비의 애착이론이 근간이 되었습니다. 정서·사회·인지적으로 건강하게 발달하는 아기들을 관찰하니 양육자와 자연스럽게 애착을 형성했는데, 애착에는 다음의 네 가지 요소가 있었습니다. 첫째가 먹여주고 입혀주는 양육(nurturance)이고, 둘째가 정서적인 유대감을 형성하는 것(engagement)이며, 셋째가 매일 반복되는 생활의 틀과 구조로 아이가 안전감과 예측감을 가질 수 있게 하는 것(structure)이며, 마지막으로 좀더 도전할 수 있도록 격려하는 것(challenge)이었습니다.

테라플레이는 애착의 네 요소를 놀이를 통해 구현하여 놀이를 통해 애착을 회복하는 것을 목표로 합니다. 테라플레이는 놀이치료(play therapy)와는 근본적으로 다릅니다.

놀이치료는 자신의 의지나 감정을 언어적으로 표현하지 못하거나 힘들어하는 아이가 노는 모습을 관찰하고 분석해서 어떤 정서적 문제가 있는지를 진단하고, 놀이를 매개로 심리적 안정 및 행동을 수정해 주는 '정신분석 치료방식'의 하나입니다. 놀이치료의 치료자는 관찰과 분석을 할 뿐, 아이와 함께 놀이를 하면서 정서적 관계를 이루는 방법을 가르쳐주는 게 아닙니다. 놀이치료는 다른 치료에 사용되며, 애착 회복과 형성을 위한 치료는 아닙니다.

테라플레이는 신체적 접촉과 구체적이고 계획된 놀이를 통해 안정된 애착을 형성하게 하고 관계를 재형성해 주는 것입니다. 놀이치료처럼 행동을 관찰하고 관계를 분석하는 게 아니라, 놀이를 통해서 긍정적이고 정서적인 관계를 맺을 수 있는 능력을 회복시켜 주고, 즐겁고 성공적인 체험을 통해 방법을 습득하게 하는 심리치료법입니다.

테라플레이의 궁극적 목표는 아이가 자신이 소중하고 사랑받을 만한 존재라는 것을 체험으로 느끼며 타인과 긍정적이고 성공적인 관계를 형성함으로써 신뢰적 관계의 기술을 습득하게 하는 것입니다.

테라플레이의 도구인 '놀이'는 놀이 자체가 재미있고 특별한 도구(장난감, 기구 등)가 필요하지 않기 때문에 언제 어디서나 누구와도 쉽게 할 수 있습니다. 엄마와 아이가 하는 것도 있고, 가족이 모두 함께 하는 것도 있고, 학교 등에서 소그룹을 지어 하는 것도 있습니다. 연령별로 다양하게 할 수 있습니다. 청소년들뿐만 아니라, 성인은 물론 노인들도 좋은 효과를 보기도 합니다.

테라플레이를 감정코칭과 병행하면 더 좋습니다. 감정코칭은 주로 감정을 언어적 도구로 말하고 듣고 공감하지만, 눈맞춤도 하기 어려운 학생이나 남자 청소년들처럼 언어로 감정을 표현하는 것을 매우 어색해하고 회피하는 학생들에게는 테라플레이가 훨씬 직접적이고 간단하고 쉽게 느껴질 수 있습니다.

테라플레이는 근본적으로 신체 접촉을 통해 사람 자체가 '놀이의 도구'가 되어 애착과 자아존중감과 신뢰감을 향상시켜 나가는 치료법이지만, 신체 접촉은 자연스럽고 부수적인 것처럼 느껴져야 합니다.

눈맞춤도 못하는 아이의 손을 덥석 잡는다든지 어깨를 두드린다든지 하면 굉장히 거부감을 보입니다. 특히 매를 맞고 자란 아이나 애착손상이 심한 아이들은 감정적 소통을 못했기 때문에 감정코칭이 더욱 어려울 수 있습니다. 그런 아이들에게 테라플레이는 좋은 방법이 될 수 있습니다.

눈 맞추기

작게 그룹을 지어 하는 놀이입니다. 우선 동그랗게 섭니다. 그리고 둘러선 사람들을 쳐다보다가 눈이 마주치면 서로 자리를 바꿉니다. "반가워 친구야"라고 말하며 자리를 바꿔도 되고, 그것이 힘들면 그냥 자리를 바꾸면 됩니다. 실제로 눈이 마주치면 반갑고, 마음이 통한 것 같고, 안도감도 느껴집니다. 눈을 맞추는 것은 관계를 맺는 초기 작업입니다.

다양한 인사하기

두 사람이 짝을 짓습니다. 처음에는 서로 "안녕하세요?" 하고 인사를 합니다. 그다음에는 영어로 "헬로!" 하면서 악수를 합니다. 그다음에는 프랑스어로 "봉주르!" 하면서 어깨를 살짝 댑니다. 그다음에는 독일어로 "구텐 모르겐!" 하면서 팔꿈치를 살짝 댑니다. 그다음에는 중국어로 "니하오!" 하면서 무릎을 살짝 댑니다. 그다음에는 스페인어로 "올라!" 하면서 발꿈치를 살짝 댑니다. 신체 접촉을 하지만 불쾌하지 않고, 아주 짧고 다양한 방법으로 친근함을 나타낼 수 있는 놀이입니다.

손가락 따라 그리기

역시 두 사람이 짝을 짓습니다. 한 사람이 손을 쫙 펴서 손바닥을 공책에 대면 상대방이 손가락을 따라서 손을 그려줍니다. 가능하면 아주 천천히, 정성스럽게 그립니다. 손가락을 댄 사람은 눈을 감고 감각을 느껴봅니다. 다 그렸으면 손가락을 떼고, 역할을 바꿔서 합니다. 역시 아주 천천히 정성스럽게 손가락을 그립니다. 다 그리고 난 후에는 서로의 손가락을 보면서 손가락이 예쁘다거나 길다거나 얘기를 해줍니다.

이렇게 상대가 내 손가락을 그려주면 간지럽기도 하지만 마사지를 받는 느낌도 들고, 손이 살아 있다는 느낌이 듭니다. 자녀에게 해주면 '엄마 아빠가 내 몸을 사랑하는구나, 내 몸이 이렇게 소중하구나' 하고 느낄 수 있습니다. 부모가 자신의 몸을 소중하게 여겨준다는 것을 깨달으면 몸을 함부로 하지 않습니다. 남의 몸도 소중하게 여기게 되죠. 아이의 생일마다 이렇게 아이의 손을 그려주면 아주 좋은 선물이 됩니다.

손과 발에는 뇌에 연결된 감각점들이 상당히 많이 분포되어 있습니다. 그래서 서로의 손을 그려주는 것만으로도 아주 직접적인 연결을 할 수가 있습니다.

손에 로션 발라주기

서로 로션 발라주기를 해도 참 좋습니다. 사람마다 후각에 대한 민감성이 다릅니다. 따라서 가능하면 두세 가지 로션을 준비해서 먼저 냄새를 맡게 한 다음, 제일 좋다고 한 로션을 손등부터 천천히 부드럽고 정성스럽게 발라줍니다. 손가락 하나하나도 잘 발라주면서, 손톱이 예쁘다든지 손가락이 길다든지 손이 아주 튼튼하다든지 덕담을 해줍니다. 그러고 나서 손바닥도 발라줍니다.

손을 통해 예민한 자극들이 우리 뇌로 전해지는데, 로션이 그 자극이 더 선명하게 뇌로 전달되게 합니다. 초음파 영상을 볼 때 젤을 바르는 것과 마찬가지입니다. 손등보다 손바닥이 더 예민하므로 손등부터 합니다. 처음부터 손바닥에 로션을 발라주면 아이가 거부감을 느낄 수도 있습니다.

이렇게 아이들이 자기 전에 발이나 손을 로션으로 마사지해 주면, 피로가 풀리고, 부모와 연결도 되고, 스트레스도 해소되고, 사랑받고 존중받는 느낌도 받습니다. 아이가 아기였을 때 충분히 안아주지 못했더라도 청소년이 된 지금, 심지어 성인이 된 후에도 해준다면 효과가 있습니다.

앞에서 예로 들었던 수진 씨의 사례가 대표적입니다. 다행히 수진 씨 어머니는 뒤늦게라도 수진 씨에게 회복의 기회를 주고자 노력했습니다. 테라플레이인 손가락 따라 그리기와 로션 발라주기를 했습니다. 그걸 하면서 어머니는 딸의 손이 어떻게 생겼는지 처음 알았고, 아기 때 수진이를 돌봐주지 못해서 아프고 미안하던 마음을 조금은 덜 수 있었습니다. 그리고 수진 씨는 엄마에게 소중한 대접을 받는 기분이 들었습니다. 약 3분간의 테라플레이로 모녀는 오랜 기간 느껴보지 못했던 다정함과 유대감을 느꼈습니다.

여기서 소개한 방법 외에도 약 2천 가지의 다양한 놀이와 활동이 있습니다. 애착손상이 있거나 그 외에 심리적으로 깊은 상처가 있는 아이들과 주기적으로 이런 치료놀이를 하면 아이는 방어벽을 조금씩 내리고 스트레스를 완화할 수 있습니다. 놀이는 부정성에서 긍정성을 이끌어내고, 규칙을 이해하고 준수하는 습관을 갖도록 도우며, 실패를 성공으로 가는 과정으로 인식할 수 있도록 돕습니다. 재미있고도 자연스럽게 그런 배움을 얻고 심리적으로 치유도 받을 수 있지요.

ADHD, 폭력, 집단따돌림, 이런 '문제'에만 집중하면 역효과를 일으키거나 더 큰 문제를 일으킬 수 있습니다. 아이들의 부정적인 '행동'에 자꾸 초점을 두면 더 강한 부정적인 '감정'들이 나옵니다. 아이들이 잘 못하는 것과 단점에 치중하면 자아상이 나빠집니다. '나는 이것도 못하고, 저것도 못하고, 잘하는 게 없어……' 이렇게 생각하게 됩니다. 자존감이 낮아지고 자신감도 없어지고 분노하고 좌절하게 되겠죠. 반대로 장점을 찾아주면 거기서부터 더 많은 좋은 점을 키워갈 수 있습니다.

6부

위기의 아이들, 어떻게 감정코칭할까

25장

외상후스트레스증후군을 지닌 아이들

외상후스트레스증후군(PTSD)이란?

중학교 2학년 선희는 한 달째 머리가 무겁고, 기억이 잘 안 되고, 수업 중에는 거의 멍한 상태로 지냅니다. 밤에는 잠이 안 오다가 새벽녘에야 잠이 들어서 지각이나 결석을 한 적도 많습니다. 학교에서는 아무하고도 말을 안하고 사람들의 시선을 피해 다닙니다. 담임선생님의 권유로 상담실에 온 선희는 죽고 싶다는 말만 하다가 한참 만에야 말문을 열었습니다.

이혼한 엄마와 살고 있는 선희는 얼마 전 '아저씨(엄마의 동거남)'로부터 성폭행을 당했습니다. 엄마에게 그 얘기를 했더니 엄마는 거짓말하지 말라며 뺨을 때렸습니다. 그날 밤 엄마는 수면제를 과다 복용하고 자살을 기도했습니다. 선희는 그후 엄마와 말을 하지 않습니다. 집에 가면 언제 그 아저씨가 방에 들어올지 몰라 불안하고, 세상에는 자기편이 아무도 없는 것 같습니다.

선희가 경험한 것을 '트라우마(외상성 충격 또는 심리적 상처)'라고 합니다. 트라우마는 '상처'를 뜻하는 그리스어에서 온 단어입니다. 트라우마는 뇌가 아직 형성되고 성장하는 중인 영유아기와 청소년기에 특히 더 선명하게 남을 수 있습니다. 선희가 당한 성폭행이나 어머니의 자살기도처럼 큰 사건은 물론이고, 아이들에게는 집단따돌림도 트라우마이며, 새로운 학교로 전학 가는 것도 트라우마가 될 수 있습니다.

물론 집단따돌림을 당한 아이나 전학을 경험한 아이가 모두 트라우마를 겪는 건 아닙니다. 또한 사건을 당한 연령, 가해자와의 관계, 상황, 빈도, 주변의 지지와 신뢰, 인지적 사고능력, 감정적 처리능력 등에 따라 트라우마의 정도와 후유증은 다를 수 있습니다. 중학교 2학년으로, 신체적으로나 정서적으로 아직 미숙한 선희가 겪은 일은 혼자 감당하기에는 너무나 무섭고 수치스럽고 고통스러운 트라우마였습니다.

죽음의 공포를 느낄 만큼 큰 트라우마를 겪은 뒤에 오랫동안 정신적·심리적·사회적으로 곤란을 겪는 증상을 '외상후스트레스증후군(PTSD, Post Traumatic Stress Disorder)'이라고 합니다. 이후에 비슷한 상황을 맞닥뜨리면 심신이 강한 반응을 보이며 괴로움을 겪습니다.

'외상후스트레스장애'라고 부르기도 하는데, 저는 '장애'라는 표현은 쓰고 싶지 않습니다. 우리의 뇌는 가소성이 굉장히 뛰어나서 이런 증후군도 치유될 수 있기 때문입니다. 그렇기 때문에 장애라기보다는 문제를 일으키는 심리적인 증상이나 현상 정도로 이해하는 게 좋겠습니다.

외상후스트레스증후군을 일으킬 만한 경험들은 여러 가지가 있습니다. 가까운 사람이 죽거나 다쳤을 때, 자신이 큰 병에 걸리거나 사고를 당했을 때, 강도나 폭행, 성폭행 등을 당했을 때, 큰 자연재해를 겪었을 때, 전쟁을 겪었을 때, 갑작스레 실직을 당했을 때, 사업이 망하는 등 경제적으로 큰 어려움을 갑자기 겪었을 때, 배우자가 외도를 하거나 이혼을 했을 때, 신체적·심리적·성적 학대나 집단따돌림을 당했을 때 등의 경우에 모두 외상후스트레스증후군을 겪을 수 있습니다.

최근에 미국심리학회에서는 가정불화를 아동학대의 하나로 포함시켰습니다. 부모의 불화는 어른들이 상상할 수 없을 정도로 아이들에게 심한 정신적 상처를 남길 수 있다는 것이 미국심리학회의 견해입니다.

한편으로 다행스러운 점은, 같은 사건이나 사고를 겪었다 하더라도 모두가 외상후스트레스증후군을 겪는 건 아니라는 사실입니다. 외상성 사건을 겪은 사람들 중 75퍼센트 정도는 별 후유증 없이 일상생활을 잘해 나갑니다. 나머지 25퍼센트 정도가 외상후스트레스증후군을 겪게 되는데, 발병요소나 위험요소를 갖고 있거나, 사회적인 지지가 부족하거나, 그런 사건을 반복적으로 당했거나 하는 경우가 이에 해당됩니다.

가해자가 부모나 친척, 이웃, 교사, 경찰, 성직자 등 알고 지냈거나 신뢰하던 사람일 경우, 신뢰감 상실에 의해 정신적 후유증이 더 깊고 오래 갈 수 있습니다.

예전에 제가 치료했던 환자 중에 하반신 마비인 분이 있었습니다. 밤에 당직을 서던 중 잠깐 잠이 들었다가 눈을 떠보니 불이 나서 사무실에 연기가 가득 차 있었고, 전기가 나가서 앞을 볼 수 없었습니다. 여기저기 더듬어서 문인 것 같은 곳을 열고 나갔는데, 거기가 3층이어서 땅바닥으로 떨어져 하반신이 마비되는 중상을 입고 말았습니다.

그후로는 외부에서 매큼한 연기 냄새만 맡으면 속이 몹시 울렁거리고 머리가 어지럽고 마치 죽을 것 같다고 합니다. 그래서 외출하기가 너무나 두렵다고 합니다. 전형적인 외상후스트레스증후군입니다.

아이가 갑자기 다음과 같은 증상을 보이면 외상후스트레스증후군을 겪고 있을 확률이 높습니다.

- 극심한 공포를 느낀다.
- 각성 상태가 증가한다.
- 불안감과 두려움을 느낀다.
- 반복적 회상(영상, 악몽 등)을 경험한다.
- 무기력감을 느끼거나 마비 반응을 보인다.
- 소외감, 고립감을 보인다.
- 우울해한다.

- 잠을 너무 많이 자거나 잘 못 잔다.
- 너무 많이 먹거나 거의 식욕을 못 느낀다(갑작스런 체중 증가나 감소).

양육자의 태도가 중요하다

아이가 트라우마를 남긴 사건을 겪은 초기에 부모나 교사 등 양육자가 어떻게 반응하는가는 아이가 그 경험을 해석하고 느끼는 데 결정적인 영향을 미칩니다. 침착하고 담대하고 긍정적으로 반응해야 합니다. 양육자가 격한 반응을 보이면 아이의 부정적 감정은 증폭됩니다. 따라서 먼저 양육자가 감정적 중립상태가 되어야 합니다.

선희의 경우처럼 엄마에게 말했다가 오히려 거짓말한다며 불신을 당하고 뺨까지 맞으면 세상 모두에게서 버림받은 기분이 들지 모릅니다. 엄마가 딸의 말을 믿는 대신 동거남의 편이 되어준 데 대한 배신감, 분노, 슬픔은 감당하기 어려울 것입니다.

선희 엄마를 상담한 결과, 어릴 때 아버지를 잃고 어머니로부터는 학대를 당한 선희 엄마는 늘 자신을 보호해 줄 아버지 같은 남자를 원했습니다. 하지만 첫 남편인 선희 아빠가 막노동을 하던 중 허리를 다쳐 하반신 장애가 됨으로써 자신이 남편을 돌봐야 하는 처지가 되자 도저히 자신이 바라던 삶이 아니었기에 헤어지고 말았습니다.

동거남은 전직 경찰로, 나이는 선희 엄마보다 스무 살이 많은 60대이며 별거 중인 본부인 몰래 선희 엄마와 동거를 하고 있었습니다. 선희 엄마는 이번 동거남에게는 아버지 같은 사랑을 느끼고 도저히 헤어질 수 없다고 생각했습니다. 그런데 딸이 그로부터 성폭행을 당했다고 말하는 걸 듣는 순간, 딸이 그 사람과 자기를 헤어지게 하려고 거짓말을 했다고 생각했습니다. 하지만 그것이 사실임을 알게 되자, 딸을 지켜주지 못한 죄책감과 아버지처럼 믿고 의지했던 남자에 대한 배신감, 자신의 꿈과 행복이 산산조각 난 것 같은 절망감으로 자살을 시도했던 것입니다.

선희 엄마는 감정코칭을 바탕으로 한 상담 중에 이렇게 어려서 부친을 잃은 상실감과 사랑받지 못하고 자라서 늘 사랑에 목말랐던 자신의 초감정을 알게 되었습니다. 그리고 할아버지뻘 되는 엄마의 동거남에게 성폭행을 당하고 엄청난 충격을 받았을 딸을 위로해 주고 지지해 주지 못한 데 대해 눈물을 흘리며 마음 아파했습니다.

다행히 선희는 감정코칭과 트라우마 중심의 상담과 심리치료를 잘 받았습니다. 그리고 이번 일을 계기로 친아빠와 연락이 되어 지금은 친아빠, 친할머니와 한 달에 한 번씩 만나며, 학교도 잘 다니고 있습니다. 선희 엄마 역시 상담 후 동거남과 헤어졌고, 동거남은 미성년자 성폭행범으로 복역 중입니다.

초기에 선희 엄마가 딸의 말을 믿고 딸을 보호해 주었다면 선희는 극심한 심적 고통과 고립감, 배신감, 불안감을 덜 느꼈을 것이고, 좀더 회복이 빨랐을 것입니다. 1차 방어선인 부모가 보호와 지지를 해주지 못했지만, 다행히 2차 방어선인 교사와 상담교사, 그리고 전문 심리치료사들이 진단, 원인 규명, 치료까지 해주어 선희는 안전한 보호망 안에서 공부하고 생활할 수 있게 되었습니다.

선희는 상담이 끝날 즈음, 커서 자기처럼 어려움을 당하는 아이들을 보호하고 도와줄 수 있도록 검사나 판사가 되고 싶다고 했습니다. 이처럼 자신의 고통을 통해 깨달은 교훈을 디딤돌 삼아 자신과 타인을 위해 유익한 일을 하겠다는 의지는 트라우마가 잘 치료되었다는 좋은 징표입니다.

트라우마는 흔히 '심리적으로 3도 화상'을 입은 것이라고 비유합니다. 그 정도로 심각한 상처입니다. 그런데 상처가 눈에 보이지 않는다고 해서 믿어주지 않거나, 엄살을 피운다고 하거나, 야단을 치거나 하면 이미 깊은 상처가 있는 아이들에게 더 큰 상처를 입히는 것입니다.

트라우마를 지닌 아이의 양육자는 무엇보다도 아이가 안전하고 편안하게 느낄 수 있도록 해주는 것이 중요합니다. 엄마나 아빠, 혹은 선생님에게 얘기해도 안전할 거라고 생각할 수 있게 해줘야 합니다. 그런 아이들은 '상처받은 아기사슴을 대하는 마음으로' 바라보아야 합니다. 화살을 맞은 채 어떻게 해야 할지, 어디로 가야 할지 모르는 아기사슴을 바라보는 마음을 갖는다면 아이들을 좀더 편안하고 안전하게 대할 수 있을 것입니다.

성폭행처럼 끔찍한 일을 당하더라도 교사나 부모의 태도가 굉장히 중요합니다. 그때 교사나 부모가 어떤 태도로 대하느냐에 따라서 '아, 내 인생이 다 망가졌구나' 하고 생각할 수도 있고, '괜찮아, 이건 내 잘못이 아니야. 그리고 다시는 이런 일을 당하지 않을 수 있어' 하고 생각할 수도 있습니다.

안타깝게도 양육자 자체가 학대의 원천이 되는 경우도 많습니다. 아이를 보호하고 지지해 줘야 할 사람이 아이를 학대하고, 심한 경우 성폭행까지 하는 일이 있지요.

캐나다의 한 연구에 의하면, 자기를 낳아준 부모와 함께 자라지 못한 아이들이 학대, 성추행, 성폭행 등을 당할 확률이 자기를 낳아준 부모와 자라는 아이들에 비해서 40배나 높다고 합니다.

자신들을 위해서도, 자녀들을 위해서도 가정의 불화를 해결하고 관계를 회복하는 노력은 반드시 필요합니다.

외상후스트레스증후군의 증상

외상후스트레스증후군은 여러 가지 증상으로 나타납니다. 너무나 증상이 여러 가지여서 예전에는 각각 별개의 심리적 문제들이라고 진단했습니다. 감정 기복이 너무 크다, 너무 잘 운다, 지나치게 예민하다, 도피한다, 이상한 것을 무서워한다 등 증상이 갖가지라서 각기 다른 문제인 줄 알았는데, 그 뿌리는 하나였던 것입니다.

감당할 수 없을 정도로 심각하고 때로는 생명을 위협할 정도의 큰 위험을 당했던 일이 여러 가지 증상으로 나타나는 것이죠.

그렇게 여러 가지 증상이 있지만, 외상후스트레스증후군의 단기적 증상은 크게 각성, 침투, 마비 등 세 가지로 나눌 수 있습니다.

각성

외상후스트레스증후군의 주요 증상 중 하나가 각성입니다. 그런 고통을 다시 당하지 않기 위해서 고도로 깨어 있는 예민한 상태가 되는 것입니다. 레이더망을 최대한 넓게 펴고 있는 것과 같습니다. 예를 들어, 배우자가 외도를 한 사실을 알게 되면 굉장히 충격을 받고 크나큰 배신감과 분노를 느끼지요. 그리고 온 신경이 거기에 집중됩니다. 모든 일을 다 그 일과 연관지어 생각하고, 몹시 불안하고, 잠도 잘 못 잡니다. 이런 것이 각성 상태입니다.

침투

두 번째 증상은 침투입니다. 침투는 생각하지 않으려 해도 무언가가 계속 머릿속에 떠오르는 상태를 말합니다. 떠올리고 싶지 않은데도 계속해서 그 생각이 나고, 그와 관련하여 악몽도 꿉니다. 침투는 특히 어린아이들에게 심하게 나타납니다.

어떤 여성의 남편이 몇 년 전에 외도를 한 적이 있습니다. 상황이 종료되고 남편과도 화해를 했지만, 그 여성을 계속해서 괴롭히는 게 있었습니다. 외도 상대였던 여성이 성이 김 씨고 흔한 이름이었는데, 그 일이 있고 몇 년이 지난 어느 날 식탁을 차리다가 김을 보는 순간 그 여자가 갑자기 떠올라서 화가 났습니다. 많은 시간이 지났는데도 이처럼 생각이 자꾸만 침투하는 것입니다.

마비

외상후스트레스증후군의 큰 증상 중 하나가 마비입니다. 신체적으로 무기력해지고, 정신적으로도 멍해집니다. 아무 생각도 나지 않고, 감정적으로도 마취가 된 것처럼 아무것도 느껴지지 않습니다.

미국에서는 베트남전 이후에 외상후스트레스증후군이 발견되었습니다. 그리고 80년대 중반부터 치료법이 많이 연구되어 왔고, 최근 들어 뇌과학에서 더 많은 연구가 진행되고 있습니다.

911사태가 일어났을 때 외상후스트레스증후군 전문가들과 전공하는 학생들, 자원봉사자들이 전국에서 뉴욕으로 모여들었는데, 초보자들이 생존자들에게 가장 많이 했던 질문이 "How do you feel(지금 기분이 어때요)?"이었다고 합니다.

사실, 생사의 갈림길에서 살아난 사람은 아무 느낌이 없습니다. 아무런 감정을 느끼지 못하지요. 그럴 때는 기분을 묻기보다는 "당신은 구출되었습니다. 이제 안전합니다. 괜찮아요" 이렇게 안전함과 편안함을 느끼게 해주는 게 먼저입니다.

각성, 침투, 마비 등 대표적인 단기적 증상 외에도 외상후스트레스증후군은 중장기적으로 다음과 같은 다양한 증상들을 보일 수 있습니다.

회피

그 사건과 관련된 자극을 가능한 한 피하려고 합니다. 강원도 오대산에 수학여행을 갔다가 버스가 뒤집히는 사고로 반 학생 몇 명이 목숨을 잃고 자기는 살아남았다면, 이후 몇 십 년이 지나도록 버스를 타고 강원도에는 절대 가지 않으려 할 수 있습니다.

또한 기차 사고를 당한 후에는 기차를 타기 싫어하는 등 사고가 난 특정 장소, 냄새, 활동 등을 피할 수 있습니다. TV에서 관련된 뉴스나 방송이 나오면 채널을 돌리거나 꺼버리는 경우도 많습니다.

소외감

큰 정신적 상처를 입은 사람들은 소외감을 강하게 느낍니다. 부모에게 학대나 방치를 당하거나 학교에서 폭력이나 따돌림을 당하면 이 세상에 혼자 버려진 느낌이 듭니다.

선희 같은 일을 당한 뒤에는 친구들과는 전혀 다른 세상에 다녀온 듯하고, 친구들에게 자신의 경험을 말해 봤자 믿어주거나 이해해 주지 않을 것 같아서 고립감을 느낍니다. 그래서 대개 장기 결석을 하거나 자퇴를 하게 됩니다. 어른들도 마찬가지입니다. 사회활동을 하기가 힘들어지므로 대개 직장생활을 그만두고 은둔생활을 하기도 합니다.

죄책감

타인의 죽음이나 상해를 목격했을 때는 심한 죄책감도 느낍니다. 친구가 자살했을 경우, 친구의 죽음을 막지 못했다는 죄책감을 느낍니다. 그런 죄책감이 생각보다 상당히 깊을 수 있습니다. '생존자의 죄책감'이라는 명칭까지 있을 정도입니다.

삼풍백화점 붕괴사고나 성수대교 붕괴사고 등을 목격하고 살아남은 사람들은 그 사고로 죽은 사람들과 아무런 혈연관계나 친분관계가 없음에도 '왜 나는 살고 저 사람은 죽었을까?' 하는 죄책감을 크게 느낀다고 합니다. 하물며 친구나 가족이 그런 일을 당했을 경우, 죄책감은 훨씬 더 클 것입니다.

대인관계의 어려움과 지나친 경계심

외상후스트레스증후군을 겪으면 대인관계가 어려워집니다. 학교폭력이나 집단따돌림으로 심한 트라우마를 겪은 학생은 학교의 모든 학생들이 자신을 흉보거나 비웃는다고 생각하는 경우가 많습니다. 학교뿐 아니라 길거리, 버스, 지하철에서도 모두가 자신을 비웃는 것 같아서 집밖에 나가는 것도 두려워합니다.

어떤 학생은 중학교 2학년 때 심하게 부부싸움을 하던 아버지가 어머니의 머리를 망치로 때리는 장면을 목격한 후, 학교에 가는 것조차 힘들어하더니 결국 자퇴하고 말았다고 합니다. 이후 아버지와는 말을 하기는커녕 눈도 마주치지 않고 자기 방에만 틀어박히더니, 아버지의 목소리도 듣기 힘들다며 혼자 살게 해달라고 어머니에게 애원했다고 합니다.

대인관계의 어려움은 지나친 경계심과 연관됩니다. 피하고, 눈치를 보고, 별것 아닌 일에 깜짝 놀랍니다. 그런 반응은 연극을 하거나 호들갑을 떠는 게 아닙니다. 당사자는 3도 화상을 입은 것 같은 상황이기 때문에 살짝만 건드려도 아프고, 누가 가까이만 와도 피하게 되는 거라고 이해해야 합니다.

감정 조절을 못함

외상후스트레스증후군을 보이는 사람은 HPA축(Hypothalamus-Pituitary-Adrenal Cortex Axis, 시상하부-뇌하수체-아드레날 피질 축)의 구조와 기능에 이상이 생길 수 있고, 작은 일에도 쉽게 놀라거나 불안해하며, 대체로 우울한 경우가 많습니다.

학생들 중에서 유난히 떠들거나 흥분을 잘하거나 조그만 일에도 눈물을 흘리고 힘들어하는 학생이 있다면, 언제, 어디서, 어떤 일을 겪었는지 관심 있게 볼 필요가 있습니다.

선희도 그랬습니다. 친구의 "넌 학교 오면 잠만 자니?" 하는 말 한마디에 기분이 상해서 점심도 안 먹고 오후 내내 울었습니다. 마음속으로는 학교에 오지 말아야겠다는 생각과 죽고 싶다는 생각만 되풀이했습니다. 엄마도 자기편이 아니고 친구들도 모두 자신을 싫어한다는 생각에 우울한 마음에서 벗어나기가 힘들었습니다.

스트레스가 높으면 대체로 우울하고, 우울하면 세로토닌이 적게 분비되는데, 세로토닌이 감정을 조절하는 역할을 하므로 결국 스트레스가 심하면 감정 조절이 어려워집니다.

자해

자해를 하는 경우도 있습니다. 그런 학생들은 대개 어렸을 때 외상성 사건을 많이 겪은 아이들로, 괴로울 때 자해를 하면 아프긴 해도 쾌감을 느낀다고 말합니다. 괴롭고 혼란스러울 때 손목에 칼을 그으면 그 순간 정신이 거기에 집중되기 때문에 아프면서도 쾌감을 느낀다는 것이지요. 그러지 않으면 너무나 고통스럽고, 답답하고, 미칠 것 같다고요.

자해하는 학생에게 "너 지금 쇼 하는 거지?"라고 하거나 "이게 무슨 짓

이야!" 하고 호통을 치면 이해받지 못하는 기분에 더 과격한 행동을 할 수도 있습니다. 그럴 때는 "많이 괴로운 모양인데, 우선 병원에 가거나 약부터 바르자. 아무리 힘들더라도 자신을 해치는 행동은 안 된다. 어떤 일로 힘든지 선생님에게 말해 줄 수 있겠니?"처럼 부드러우면서도 단호하게 말하는 것이 좋습니다.

해리증상

트라우마 이후 해리(dissociation)증상을 보이기도 합니다. '해리'란 현재 상태에서 이탈하거나 정체성에 거리를 두는 등 일종의 자기 부재 현상을 말합니다. 예를 들어, 대형 교통사고나 성폭행 등 감당하기 어려운 충격적 사건을 겪은 사람은 몸이 공중에 붕 뜨거나 의식과 몸이 분리된 느낌을 받는 경우가 있는데, 이를 해리증상이라고 합니다.

견딜 수 없는 상황이나 자신으로부터 이탈하는 것이라서 당사자는 '탈현실화' 또는 '탈인격화'의 느낌을 받습니다. 이런 현상은 정신적·육체적 고통을 감소시키거나 제거하므로 정신적·신경생물학적으로 자신을 보호하는 역할을 하는 것으로 볼 수 있습니다.

해리는 일반적으로 불안과 결부된 신호에 의해서 유발되는데, 이 신호는 제삼자에게는 지각되지 않는 경우가 흔합니다. 따라서 겉모습만 보고 왜 그리 멍하게 있느냐, 왜 거짓말을 하느냐, 왜 넋 나간 사람처럼 이상한 행동을 하느냐고 다그치고 야단치지 말고, 이해해 주고 안전감과 편안함을 느끼게 해줘야 합니다. 심한 트라우마 상황에서는 해리증상이 견딜 수 없는 상황에서 살아남게 하는 '마지막 구원' 역할을 하기도 하니까요.

신체화증상

외상후스트레스증후군을 겪는 사람에게는 신체화증상이 나타나기도 합니다. 신체화증상이란 의학적으로는 아무런 이상이 없는데도 신체에 통증이나 불편함이 반복적·지속적으로 나타나는 현상을 말합니다.

30대 이전의 여성에게 자주 발생하며, 남성의 경우에는 드물게 나타납니다. 유전적 취약성도 있을 수 있지만, 대개는 정신적·사회적 요인에 의해 발생합니다. 자신이 책임져야 할 어려운 일을 당했거나 극도의 분노를 제대로 표현할 수 없을 때, 혹은 과도한 스트레스를 받았을 때 발생할 수 있습니다.

복통, 위장증상, 생리통, 불감증, 현기증 등이 몇 개월 동안 나타났다가 다음 몇 개월 동안은 증상이 약화되는 것이 특징이며, 증상이 전혀 없는 기간은 거의 없습니다. 그래서 신체가 점점 쇠약해집니다.

학생이나 자녀가 이런 증상을 보일 때는 의학적이거나 뇌병변적 문제가 없는 것이 확인되면 감정을 제대로 표현하도록 배려하는 것이 가장 안전하고 빠른 대응책입니다.

퇴행

외상후스트레스증후군으로 인해 퇴행증상을 보이기도 합니다. 소변을 못 가리게 되거나, 말을 제대로 못하게 되거나, 갖고 있던 능력을 잃어버리거나 합니다. 피아노를 잘 쳤던 사람이 피아노를 전혀 못 치게 되기도 하고, 혼자서 잘하던 행동도 누군가에게 의존하게 되고, 사소한 일도 물어보는 등 마치 어린아이처럼 행동합니다. 퇴행은 불안감, 죄책감, 우울증, 수치심, 좌절, 자기애적 굴욕감 등에 의해서 촉발되는 경우가 많습니다.

한 중학교 3학년 여학생이 말과 발음을 어린아이처럼 해서 친구들에게 놀림을 당했습니다. 상담을 해보니, 그 여학생이 초등학교 1학년 때 어머니가 돌아가시고 4학년 때 아버지마저 돌아가신 후 잠시 친척집에서 지내다가 시설에 맡겨졌다고 합니다. 언니와 오빠가 있는데 각기 다른 시설에 맡겨져서 서로 연락도 안 된다고 했습니다.

이 학생은 초등학교 5학년 때 시설에 와서 아이들에게 놀림과 따돌림을 당한 후 발음이 매우 불분명해졌고, 무척 위축되고 고립된 상태였습니다. 하지만 감정코칭을 받으면서 부모님과 사별하고 언니 오빠와도 헤어진 상실의 고통을 충분히 표현하고 공감과 지지를 받자, 상담 3회 만에 발음도 훨씬 정확해졌고, 이후 친구도 사귈 수 있게 되었습니다. 이 학생은 현재 육상부 학교 대표선수로 활약하고 있습니다.

외상후스트레스증후군의 치료

외상후스트레스증후군을 겪는 청소년이 치료를 받지 않아서 고각성·침투·마비 상태에 장기간 노출되면 대인관계에 심한 어려움을 느끼고, 감정을 조절하기 힘들어지며, 충동적 행동을 하게 되고, 상처받았다는 생각에 불신감, 적개심, 고립감을 갖게 되며, 공황장애, 광장공포증, 사회공포증, 심각한 우울증, 자해, 자살로 이어질 수 있습니다. 따라서 적절한 치료를 해 주는 게 반드시 필요합니다.

트라우마를 겪은 아이는 작은 감정적 자극에도 민감한 반응을 보이기 때문에 감정코칭이 절대적으로 필요합니다. 우선 안전감과 편안함을 느낄 수 있도록 수용하고 지지해 줘야 합니다. 논리적인 설명이나 조언이나 장

황한 충고는 역효과를 가져올 뿐이므로, 감정적으로 다가가서 안심시키고 심적 안정성을 얻게 해줘야 합니다. 가벼운 운동을 병행하는 것도 좋습니다. 아울러 제가 추천하고 싶은 방법은 '글쓰기'입니다.

글쓰기

장기적으로 글쓰기는 외상후스트레스증후군의 치유효과가 있습니다. 트라우마 사건을 기억나는 대로 적어보는 것입니다. 글의 내용에 대해서는 비밀을 보장해 주어야 하며, 글쓰기가 안 되는 어린 나이에는 그림을 그리게 해도 좋습니다.

끔찍한 일을 당하면 우리는 흔히 잊어버리려고 애씁니다. 그러나 아무리 끔찍하고 고통스러운 사건을 겪었다 하더라도 그것을 덮어두고 잊어버리려 하는 것은 좋지 않습니다. 그러면 후유증이 굉장히 깊어지고, 여러 가지 신체적·심리적·사회적 증상들이 나타납니다. 오히려 자기가 겪었던 일과 당시의 감정을 떠올리고 자세히 글로 써보면 치유가 됩니다.

글쓰기가 엄청난 치유력이 있다는 것은 여러 연구를 통해서 검증이 되었습니다. 성폭행이나 성추행을 당한 여대생들을 대상으로 글쓰기의 치유효과에 대한 실험이 이루어진 적이 있습니다.

대상 여대생들을 세 그룹으로 나누어 한 그룹에게는 사건을 당했을 당시의 상황과 감정을 상세하게 쓰게 하고, 한 그룹에게는 일상적인 메모만 하게 하고, 나머지 한 그룹에게는 아예 쓰지 말라고 했습니다. 결과적으로 글을 썼던 여학생들이 가장 빨리 치유가 되었다고 합니다.

치유효과는 시험기간 중에 학교 진료실에 오는 횟수, 시험 성적, 졸업 후의 취업과 사회 적응성 등으로 비교되었습니다. 세 그룹 중 상세한 기억과 감정을 글로 썼던 그룹은 스트레스를 많이 받는 시험기간 중에 감기 몸살 등으로 학교 진료실에 간 비율이 가장 낮았고, 학점도 확연히 상승되었으며, 졸업 후 적응도도 가장 높게 나왔다고 합니다. 반면에 글을 쓰지 않은 그룹은 시험기간 중에 학교 진료실에 다녀간 비율이 비교적 높았고, 시험을 포기하거나 성적이 낮았거나 아예 학교를 자퇴한 경우도 있었다고 합니다.

글을 쓰게 할 때는 아무에게도 보여줄 필요가 없음을 인식시키고, 그때의 사건이나 상황, 감정을 생각나는 대로 자세히 쓰게 합니다. 학생들은 누적된 기억이 많지 않을 수 있으므로 시기별로 유치원, 초등학교, 중학교, 고등학교로 나눈 다음, 각 시기에 어떤 일이 벌어졌는지를 생각나는 대로 자세히 쓰게 합니다. 그다음에 기억나는 인물들을 할머니든 할아버지든 엄마든 아빠든 친구들이든 적어보라고 하고, 맨 마지막에 그때의 생각이나 기분을 자세히 쓰게 합니다.

글을 쓰면서 자기 자신과 다른 사람들, 즉 부모님이나 친구들, 배우자, 학생들, 자녀들을 더 잘 이해할 수 있게 되기도 합니다. 평소에 이해할 수 없었던 아버지나 어머니의 이상한 성격이나 행동이 그들 나름의 트라우마 때문이 아닌가 하면서 이해하게 됩니다.

한 예로, 워크숍에 참석했던 어떤 분의 경험입니다. 그분이 중학교 2학년 때 한 남자 선생님이 다리를 약간 절었습니다. 아직 생각이 어렸던 학생들이 그 선생님을 많이 놀렸는데, 어느 날 그분이 선생님의 걸음걸이를 흉내 냈습니다. 그런데 그걸 선생님이 뒤에서 보신 겁니다. 다음 날 선생님은 그분을 교단으로 불러 무자비하게 때렸습니다. 이러다가 죽는 게 아닌가 할 정도로요. 그때까지 굉장히 명랑했던 그분은 그 사건 후로 성격이 바뀌었습니다. 웃지 않게 된 것이지요.

그분은 트라우마에 대한 워크숍에 참석해서 비로소 그 선생님을 이해할 수 있게 되었습니다. 그 선생님은 베트남전 참전 중 고문을 당해 다리를 절게 되었던 것인데, 그것이 그 선생님에게는 엄청난 트라우마였으리라는 것을요. 그동안 계속 그 선생님을 원망하고 증오해 왔는데, 글쓰기를 하면서 그때 일을 떠올리자 그 선생님도 트라우마의 피해자였다는 것이 이해가 되면서 무척 미안한 마음이 들었습니다.

여러분도 글을 쓰면서 지난 일들을 정리하다 보면 이해할 수 없었거나 용서할 수 없었던 사람들을 이해하고 용서하게 될 수도 있을 것입니다.

다행일기·운동일기·선행일기

매일 다행스러운 일들을 세 가지 정도 적어보는 '다행일기', 매일 어떤 운동을 몇 분 동안 했고 그때 생각과 느낌이 어땠는지를 한 줄로 정리해 보는 '운동일기', 매일 다른 사람에게 도움이 될 만한 선행을 한 가지 실천한 후 그때 생각과 느낌이 어땠는지를 적어보는 '선행일기' 등은 심리적 회복탄력성을 높여주는 쉽고 효과적인 방법들입니다. 부작용이 따를 수 있는 약물치료에 비해 비용도 덜 들고 부작용도 없으며 안전한 예방과 치료법입니다.

이상으로 트라우마와 외상후스트레스증후군의 여러 증상, 그리고 치료법을 살펴보았습니다. 전문적인 치료법을 모르더라도, 외상후스트레스증후군의 증상과 원인을 이해하면 아이를 좀더 잘 이해하고 도움을 줄 수 있을 것입니다. 심각한 경우에는 물론 전문가의 도움을 받아야겠지만, 교실이나 집에서 간단한 대응책으로 고통을 덜어주고 증상을 완화시켜 줄 수도 있습니다.

26장

주의력결핍 과잉행동장애를 지닌 아이들

🌱 주의력결핍 과잉행동장애(ADHD)란?

선희는 트라우마를 겪은 초기에 수업시간이면 멍하니 앉아 있었습니다. 책을 펴고 앉아도 글이 머리에 들어오지 않았고 집중을 하기가 어려웠습니다. 시간이 좀더 지나자 자주 울었고, 가만히 앉아 있지 못하고 안절부절못했습니다. 수업 중에 옆자리 학생이 조금만 신경을 건드려도 짜증을 냈습니다. 펜을 계속해서 똑딱거리고 책을 쓸데없이 폈다 덮었다 반복하면서 소란을 피웠습니다. 심지어 수업 시간에 부스럭 소리를 내며 과자를 먹기까지 했습니다. 과잉행동까지 보이기 시작한 것입니다.

주의력결핍과 과잉행동 두 가지 증상을 합해서 '주의력결핍 과잉행동장애(ADHD, Attention Deficit Hyperactivity Disorder)'라고 합니다. 요즘 교실에서 선희처럼 주의력결핍을 보이고 충동적인 과잉행동을 하는 학생들이 적지 않게 눈에 띕니다. 미국 가정의학 학회에 따르면 취학 아동의 2~16퍼센트가 ADHD 증세를 보이며, 일반적으로 남학생들이 여학생들보다 더 많은 걸로 나와 있습니다.

감정코칭의 원칙이 '아이의 행동보다는 감정을 보는 것'이지만, ADHD를 지닌 아이들은 행동이 워낙 유별나고 학교에서는 수업을 방해하기 때문에 행동을 보지 않으려 해도 보지 않을 수가 없습니다.

하지만 선희는 ADHD 증세를 보이긴 했어도 ADHD는 아니었습니다. 배가 아프다고 다 위암이 아니듯이, 주의력결핍과 과잉행동을 보인다고 해서 모두 ADHD는 아닙니다. ADHD는 원인에 대해 여러 가설만 있을 뿐 심리학계와 의학계에서 아직 공식적으로 인정할 만한 원인이 정확히 밝혀지지 않았습니다. 때로 심적 불안정 상태의 증상으로 ADHD가 나타나는 경우도 많습니다.

선희는 심적 불안정 상태로 ADHD의 일부 증상을 보인 것인 반면에 혜영이는 수년간 ADHD 증상을 보여왔고 정신과 약을 복용하고 있었습니다. 그런데 ADHD 약은 ADHD를 완치하는 약이 아닙니다. 혈압약이 혈압을 높인 원인을 치료하는 게 아니라 단지 혈압을 내려주기 때문에 혈압약을 먹기 시작하면 계속해서 복용해야 하는 것과 마찬가지로, ADHD 약도 복용하기 시작하면 대부분 계속해서 복용해야 합니다.

혜영이가 초등학생일 때 작은 식당을 운영하던 부모님은 혜영이가 하루 종일 컴퓨터게임을 하게 놔뒀습니다. 그리고 혜영이의 손에는 항상 과자봉지가 쥐어져 있었습니다. 결국 혜영이는 게임중독에다 설탕중독이 되고 말았습니다.

늘 과자를 먹으니 식사 때는 입맛이 없었습니다. 채소, 과일, 육류를 섭취하지 않으니 배는 빨리 고파왔고, 식사시간을 놓쳤으니 다시 과자로 때우면서 에너지를 보충할 수밖에 없는 악순환이었습니다. 그리고 설탕을 섭취하니 순간적으로 에너지가 발산되어 차분히 앉아 있지를 못했습니다. 아울러 컴퓨터게임을 하면서 말초신경만 집중적으로 사용하다 보니 정신이 산만해졌습니다.

ADHD의 증상

ADHD의 대표적 증상은 다음과 같습니다.

- 집중력 결여 : 집중을 못하고, 쉽게 관심을 다른 것에 빼앗기며, 깜빡 잘 잊습니다. 물건을 잘 잃어버리고, 필요한 물건을 잘 챙기지

못합니다.
- **과잉행동** : 손과 발을 잠시도 가만 놔두지 못하고, 자리에 앉아 몸부림을 치고, 실내에서도 뛰어다니고, 책상 같은 곳에 함부로 올라가고, 아무 때나 자리를 뜨는 등 가만히 있지를 못합니다.
- **충동성** : 남이 말할 때 불쑥 끼어들고, 자기 차례를 기다리기 어려워하고, 남이 하는 일을 방해합니다.

ADHD의 원인

ADHD의 원인에 대해서는 여러 가지 설이 있습니다. 뇌의 전두엽이 아직 성숙하지 못해서 그렇다는 설도 있는데, 전두엽이 미성숙한 것은 ADHD를 지닌 아이만이 아니라 청소년들에게 모두 해당되는 특징입니다.

집중력이 약한 것 역시 어린이와 청소년의 보편적 특징입니다. 아이들을 생각하는 의자에 앉힐 때 대략 '자기 나이 곱하기 1분' 정도 앉히라고 하는 이유도 그것입니다. 그 이상은 자신이 왜 거기 있어야 하는지 생각하지 못하고 지루해하며 딴짓을 하기에 별 효과가 없습니다.

일반적으로 아이들은 집중력이 약하지만, ADHD를 지닌 아이들은 집중할 수 있는 시간이 더 짧습니다. 아울러 산만하고, 충동적이며, 과잉행동을 합니다.

유전적 요인이 있다는 말도 있습니다. 또한 어머니가 임신 중에 음주나 흡연을 했거나 영양이 부족했기 때문이라거나, 난산으로 태어난 아이나 미숙아, 저체중아 등이 ADHD 증세를 보인다는 설도 있습니다. 또한 가정 불화나 이혼 등도 ADHD의 원인이 아닐까 해서 굉장히 많은 연구가 이뤄졌습니다. 그러나 현재로서는 ADHD의 원인이 무엇인지는 명확히 밝혀지지 않았습니다.

대처법의 문제점

원인이 무엇인지 명확히 밝혀지지 않은 상황에서 ADHD를 약물로 치료하려 하는 건 조심스러운 일입니다. 아이가 정말로 ADHD인지, 재미가 없거나 지루한 '상황'에 의해서 그러는 것인지, 트라우마 때문인지, 욕구를 표현하는 방법을 잘못 배운 것인지, 감정적으로 불편한 것인지, 판단하기가 쉽지 않습니다. 아이들의 뇌 활동은 시시각각 달라지기 때문이지요.

그래서 미국에서는 전문가들도 2주 정도 아이의 활동상황을 지켜보기 전에는 ADHD로 진단을 내리기 어렵다고 합니다. 그런데 검사지 하나 작성하게 하고서, 혹은 아이가 좀 산만하다고 해서 바로 진단을 내리는 건 신뢰하기 어렵습니다. 거기에다 약물 처방까지 하는 것은 많은 부작용을 일으킬 수 있습니다.

정신과 약물, 특히 ADHD 약을 복용한 아이들은 충동이 더 심해지고, 2차, 3차적인 문제들도 생깁니다. 많이 울고, 많이 먹고, 굉장히 부산해지고, 잠을 못 자고, 체중이 느는 등 여러 가지 부작용 때문에 약을 더 많이 먹기도 합니다.

이것이 제 개인적인 의견만은 아닙니다. 아이들에게 정신과 약을 먹이는 미국 사회의 문제점과 위험성을 다룬 작품인 미국의 공영방송 PBS의 다큐멘터리 프로그램 〈프론트라인(Frontline)〉의 '과다한 약물처방을 받는 아이들(The Medicated Child)'을 한번 보시기 바랍니다. 한국에서는 EBS를 통해 방영된 적이 있습니다.

ADHD의 장점을 새롭게 바라보다

최근 들어서 ADHD를 새로운 관점으로 보는 움직임이 있습니다. 만일 아인슈타인이 오늘날 한국에서 태어나 학교를 다녔더라면 ADHD 진단을 받았을 것입니다. 아인슈타인의 어렸을 때 행적을 보면 오늘날 ADHD의 특징에 거의 부합합니다. 아인슈타인뿐만 아니라 토머스 에디슨, 알렉산더 그래엄 벨, 벤저민 프랭클린, 모차르트, 베토벤, 안데르센, 레오나르도 다빈치 등 역사적으로 매우 뛰어난 업적을 남긴 사람들의 전기나 자서전을 읽어보면, 어릴 때 ADHD 증상이라 할 만한 행동들을 많이 했습니다.

월트 디즈니, 매직 존슨, 존 F. 케네디, 윈스턴 처칠 같은 사람들도 마찬가지입니다. 유명 연예인 중에서는 가수 스티비 원더, 코미디언이자 배우인 짐 캐리, 로빈 윌리엄스 등 많은 사람들이 ADHD의 특징을 갖고 있었습니다. 로빈 윌리엄스는 "나는 자타가 공인하는 ADHD다. 주의력이 약하고 굉장히 충동적이며 과잉행동도 한다"라고 말하기도 했습니다.

그들의 행동은 현대의 ADHD의 기준에 거의 들어맞습니다. 재능이 뛰어나고 위대한 업적을 남긴 많은 위인과 유명인들이 ADHD의 특성을 보였습니다. 그렇다면 ADHD가 반드시 문제라고만 할 수 있을까요?

아직 결론이 내려진 건 아니지만, 요즘은 ADHD를 문제로 보기보다는 그 장점에 주목하고 있습니다. 아래 리스트는 ADHD의 대표적인 특성이자 장점들입니다.

ADHD의 장점

ADHD 증상을 지닌 아이들은 전반적으로 다른 사람들의 감정을 잘 파악한다고 합니다. 다른 사람의 감정을 잘 파악할 뿐만 아니라, 진정성이 있는지 없는지도 잘 파악합니다. 이런 사례가 있습니다. ADHD 증세를 지닌 아이가 약을 받으러 병원에 갔는데, 간호사가 속으로는 피곤하고 짜증이 나면서도 겉으로는 반갑다고 웃으며 인사를 했습니다. "죠니, 안녕. 반가워. 어서 와." 그런데 아이가 "싫어요!" 하면서 간호사의 손을 탁 뿌리쳤습니다. 죠니에게는 간호사가 반갑지도 않으면서 형식적으로 웃는 것이 보였고, 그것이 감정적으로 불편했기 때문입니다.

보통 아이들은 감정과 표정의 불일치를 잘 느끼지 못하거나, 느끼더라도 그렇게 즉각적으로 표현하지는 않습니다. 하지만 ADHD 아이들은 그것을 잘 느낄 뿐 아니라 바로 행동으로 표현합니다. 그런 만큼 이 아이들은 어른들이 진정성을 갖고 대하면 순순히, 쉽게, 빨리 받아들입니다.

또한 ADHD 증상을 지닌 아이들은 에너지가 무척 많아서 아주 활동적입니다. 운동을 하거나 야외활동을 할 때 특히 에너지가 넘치지요.

동시다발적으로 여러 가지 일을 잘 해내기도 합니다. 이런 특성은 영화를 연출하는 등의 일에 굉장히 필요합니다. 영화감독은 배우의 연기와 조명과 기타 여러 가지를 동시에 확인해야 하니까요. 실제로 스티븐 스필버그 감독도 ADHD의 특성을 갖고 있다고 합니다. 이런 면은 적합한 일을 한다면 무척 큰 장점이 되겠죠.

ADHD 아이들은 창의력이 아주 뛰어납니다. 같은 것도 다르게 보고, 다른 것도 새롭게 볼 줄 압니다. 또한 개성이 강합니다. 똑같은 걸 싫어하지요.

한편, 대자연과의 친화력이 강합니다. 동물, 식물, 곤충 등 자연 현상에 대해서 감수성이 무척 뛰어납니다. 그래서 야외학습을 가거나 캠핑을 가면 물을 만난 물고기 같습니다. 반면에 교실에 놔두면 물고기가 뭍에 나온 것처럼 힘들어합니다.

굉장히 자유로운 영혼을 지녔기도 합니다. 구속당하고 속박당하는 것을 참지 못합니다. 표현하는 방법이 거칠어서 그렇지, 이런 특성을 적절히 행동으로 표현할 수 있도록 가르쳐주면 다른 사람들과 사회를 위해서 유익하게 사용할 수 있을 것입니다.

스티븐 스필버그 감독은 학교 다닐 때 공부에 흥미도 느끼지 못하고 따돌림을 당하기도 했다고 합니다. 그러던 어느 날 학교에서 할리우드에 있는 영화사 스튜디오에 현장학습을 갔습니다. 교실에서는 너무 답답하고 지루했는데, 그곳에 가니 '여기야말로 숨통이 트이고 나의 에너지를 분출할 수 있는 곳이구나!' 하는 걸 느꼈습니다. 그래서 다음 날부터 학교에 가지 않고 그 스튜디오로 가서 하루 종일 여기저기 샅샅이 둘러보며 시간을 보냈다고 합니다. 그후 세계적인 감독이 되었고요. 그런 사람을 교실에 앉혀두었다면 평균 이하의 따분한 삶을 살았을지도 모릅니다.

ADHD 학생들에게 도움이 되는 방법

ADHD를 새로운 관점으로 본다면, ADHD를 지닌 아이들을 어떻게 대하는 것이 도움이 될지 생각할 수 있을 것입니다. 그런 성향이 있는 아이들을 무조건 책상에 앉혀놓고, 야단치고, 벌을 세우는 것이 좋을까요? 그렇지 않다면 어떤 방법들이 이 아이들에게 도움이 될까요?

체험학습의 기회를 늘려준다

ADHD 아이들은 몸으로 체험하는 것을 좋아합니다. 여행을 가는 것도 좋은 방법입니다. 그림을 그리거나, 무엇을 만들거나, 악기를 연주하는 것도 좋고, 운동하는 것도 좋습니다. 체험학습은 온몸으로 경험하면서 배우는 것이기 때문에 활동적이며 동시다발적 활동에 능한 ADHD 학생들에게는 특히 효과적인 학습법입니다.

몰입의 즐거움을 느끼게 한다

사람은 어떤 활동을 하면서 몰입의 즐거움에 빠져들 수 있습니다. ADHD를 지닌 아이들도 몰입의 즐거움을 느끼게 하면 자신이 하는 일에 즐겁게 집중할 수 있을 것입니다.

몰입의 즐거움은 칙센트미하이 교수가 40여 년간의 연구를 통해 체계화한 개념입니다. 칙센트미하이 교수는 몰입의 즐거움에 빠지는 사람들은 외부적인 보상과 무관하게 자신이 좋아하는 일을 즐긴다는 것을 알아냈습니다.

예를 들어, 암벽 타는 즐거움에 몰입하는 사람들은 누가 알아주거나 상금을 주지 않아도 스스로 좋아서 합니다. 외부적인 보상과 관계없이 마음에서 우러나서, 즉 '내적 동기'에 따라 즐거워서 하는 것입니다.

칙센트미하이 교수는 거기에 어떤 법칙이 있다는 걸 밝혀냈습니다. 사람들은 원래 뭘 배우는 걸 재미있어합니다. 배우는 방법이 잘못되어서 재미가 없거나 두렵거나 불안하거나 싫어하게 되는 것입니다.

위 그래프에서 가로축이 기술(skill) 혹은 능력이고, 세로축은 도전(challenge)의 정도입니다.

아이가 처음 영어를 배우기 시작할 때는 능력이 작으니 아이에게 요구하는 수준이나 방법이나 도전도 낮은 게 좋겠지요. 그후 아이가 영어를 조금 더 잘하게 되고 도전도 조금 높아져서 능력과 도전이 엇비슷하게 만나는 지점이 대략 45도 각도입니다. 이때 몰입의 즐거움을 느끼게 됩니다.

아직 ABCD를 배우고 있는 아이에게 영어로 된 영화를 틀어주거나 어

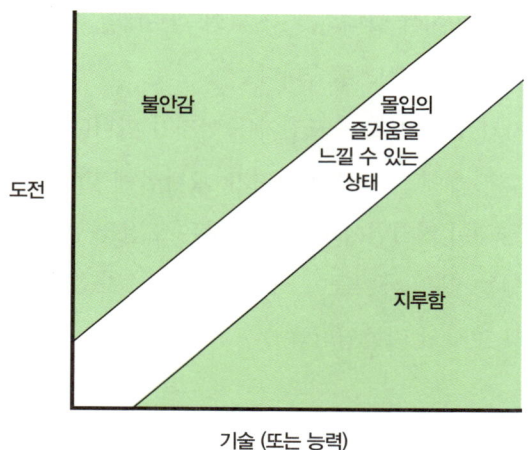

려운 교재를 주거나 해서 능력에 비해 도전이 높아지면 아이는 불안감을 느끼고 스트레스를 받습니다. 반면에 능력이 뛰어난데 도전이 낮으면 지루함을 느끼죠. 능력에 맞는 도전을 만날 때 몰입의 즐거움을 느낄 수 있습니다. 그렇게 되면 시간도 잊고, 배고픈 것도 잊고, 몸이 아픈 것도 모른 채 몰입하게 됩니다.

몰입의 3요소

무언가에 몰입할 수 있으려면 우선 뚜렷하고 구체적인 목표가 있어야 합니다. 예를 들어, '공부를 잘해라'가 뚜렷한 목표일까요? 아니죠. 그렇다면 '오늘은 영어 공부를 하자'가 뚜렷한 목표일까요? 역시 아닙니다. '오늘은 ABCDE까지 공부한다' '산수는 두 자리 수 덧셈을 열 문제 푼다' '구구단의 3단까지 외운다'처럼 뚜렷하고 구체적인 목표가 있어야 합니다.

두 번째로 즉각적인 피드백이 있어야 합니다. 테니스 선수들은 공을 치는 순간에 잘 쳤는지 잘못 쳤는지 안다고 합니다. 그럴 정도로 즉각적인 피드백을 느낄 수 있어야 합니다. 스스로의 피드백일 수도 있고 교사나 부모 등 다른 사람의 피드백도 좋습니다.

세 번째는 자기 능력에 맞는 도전이 주어져야 합니다. 처음에는 동네 뒷산에 갔다가, 그다음에 북한산에 갔다가, 그다음에 더 높고 험한 산을 찾아가야 하죠. 능력이 커지면서 거기에 알맞은 도전을 할 수 있어야 합니다.

몰입할 수 있는 일을 아이들이 스스로 찾을 수도 있지만, 찾도록 도와주는 게 부모와 교사의 역할입니다.

바람직한 일에 몰입하는 이들의 특징

뚜렷한 목표와 즉각적인 피드백과 능력에 맞는 도전 등 몰입의 3요소에 들어맞는 것으로 요즘 아이들이 가장 많이 빠지는 게 무엇일까요? 바로 온라인게임입니다. 이렇듯 몰입의 3요소는 좋은 쪽으로 쓸 수도 있지만, 비생산적이고 때로는 파괴적인 일에 빠져들게 만들 수도 있습니다.

그래서 칙센트미하이 교수는 자신과 남들에게 파괴적인 일에 몰입하는 사람들과 인류 발전에 공헌할 수 있는 일에 몰입하는 사람들은 어떤 점이 다를까를 연구했습니다. 30년에 걸쳐 이루어진 그 연구가 바로 '굿 워크 프로젝트(Good Work Project)'입니다.

'굿 워크 프로젝트'를 통해 칙센트미하이 교수는 윌리엄 데이먼(William Damon), 하워드 가드너(Howard Gardner) 등의 교수들과 함께 윤리적으로 훌륭한 일에 즐겁게 몰입하면서 지칠 줄 모르고, 남들이 말려도 그만두지 않는 사람들은 어떤 특성을 지녔을지 연구했습니다. 그 결과 '자기가 하는 일에 의미와 가치를 두고, 자신만의 이익을 추구하지 않는다' '모범이 되는 존경하는 멘토가 있다' '일과 사생활에 균형을 잘 맞추며 살아간다'라는 공통점이 발견되었습니다.

이 연구 결과를 가장 먼저 받아들인 곳이 기업이었습니다. 봉급과 상관없이, 또는 회사의 명성이나 인센티브와 상관없이 스스로 자기 할 일을 찾아서 열심히 즐겁게 하는 사람을 발굴할 수 있다면 기업에서는 무척이나 환영할 일일 테니까요.

몰입의 즐거움과 굿 워크 프로젝트의 연구 결과는 올림픽 선수팀 훈련에도 적용되었고, UNESCO에서도 전 세계 교육자들의 교육 철학과 방향을 설정하는 데 활용하고 있습니다. 경쟁하여 남을 누르고 착취하기보다는 재미있게 배우고 가치 있고 유익한 일을 하도록 교육한다면 인류 평화와 발전에 큰 도움이 될 것입니다.

자신이 가치 있다고 느낄 수 있게 해준다

가치 있고 의미 있는 일을 함으로써 스스로가 가치 있다고 느끼게 해주는 것도 좋습니다. 앞에서도 언급했듯이 저는 HD 교실에서 '지구 시민 이야기'라는 수업을 통해 한비야 씨에 대해 들려주고 그녀가 월드비전에서 활동하던 동영상을 보여주었습니다. 그러자 학생들은 추석에 받은 용돈을 쓰지 않고 모아서 월드비전에 기부했습니다. 그 돈으로 아프리카의 한 마을에 염소를 사주어서 가난한 가정들이 살 수 있게 되었지요. 그런 경험을 통해 아이들은 자신들이 쓸모없고 버림받은 존재가 아니라 남들을 도울 수 있는 가치 있는 존재라는 걸 확인할 수 있었습니다.

멘토를 만들어준다

집중력이 부족하고 과잉행동을 하는 아이들은 어려서부터 어른들로부터 꾸지람을 많이 받았을 가능성이 높습니다. 그 자체만으로도 부정적인 감정적 기억이 많기 때문에 어른들을 회피하거나 싫어하거나 반발하기 쉽습니다. 그대로 성장한다면 반사회적인 행동을 하는 어른이 될 가능성이 높습니다. 반면에 존경심을 갖고 따를 만한 어른으로부터 관심과 격려를 받는다면 정반대의 결과를 얻을 수 있을 것입니다.

어려서부터 관심과 칭찬을 받던 아이들보다 집중력이 부족하고 과잉행동을 하는 아이들이 멘토를 통해 더 큰 효과를 볼 수도 있습니다. 애정과 칭찬에 굶주려 있었을지 모르기 때문입니다.

박지성 선수나 박태환 선수 같은 스타급 운동선수나 유명 연예인이나 거장 예술가가 아니라도 좋습니다. 아이들보다 잘하는 것이 있고, 아이들을 존중하며 긍정적인 의도와 노력을 들일 수 있는 사람이라면 누구나 멘토가 될 수 있습니다.

녹색환경치료(Green Environment Treatment)를 도입한다

ADHD 증상을 지닌 아이들은 대자연에서 뛰어놀 때 증상이 많이 완화됩니다. 한참 뛰어놀 나이에 사방이 콘크리트인 네모난 교실에 종일 앉아서 추상적인 두뇌활동을 하는 것은 건강하지도 바람직하지도 않습니다.

이런 아이들은 자연과 교감도 잘하고 관찰력도 뛰어나므로 야외활동과 야영 등이 효과적입니다. 집 베란다나 학교 한쪽에 허브 화단, 미니 식물원, 텃밭, 곤충의 집, 새나 토끼 등 작은 동물을 키울 수 있는 우리 등을 만들어 직접 돌보게 하는 것도 좋습니다.

운동할 기회를 많이 만들어주고, 심호흡을 하게 한다

ADHD 증상을 지닌 아이들은 행동력이 빠르고 에너지도 넘칩니다. 이 넘치는 에너지를 가둬두면 교사도 학생도 힘들고 지칩니다.

일주일에 몇 번씩 규칙적으로 에너지를 분출할 수 있는 운동을 시키는 것은 아주 좋은 예방 및 치료법입니다. 걷기, 수영, 자전거 타기, 배드민턴, 탁구, 축구, 농구, 줄넘기 등 큰돈을 들이지 않고 학교나 집에서 자주 할 수 있는 운동은 많습니다.

거친 행동이나 욕설을 자주 하는 아이라면, 그런 행동을 하고자 하는 충동이 일 때 심호흡을 두 번 정도 하는 훈련을 시키면 효과적입니다. 규칙적인 운동과 심호흡만으로도 과잉행동이나 충동적 행동의 상당 부분이 완화됩니다.

저는 ADHD 진단을 받은 학생들에게 매일 운동과 심호흡을 하게 하고 감사일기나 다행일기, 행복일기 등을 쓰며 긍정적 감정을 느끼고 적어보게 합니다. 그런 과제를 착실하게 하는 학생들은 약물 복용을 중단해도 치유효과가 있었습니다. 충동적인 행동과 문제행동만이 감소한 게 아니라 집중력이 향상되고 교사나 또래들과의 관계도 좋아졌습니다. 또한 적성을 발견하여 행복감도 증가하고 스트레스가 감소되는 등 매우 긍정적인 효과를 얻었습니다.

어떤 행동이 허락되는지 명확한 한계를 정해준다

과잉행동과 충동적 행동은 자신과 남에게 피해를 줄 수 있습니다. 그래서 어떤 활동이나 새로운 일을 할 때는 미리 명확한 한계를 지어주고 그것을 어길 때 따르는 책임도 알려줘야 합니다. 그리고 충동적인 행동을 했을 때는 남과 자신에게 피해를 주면 안 된다는 기본 규칙을 상기시켜서 자신의 행동이 '남에게 피해를 주었나?' 아니면 '자신에게 해로운 것인가?'의 기준에 비추어 판단하게 하는 것이 좋습니다.

규칙이 간단하기 때문에 다양한 상황에서도 쉽게 스스로 반성하고 합의를 도출하기가 쉽습니다. 운동이 특히 효과적인 것은 과격한 활동 중에도 규칙을 지켜야 하며 어길 때는 벌칙이 있다는 것을 몸소 겪으면서 습득할 수 있기 때문입니다.

감정코칭을 한다

ADHD 아이들은 감정을 쉽게 간파하는 장점이 있다고 했습니다. 따라서 진정성 있는 감정코칭을 하면 빠르게 신뢰감과 친밀감을 쌓을 수 있습니다. 실제로 ADHD 진단을 받은 아이들은 말 몇 마디만 주고받아도 상대를 신뢰할지 말지를 쉽게 결정합니다.

제가 만났던 고3 학생 태균이가 그랬습니다. 태균이는 중학교 2학년 때 심한 왕따를 당한 충격으로 정신과에 갔다가 ADHD 진단을 받았다고 합니다. 이후 고2 때까지 약물을 복용했는데, 체중이 너무 늘고 소변을 자주 보고 땀을 너무 많이 흘려서 약을 중단하고 제게 상담을 받으러 온 것이었습니다.

저는 우선 태균이의 감정을 들여다보기 시작했습니다. 태균이는 몇 해 동안 여러 병원에 다녔고 여러 의사 선생님을 만났는데, 감정을 물어봐준 사람은 단 한 명도 없었고, 증상만 묻고는 바로 약을 처방해 줬다고 합니다. 그래서 이번에도 화가 나고 오기 싫었다고 했습니다.

처음에는 한숨도 자주 쉬고 눈을 자꾸 깜빡이며 시선을 못 맞추던 태균이는 그날 감정코칭을 받고 나서 처음과는 전혀 다른 모습이 되었습니다. 차분하고 편안하게 자신의 생각과 감정을 말할 수 있게 되어 부모님도 깜짝 놀랄 정도였습니다. 태균이는 저와 6개월간 만난 뒤 대학에 입학했습니다.

집에서도 그렇지만 특히 교실에서 ADHD 특성을 보이는 학생들은 대개 문제아나 말썽꾸러기로 여겨집니다. 부모님들은 자신이 무언가 잘못했기 때문에 아이가 그런가 하여 죄책감을 갖기도 하고, 선생님들은 교실에 그런 학생이 한두 명만 있어도 수업을 진행하기가 어려우므로 다른 반이나 다른 학교로 가주기를 원하기도 합니다.

하지만 그 학생들의 특성을 장점으로 보고 긍정적으로 표현할 수 있는 기회를 주며 방법을 가르쳐준다면, 교실에 창의력과 생동감과 에너지를 불어넣을 수 있는 귀한 자원과 인재가 될 수 있을 것입니다. 그리고 부모님과 선생님의 에너지를 아이를 꾸지람하고 벌주고 회피하는 데 쓰지 않고 아이의 장점을 찾고 감정을 적절하게 표현할 수 있게 해주는 데 쓸 수 있을 것입니다.

27장

학교폭력과 집단따돌림에 노출된 아이들

🌱 학교폭력이란 무엇인가?

"야, 너 수영인가 뭔가 하는 X하고 놀 때 알아봤어. 개랑 놀지 말랬잖아." 혜선이가 실실 웃으면서 약을 올렸습니다. 자기와 놀던 선영이가 갑자기 수영이와 단짝이 된 게 못내 못마땅했던 것입니다.

"입 닥쳐." 선영이가 발끈했습니다.

"뭐? 야, 이 XXX아!" 둘은 눈 깜짝할 사이에 서로 머리카락을 움켜쥐고 싸웠습니다. 선영이는 혜선이의 상대가 되지 못했습니다. 혜선이한테 걷어차인 아랫배가 몹시 쓰려왔습니다. 자신이 너무 한심하고 초라했습니다. 낄낄대면서 침을 뱉고 가는 혜선이를 뒤따라가 죽이고 싶었습니다.

다음 날, 학교에 가고 싶지 않았습니다. 발길에 차여 쓰러져 있을 때 아무도 도와주지 않았습니다. 오히려 혜선이를 따라 낄낄대고 웃는 소리가 들린 것 같았습니다. 찾아가고 싶은 선생님도 없었습니다. 백성희 선생님하고는 원래 친하지 않았고, 유민정 선생님을 찾아가지 않은 지도 석 달이 다 돼갔습니다.

늑장을 부리고 있는데, 엄마는 지각할까봐 잔소리입니다. 딸이 폭력과 폭언을 당했는데 지각이나 걱정하고 있습니다. 아빠의 눈초리도 보기 싫습니다. '내 그럴 줄 알았다. 말 안 듣더니 꼴좋다! 다 자업자득이지. 앞으로 뭐가 될래? 집안 망신만 시키지 마!' 비난과 경멸이 눈에서 쏟아져 나오는 듯했습니다. 차가운 눈빛이 가슴 속 깊이 파고들었습니다.

'나는 왜 태어났을까? 누굴 위해 사는 걸까? 계속 살아야 하는 걸까?' 질문이 꼬리를 물지만 답이 나오지 않았습니다.

그날 3교시에 선영이가 교실에서 면도칼로 손목을 다섯 번 그었습니다. 다행히 생명에는 지장이 없었습니다. 하지만 그 행동에 반 학생들이 모두 큰 충격을 받았습니다. 백성희 선생님은 선영이의 자해를 생각만 해도 밤에 잠을 설쳤습니다. 피나던 손목보다 선영이의 눈빛이 자꾸 떠올랐습니다. 푹 꺼진 눈이 깊숙한 동굴처럼 빛도 없었고 생명도 느껴지지 않았습니다.

요즘 학교폭력이 하루가 멀다 하고 발생하고 있습니다. 앞으로는 더욱 증가할 것입니다. 학교폭력은 학생이 누군가를 의도적이고 반복적으로 불편하게 하고, 위협하고, 해치고, 상처를 주는 행위입니다.

신체적인 폭력만 폭력이 아닙니다. 놀리거나, 욕설을 하거나, 비난을 하는 언어폭력도 있고, 이상한 표정을 짓거나 무시하는 몸짓 등을 통한 심리적 폭력도 있습니다. 따돌리거나 나쁜 소문을 내는 것도 학교폭력에 포함됩니다.

다툼과 폭력의 차이

그런데, 다툼과 폭력은 같은 걸까요, 다른 걸까요? 다툼과 폭력이 어떻게 다른지 개념이 정리되면 학생들을 지도할 때 많은 도움이 될 것입니다.

다툼은 양쪽의 힘에 균형이 있고 폭력은 양쪽의 힘이 불균형입니다. 예를 들어, 고등학생이 초등학생을 때렸다면 폭력입니다. 한편, 같은 5학년끼리 다퉜다면 기본적으로는 다툼일 수 있지만, 한 아이는 덩치가 크고 한 아이는 덩치가 작고 말랐다면 폭력이 될 수 있습니다. 그리고 어쩌다 한 번 싸우는 것은 다툼이지만 주기적으로 싸운다면 폭력입니다.

또한 해칠 의도가 없이 하는 것은 다툼이지만, 의도적으로 해치려고 하면 폭력입니다. '이 녀석 내가 한번 손 좀 봐줘야지' 하는 건 의도적인 것입니다. 그리고 위협을 가하지 않으면 다툼이지만 '이렇게 하면 어떻게 하겠다'고 위협하는 건 폭력입니다.

끝났을 때 양쪽의 기분이 비슷하면 다툼이지만 끝났을 때 승자는 승리 감에 도취되고 패자는 심한 패배감을 느낀다면 폭력으로 볼 수 있습니다. 싸운 후 후회가 따른다면 다툼이고, 후회 없이 모든 게 맞은 아이 탓이라고 정당화한다면 폭력입니다.

그리고 다툼에서는 어떤 문제를 해결하려고 하지만 폭력에서는 문제 해결을 원치 않습니다. 폭력을 계속 행사하고 싶기 때문에 문젯거리를 만들려고 하지 해결하려고 하지 않습니다.

다툼	폭력
힘의 균형	힘의 불균형 (1 대 다수, 하급생 대 상급생)
일시적	주기적, 반복적
해칠 의도가 없음	의도적으로 해침
양쪽의 기분이 비슷함	승자-패자로 양분
후회가 따름	피해자를 탓함
문제를 해결하고자 함	문제 해결이 목적이 아님

다툼과 폭력의 차이

폭력지수

폭력은 그 정도에 따라 단계를 나눌 수 있습니다. 다음의 폭력지수는 핀란드의 학교폭력 예방 및 대책 프로그램 자료를 압축한 내용입니다.

미국 미시간 주의 전체 1,200여 개 학교 중에서 학교 평가 최상위를 기록할 정도로 우수한 학교를 방문하여 교감선생님으로부터 학교폭력에

폭력지수	폭력 행동
1	은근히 따돌리는 것
2	나쁜 표정을 짓거나 나쁜 눈빛으로 바라보는 것
3	나쁜 별명을 붙이는 것
4	나쁜 소문을 내거나 모욕적인 언행을 하는 것
5	노골적으로 따돌리거나 못살게 구는 것
6	위협적인 언행과 협박
7	물건을 훔치고 빼앗고 망가뜨리는 것
8	때리고 발로 차는 것
9	흉기로 위협하거나 실제로 흉기를 사용하는 것
10	살인

폭력지수

관한 교육을 받은 적이 있습니다. 그 선생님에 따르면, 그 학교에는 폭력이 전혀 존재하지 않는다고 합니다. 그것이 가능한 이유는 폭력지수 1인 '은근히 따돌리는 것'부터 바로 개입하여 초기에 대응하고 예방하기 때문이라고 합니다.

보통은 폭력지수 5에 해당하는 '노골적으로 따돌리거나 못살게 굴기'가 행해지기 전에는 '아직 두고 보자'고 생각하지요. 하지만 그 선생님은 절대로 두고 보면 안 된다고 말합니다. 폭력은 점점 더 심해질 수밖에 없기 때문이라는 것입니다.

은근히 따돌리는 것부터 예방하기 위해 그 선생님은 수시로 교내를 구석구석 둘러본다고 합니다. 그러다가 좋지 않은 표정이나 눈빛이 발견되거나 아이들이 두세 명 이상 모여 있으면 편안하게 다가가서 무슨 일인지 묻는다고 합니다. 그런 움직임을 내버려두었다가 심각한 폭력사건이 벌어지고 나서야 대책을 세우는 건 너무 늦는다는 것이죠.

학생들에게 폭력지수를 설명하여 폭력의 정확한 개념과 범위를 인지시킬 필요가 있습니다. 만일 학생들이 누군가에 대해 나쁜 소문을 내거나 모욕적인 언행을 한다면, 그 학생들을 불러서 "지금 너희 폭력지수가 몇인지 알고 있니?" 하고 물어봅니다. 그러면 "전 폭력 안 했는데요? 안 때렸어요." 하고 대답할 것입니다. 그때 폭력지수가 적힌 종이를 보여주면서 그 학생들의 폭력이 어느 정도인지, 거기서 더 심해지면 어디까지 갈 수 있는지를 말해 줍니다.

간혹 학생이 "폭력 좀 쓰면 어때요? 나도 맞았는데 왜 나는 때리지 말라는 거예요?" 하고 반응할 수도 있습니다. 사실, 많은 경우 그런 반응을 보일 겁니다. 그럴 때는 폭력학생의 미래에 대해 조사한 결과를 들려주시기 바랍니다.

학교폭력의 폐해는 누구도 피할 수 없다

폭력학생들의 미래

폭력학생들을 22년간 장기 추적 연구해 보니, 성인이 된 후에 크고 작은 범죄로 처벌을 받거나, 배우자를 학대하거나, 직장생활에 실패하거나, 자녀들도 대물림해서 폭력적이 되거나 했습니다. 30세 이전에 범죄를 저지르는 비율이 네 명에 한 명꼴로 굉장히 높았지요. 폭력을 저지르지 않던 사람들이 범죄를 저지를 비율이 20명 중 한 명인 데 비해 굉장히 높은 비율입니다. 그리고 중학교 때 학교폭력에 가담했던 사람들의 60퍼센트는 24세 이전에 범죄행위로 체포된다고 합니다. 그중 35~40퍼센트는 세 번 이상 체포된다고 하고요.

이런 통계가 말해 주듯이, 폭력학생들의 미래는 매우 어둡습니다. '학생 때 잠깐 그러는 거지'라고 너그럽게 넘어갈 문제가 아닙니다. 폭력학생이 결국 폭력을 저지르는 어른이 되고, 그 자식에게까지 대물림될 수 있는 만큼, 학교폭력은 근절되어야 합니다.

폭력 피해학생들의 미래

그렇다면 폭력을 당한 학생들의 미래는 어떨까요? 피해학생들은 굉장히 오랫동안 신체적·심리적·사회적으로 손상을 입습니다. 장기적으로 신체가 각성상태에 있고 침투가 되다 보니 면역력이 감퇴되고, 만성피로증후군에 시달리며, 스스로 폭력을 행하게 되거나, 자해를 하거나, 극단적인 경우 자살을 할 수도 있습니다. 두려움, 분노, 소외감, 수치심, 우울감을 느끼고, 자신이 무가치한 존재나 바보가 된 느낌이 듭니다. 외상후스트레스증후군과 비슷하지요.

폭력을 피하기 위해서 결석하는 경우도 많고, 피해학생들의 30퍼센트 정도가 학업에 집중을 못한다고 합니다. '이래도 안 되고 저래도 안 되니 아예 관두자' 하는 마음이 되는 겁니다. 이것을 학습된 무기력감이라고 합니다.

또한 폭력 피해를 당한 학생들은 다섯 명 중 한 명꼴로 병을 앓는다고 합니다. 수면장애로 고통 받는 경우도 많고, 심각한 병으로 발전하는 경우도 있다고 합니다.

방관자들의 미래

학교폭력은 소수의 가해자와 피해자만의 문제라고 생각할 수 있지만, 사실 또 하나의 피해그룹이 있습니다. 폭력이 일어나는 걸 알고도 묵인하는 방관자들입니다. 방관자들은 '나는 누굴 때리지도 않았고 맞은 적도 없으니 학교폭력은 나와 무관하다'고 강 건너 불 보듯 할지 모르지만, 방관자들에게도 학교폭력은 악영향을 미칩니다.

학교폭력이 발생하면 학교 전체가 불안감과 공포감에 휩싸이고, 부모님들도 '혹시 우리 애가 당하는 거 아니야? 당하는데 말 못하는 거 아니야?' 하며 걱정합니다. 학생들은 학교를 안전하다고 느끼지 못하고, 일체감과 융화보다는 파벌이 생깁니다.

이런 학교는 전반적으로 학업수준이 낮습니다. 위협이 느껴질 때 우리의 뇌는 활동이 위축되기 때문입니다. 공부, 운동, 정서적 활동, 사회적 활동, 예술활동, 도전 등 많은 것들이 축소됩니다.

늦게까지 남아서 공부나 운동, 동아리활동을 하고 싶어도 폭력을 당할까봐 두려워서 하지 못합니다. 그러다 보니 전반적으로 두뇌 발달이 위축되어 학력뿐 아니라 창의력과 문제해결능력도 키워나갈 수 없게 됩니다. 폭력을 방관하는 것은 결국 폭력에 동조하는 것이나 마찬가지입니다.

폭력학생들의 태도와 심리

폭력학생이 폭력을 행하게 되는 기본 태도나 심리는 여러 가지가 있습니다. 우선 자신이 하는 행동이 폭력인지 알지 못할 수 있습니다. 나쁜 눈빛을 보낸다든지, 은근히 따돌린다든지 하는 행동이 폭력인 줄 모르는 것입니다. 따라서 학생들에게 어떤 행동부터 폭력에 들어가는지를 정확히 인식시켜야 합니다. 그래야 폭력을 조기에 예방하고 근절할 수 있습니다.

갈등에 대처하는 기술을 잘 알지 못해서 폭력을 행할 수도 있습니다. 이런 경우에는 관계의 기술이나 의사소통의 기술을 가르쳐주어야 합니다. 감정코칭의 중요성을 다시 한 번 확인하게 되는 경우입니다.

마지막으로 폭력이 어떤 것이며 바람직한 행동은 어떤 것인지 알면서도 폭력적인 행동을 하는 경우가 있습니다. 가장 어려운 경우지요. 이런 아이들 중에는 주의를 끌고 싶어서 폭력을 행사하는 경우가 있습니다. 관심을 받고 싶은데 폭력이라는 잘못된 방법을 택하는 것입니다. 이럴 때는 어떤 행동이 자신에게 도움이 되고 다른 사람에게도 도움이 되는지, 어떻게 하면 나쁘지 않은 의도를 좀더 긍정적인 행동으로 나타낼 수 있는지 등을 알려줘야 합니다.

폭력학생들은 인지적으로 왜곡되어 있고, 감정적으로 대처를 잘 못하는 경우가 많습니다. "걔가 먼저 잘못했거든요?" 하며 책임을 전가합니다. 폭력을 당한 아이가 맞을 짓을 했다고 생각하고, 따라서 자신의 잘못이 아니라고 생각하는 경우가 많습니다. 그래서 불공평하게 자신들만 혼난다고 생각합니다.

또한 별것도 아닌 걸 가지고 야단들이라거나, 단순한 사고일 뿐이라거나, 남들도 다 그렇게 한다고 생각하는 경우가 많습니다. 자신도 전에 당했으니 지금처럼 행동하는 건 당연한 거라고 생각하기도 합니다.

이런 아이들에게는 인지적으로 잘못됐다는 이야기를 하기 전에 감정을 먼저 들어주는 게 좋습니다. 감정코칭을 통해 아이들의 감정을 들어주고 수용해 주고 나서 인지적으로 대화를 시도해야 합니다.

🌱 학교폭력에 대한 잘못된 대처법

어른들이 학교폭력에 대처하는 흔한 방법들 중 잘못된 것들이 있습니다. 효과가 없는 것으로 검증된 방법들이므로 지양해야 합니다.

방관형 : 그러면서 크는 거라고 내버려둔다

"그냥 저러면서 크는 거야." "애들이 다 싸우는 거지." 이런 태도는 위험합니다. 양육자 유형으로 보면 방관형입니다. 아이들은 폭력을 행사하면서 크는 게 아닙니다. 통계가 말해 주듯이, 폭력을 저지르는 학생들은 결국 폭력과 범죄를 저지르는 어른이 됩니다. 그냥 두면 안 됩니다.

억압형 : 폭력은 폭력으로 다스린다

"때렸어? 그럼 너도 맞아봐!" 이렇게 학생의 폭력에 어른(교사, 부모, 경찰 등)이 폭력으로 대응하는 것 역시 효과가 없습니다. 점점 더 큰 폭력을 일으키기 때문입니다. 폭력을 폭력으로 다스리는 것은 양육자 유형으로 보면 억압형에 해당됩니다.

격한 감정적 상황에서 폭력이 나왔을 수도 있고, 폭력을 장난으로 여기고 괜찮은 줄 알았거나 상대를 존중하는 방법을 몰라서 그랬을 수도 있습니다. 그런데 어른들이 아이들의 폭력을 폭력으로 다스리려고 한다면 좋은 역할모델을 배울 기회를 잃게 하고 폭력의 대물림으로 다음 세대까지 악순환의 고리를 넘겨주게 될지도 모릅니다.

축소전환형 : 피해자에게 잊어버리라고 한다

피해자에게 "지나간 일인데 잊어버려. 2년 전의 일을 아직도 마음에 담아두니?"라고 하는 것 역시 잘못된 대처법입니다. 폭력을 당한 학생은 그 상처가 제대로 치유되지 않는 한 결코 그 일을 잊지 못하고, 유사한 자극이 왔을 때 더 강한 반응을 보일 수 있습니다. 그냥 잊어버리고 무시하라는 것은 올바른 방법이 아닙니다.

뇌과학 연구에 의하면, 처리되지 않은 감정은 시간이 아무리 흘러도 바로 어제 일처럼 생생하게 기억된다고 합니다. 단 한 번이라도 그때의 감정을 누군가가 진심으로 들어주고 공감해 주고 지지해 준다면 그 감정은 해소될 수 있습니다. 잊어버리라고 할 게 아니라 감정코칭을 통해 아이의 상처받은 감정을 해소해 주어야 합니다.

축소전환형 : 피해자에게 참고 견디라고 한다

시간이 약이니 참고 견디라는 충고는 피해자가 받은 상처를 축소하고 별것 아닌 일로 넘기려는 축소전환형 방식입니다.

폭력을 당한 학생은 시간이 좀 지나도 여전히 괴롭고, 두렵고, 불안하고, 억울할 수 있습니다. 그런데 참으라거나, 별것 아니라거나, 괜찮다거나 하면 자신이 괴롭고 힘든 것이 이상한 것인지, 정말 별것 아닌데 문제를 일으키는 자신이 비정상이거나 과장하는 것인지 혼란스러울 수 있고, 오해받거나 무시당하는 기분이 들 수도 있습니다. 이럴 때 역시 감정코칭을 통해 자신의 감정을 충분히 느끼고 표현할 수 있도록 해야 합니다. 그래야 성숙한 대응책도 배울 수 있습니다.

억압형·방관형 : 피해자에게 맞서 싸우라고 한다

피해자에게 "맞서 싸워! 너도 권투도 배우고 레슬링도 배우고 유도 검도 다 배워서 가서 싸워!"라고 하는 것 역시 좋은 대처법이 아닙니다.

맞서 싸우다 보면 피해자가 가해자가 되고 가해자가 피해자가 되는 폭력의 확산과 재생산이 벌어질 뿐입니다. 맞서 싸우게 할 게 아니라 대화와 관계의 기술을 가르쳐야 합니다. 서로 존중하고 배려하는 방법을 가르쳐야 합니다.

학교폭력에 대한 바람직한 대처법

학교 분위기를 비폭력적으로 바꾼다

그렇다면 학교폭력에 대한 바람직한 대처법은 무엇일까요? 무엇보다 중요한 것은 학교 전체를 비폭력적인 분위기로 바꾸는 것입니다. 한두 명을 바꾸고 벌주는 것으로는 부족합니다. 선생님들부터 학생들 전체에 이르기까지 말투부터 비폭력적이고 비억압적으로 바뀌어야 합니다. 즉, 감정코칭형 대화가 이루어져야 합니다.

폭력에는 여러 종류가 있다는 사실을 알린다

신체적 폭력만이 폭력이 아니며 폭력에는 여러 종류가 있다는 것을 알리고, 폭력지수도 알려서 폭력에 대한 경각심을 일깨워야 합니다.

- 심리적 폭력 : 나쁜 표정을 짓거나 무시하는 몸짓
- 언어적 폭력 : 놀림, 별명, 성적 묘사나 욕설
- 사회적 폭력 : 따돌림, 소문내기 등
- 신체적 폭력 : 때리고 치고 밟고 누르고 위협하거나 흉기를 사용함

행동의 한계를 분명히 알린다

전체 학생들에게 행동의 한계를 분명히 알려야 합니다. 어떠어떠한 행동은 남에게 해로우므로 해서는 안 되고, 어떠어떠한 행동은 자기 자신에게 해로우므로 해서는 안 된다는 것을 알려야 합니다. 예컨대, 남의 소지품을 훔치거나 빼앗거나 망가뜨리는 것은 다른 사람에게 피해를 주므로 안 되는 것이고, 담배와 술을 하는 것은 자신의 건강을 상하게 할 수 있으니까 안 된다는 등 간단한 예를 들어 설명해 주면 됩니다.

피해학생에게 대인관계능력, 상황대처능력, 자기방어능력을 가르친다

피해학생에게는 감정코칭을 통해 대인관계능력, 상황대처능력, 자기방어능력 등을 가르쳐야 합니다. 자신의 감정을 알고 감정에 대한 대처법을 알게 되면 대인관계능력이나 상황대처능력, 자기방어능력을 키울 수가 있습니다. 그냥 피해버리거나, 숨거나, 싸우거나, 극단적인 자살 같은 방법을 택하지 않아도 좋은 방법들이 있다는 것을 알려줘야 합니다.

가해학생에게 감정코칭을 통해 교육한다

가해학생에게는 화가 난다고 해서 다른 사람을 때리거나 못살게 굴면 거기에 책임이 따른다는 것을 교육시켜야 합니다. 단, 무조건 벌을 주고 훈계하는 건 별로 도움이 안 됩니다. 감정코칭을 통해 아이들을 이해해 주고 공감해 주되, 행동에 한계를 지어주어야 합니다. 그래서 학생이 그런 행동으로 남에게 피해를 주면 안 된다는 걸 진심으로 깨달으면, 감시하거나 처벌하지 않아도 근본적으로 학교폭력은 근절될 수 있습니다.

가해학생을 저지하고 피해학생을 도와주도록 가르친다

전체 학생들에게 가해학생을 저지하고 피해학생을 도와주라고 가르칩니다. "난 몰라요" "못 봤어요" "나랑 상관없어요" 하고 방관하는 것은 잘못된 행동임을 가르쳐야 합니다.

또한 알림과 고자질의 차이를 알려주어야 합니다. '알림은 모두를 위해서 또는 친구가 도움을 받게 하기 위해서 하는 행동이고, 고자질은 자신에게 유리하도록 또는 친구가 처벌을 받게 하기 위해 하는 행동이다'처럼 알림과 고자질의 차이를 가르쳐주고, 폭력이 일어났을 때는 알리는 것이 모두의 책임임을 강조해야 합니다.

힘겨루기를 안전하고 즐겁게 할 수 있는 방법(운동, 스포츠, 게임 등)을 권한다

힘을 다른 학생들에 대한 폭력으로 드러내지 않고 안전하고 즐겁게 표현할 수 있는 방법들을 소개하고 행하게 합니다. 운동이나 스포츠는 건강하게 힘과 에너지를 발산할 수 있는 방법이므로 적극적으로 권장하기 바랍니다. 또한 엄지 싸움, 밀치기 놀이 등 안전하고 즐겁게 힘겨루기를 할 수 있는 간단한 놀이를 선생님들이 평소에 터득해 놓는 것도 좋겠지요.

학교가 나서야 한다

선영이네 학교 교장선생님은 다시금 깨달았습니다. 상담의 중요성을 잘 알았기에 상담실을 리모델링하고 상담사도 채용했지만, 학교폭력과 학생 자살을 예방하기에는 턱없이 부족했습니다. 더 근본적이고 복합적이고 광

범위한 해결책이 필요했습니다. 선영이가 심리적 안정을 되찾더라도 제2, 제3의 선영이가 나타날 것이고, 그 아이들은 자해로 그치지 않고 자살까지 할 수도 있습니다.

먼저 교무회의를 열었습니다. 교무회의에서는 학교폭력의 원인 분석에 시간을 낭비하지 않았습니다.

원인이야 불을 보듯 뻔합니다. 폭력은 스트레스가 외향적이고 공격적으로 폭발되는 것이고, 자살은 스트레스가 내향적이고 도피성으로 변질되는 것입니다. 무엇이 학생들에게 그토록 심한 스트레스를 안겨주고 있습니까? 공부에 대한 부담, 억압적인 어른, 가정불화, 붕괴된 가정 등 우울하고 불안한 감정을 자극하는 환경적 요인이 가장 큰 원인입니다.

하지만 모든 위기 상황에 놓인 아이들이 다 문제행동을 하지는 않습니다. 워너 박사의 카우아이(kauai) 연구는 1955년에 하와이 섬에서 태어난 모든 아이들을 40년간 조사한 거대한 종단연구로, 그중 부모가 마약이나 알코올에 중독됐거나, 가난하거나 가정폭력이 있는 집 등 취약하고 절망적인 환경에서 자란 698명의 아이들을 따로 조사했습니다.

그 결과 그런 아이들 세 명 중 한 명은 별 탈 없이 성장한 것으로 밝혀졌습니다. 열악한 환경에도 불구하고 문제행동을 일으키지 않은 어른으로 성장한 아이에게는 무조건적인 사랑을 베푼 어른이 있었습니다. 엄마, 할머니, 이모, 이웃, 오빠, 선생님, 누구든 상관없었습니다. 단지 누군가가 지속적이고 조건 없는 관심과 호감을 베풀어준다는 게 중요했습니다. 아이는 어른이 하기 나름이고, 아이 곁에는 어른스러운 어른이 있어주어야 합니다.

교장선생님은 더 이상 교실 및 교육의 붕괴를 방관할 수 없다는 교사들의 공감대를 확인하고, 두 가지 전략을 세웠습니다. 폭력 방지를 위한 단기 전략으로 '무관용 원칙'을 세웠고, 장기 전략으로 인성교육 강화를 내세

왔습니다.

폭력이란 물리적으로 위협하는 것만이 아닙니다. 은근히 따돌리는 행위도 폭력이요, 욕설도 폭력이요, 귀찮게 하는 것도 폭력입니다. 낮은 폭력행위를 방치하면 높은 수위의 폭력으로 이어질 확률이 높습니다. 그래서 낮은 수위의 폭력도 허용하지 않는 무관용 원칙이 필요합니다.

또한 폭력은 독립적으로 존재하지 않습니다. 가해학생들은 게임중독, 인터넷중독, 술, 담배, 가출, 절도 등 다른 위기행위를 동시에 하는 경우가 많습니다. 폭력을 못하게 하면 다른 위기행위가 커지는 풍선효과가 나타날 것입니다. 그리고 한 가지 위기행위를 방치하면 여러 위기행위로 확산될 가능성이 높아집니다. 따라서 폭력을 뿌리 뽑기 위해서는 모든 위기행위를 아우르는 다차원적인 접근이 필요합니다. 그래서 포괄적인 차원에서 인성교육이라는 다소 추상적인 전략을 세운 것입니다.

학교 홈페이지에는 교육 목표가 '따뜻한 인간성을 지닌 창의력 있는 인재 육성'이라고 적혀 있었습니다. 교육 목표는 학교가 학생, 학부모, 국민과 하는 약속입니다.

그러니 약속은 지켜지지 않은 셈입니다. 학교만 문제가 아닙니다. 성적만을 주시하는 온 국민의 교육열 속에서 인성교육은 교육의 축에 끼지도 못하게 되었고, 가정교육이란 단어도 사라지고 있습니다.

교장선생님은 전교생을 모아놓고 학교폭력에 대해 무관용 원칙을 선포했습니다. 생활지도부에 교사 세 명이 추가로 배당되었고, 생활지도부 교사만이 아니라 모든 선생님들이 쉬는 시간에 복도에서 당번을 섰습니다. 층마다 교사가 한 명씩 배치되었고, 학교 규칙을 어기는 학생을 어김없이 지도했습니다. 교사 전원은 감정코칭 연수를 받았고, 학생들을 일방적으로 훈계하거나 비난하지 않고 감정코칭을 실천했습니다.

그러나 등하교 시간과 쉬는 시간, 점심시간의 감시와 지도만으로 해결될 문제는 아니었습니다. 수업이 시작되면 교사의 학생관리능력이 중요했습니다. 학생관리능력이 떨어지는 교사의 수업은 엉망이었고, 지도를 잘하는 교사의 수업은 조용하긴 했지만 억압적인 분위기였습니다. 그런 분위기 속에서 위기학생들의 반발심과 절망감은 점점 커져서 언제 어디서 터질지 몰랐습니다.

결국 교장선생님은 '학교 안의 학교'라는 방법을 택했습니다. 각 반에서 가장 문제를 일으키는 소위 '문제아'들을 격리시켜 반을 따로 편성해서 그들이 소화할 수 있는 방식으로 교육하는 것이었습니다. 기초가 부족한 학생은 기초부터 다져주고, ADHD 증세가 심한 학생들은 활동 위주 수업을 하고, 에너지가 넘치는 남학생들은 첫 시간부터 운동을 시켜 정신적 안정을 취할 수 있도록 했습니다.

필요한 인력은 인턴교사를 채용하여 조달했고, 자원봉사자들을 동원해서 학생 다섯 명당 어른 한 명이라는 낮은 학생 대 어른 비율을 유지해서 어른의 개입을 강화했습니다. 물론 자원봉사자들도 감정코칭 연수를 받게 했고, 학부모 감정코칭 연수를 개최해서 교사와 학부모가 '문제아'에 대해 같은 시각과 기술을 가지도록 했습니다.

'문제아'들이 빠져나간 교실은 정상 수업이 가능해졌습니다. 교사들은 아이들과 싸울 일이 없어졌고, 학생들은 방해받지 않고 공부할 수 있었습니다. '문제아'들은 처음에는 '추방'된 기분을 떨치지 못해서 기분 상해했지만, 개별적인 관심과 과외 수준의 교육을 받으니 학업을 따라갈 수 있어 좋아했습니다.

이렇게 변화가 생기기까지는 꽤 시간이 걸렸습니다. 하지만 3개월이 지나면서 학교가 안정되기 시작했고, 일 년이 지나면서 학교폭력은 완전히 자취를 감추었습니다.

　학교폭력이 사라지게 하려면 이렇게 학교의 전 구성원들이 공감하고 동참하는 프로그램이 실시되어야 합니다. 감정코칭이 비폭력적인 학교 문화를 형성하는 기본 인프라가 되어줄 것입니다.
　학교폭력에서는 누구도 자유로울 수 없습니다. 학교 구성원 모두가 가해자이거나, 피해자이거나, 방관자입니다. 학교폭력은 가해자와 피해자의 단순 흑백 구조나 대립으로 보기보다는 가정, 교실, 학교, 사회 등 더 큰 틀에서 보아야 이해할 수 있고 바람직한 대책을 세울 수 있습니다. 학교에서도 폭력학생의 담임만이 아니라 교장, 교감 등 전 교직원과 학생, 학부모는 물론, 수위, 배식 교사, 청소부까지 폭력 무관용 원칙을 알고 이에 따른 학칙을 배워두는 것이 좋습니다.

28장

학습이 부진한 아이들

🌱 문제 대신 장점에 주목하라

ADHD, 폭력, 집단따돌림, 이런 '문제'에만 집중하면 역효과를 일으키거나 더 큰 문제를 일으킬 수 있습니다. 과거의 상담법이나 대처법은 거의 '문제'와 '단기 해결'에 초점을 두었습니다.

그러나 유럽이나 미국에서 50년, 100년 동안 문제에 집중하여 치료나 상담을 해보니 별로 효과가 없다는 결과가 나왔습니다. 오히려 역효과를 내는 경우도 있었습니다.

'아이가 우울해요' '아이가 공부를 안 해요' '아이가 집중을 못해요' '아이가 충동적이에요' '아이가 과격해요' 하면서 문제에 집중해서 고쳐주려고 하면 도움이 되기는커녕 오히려 더 큰 문제가 될 수 있습니다.

예를 들어, 아이가 좀 부산하긴 하지만 그림도 잘 그리고 운동도 좋아하고 반에서 키우는 금붕어와 거북이도 잘 보살펴줍니다. 그래도 대개 선생님들은 부모님께 "애가 좀 많이 부산한데, 어디 가서 진단 좀 받아보세요"라고 얘기합니다. 병원에서 ADHD 판정을 받는다면, 그날부터 부모님에게는 아이의 좋은 행동은 안 보이고 ADHD 행동만 보일 겁니다. '저러니까 야단을 맞겠지' '저렇게 집중을 못한다니까' '저러니까 공부를 못할 거야' 이렇게 부정적인 문제만 자꾸 보게 되고, '조용히 해!' '떠들지 마' 등 '하지 말라'는 말만 하게 됩니다.

아이들의 부정적인 '행동'에 자꾸 초점을 두면 더 강한 부정적인 '감정'들이 나옵니다. 악순환에 들어가게 되죠. 학습부진아를 대할 때도 문제에만 초점을 두면 악순환에서 헤어 나오기가 어려워집니다.

흔히들 학습부진아를 대할 때는 감정코칭이 아니라 학습코칭이 필요하다고 생각할 수 있습니다. 선생님들의 대다수는 학창시절에 우등생이었기에 열등생의 정서와 감정에 공감하기 어려울 수 있습니다. 또한 지극히 인지적인 활동인 공부를 못하는 학생에게 감정적으로 다가간들 성적이 오르지 않을 거라고 생각할 수 있습니다.

공부를 하기 싫어하고 잘 못하는 아이들은 단지 학습을 효율적으로 하지 못하거나 학습에 어려움을 겪기만 하는 게 아닙니다. 외상후스트레스증후군 때문이든, 애착손상이나 우울증이나 스트레스 때문이든, 정보를 흡수하고 처리하고 기억하는 뇌의 회로가 잘 발달되어 있지 않은 경우가 많습니다.

따라서 선생님들은 먼저 학습부진의 다양한 이유를 알고, 아이들의 감정을 이해해야 합니다. 그래야 필요한 도움을 줄 수 있습니다.

선영이네 학교 교장선생님은 폭력 없는 학교를 만들기 위해 무관용 원칙을 내세우는 동시에 모든 학생이 수업을 따라갈 수 있도록 돕는 '제로 학습 미달' 목표도 세웠습니다. 연구 결과에 의하면, 학생들의 위기행동은 학습부진과 쌍둥이처럼 공존하기 때문이었습니다.

지능이 너무 떨어져서 학업을 따라가지 못하는 경우도 간혹 있었지만, 대부분의 학생들은 기초를 닦을 기회를 얻지 못했거나, 시기를 놓쳤거나, 학업에 열중할 수 없는 환경에서 지내다가 중학교에 와서는 더 이상 학업을 따라갈 수 없어 포기한 경우였습니다. 이런 아이들을 무조건 공부를 안 한다고 다그치거나 학교에 잡아두고 공부를 시킨다고 성적이 오르지는 않았습니다.

교장선생님은 '학교 안의 학교'에 모인 '문제아'들 상당수가 학습부진아들임을 확인했기 때문에 각 학급의 교과 내용을 가르치는 대신 각 학생의 수준에 맞는 내용을 가르치도록 했습니다.

예컨대 중2 학생이어도 수학이 초등학교 5학년 수준이면 5학년 때 배웠어야 하는 내용을 배우게 했지요.

처음에 학생들은 창피하다면서 거부했습니다. 그러나 학생들의 감정을 수용해 주고 공감해 주면서 감정코칭과 함께 개별 지도를 하자, 학생들은 수업 내용을 이해하기 시작했습니다. 한 달이 지나자 '군소리'가 사라졌고, 빠른 속도로 학습 진도가 나가기 시작했습니다.

몇몇 학생들은 한 학기가 끝나면서 자신의 학년 수준까지 달성했습니다. 1년이 지난 후에는 거의 모든 학생들이 자기 학년의 교과서로 배울 정도가 되었습니다. 그리고 1년 반 만에 학교에는 학습 미달 학생이 단 한 명도 남지 않게 되었습니다.

학습부진이 해결되었을 뿐만 아니라, '학교 안의 학교' 프로그램을 한 지 몇 해가 지난 지금도 그 학생들은 감정코칭을 해주던 선생님들을 보면 일부러 다가와서 반갑게 이야기도 걸어오고 근황도 알려줍니다. 한번 형성된 신뢰가 지속되고 있는 것입니다.

🌱 IQ는 지능의 5퍼센트에 불과하다

학습부진과 문제행동은 흔히 동시에 나타나는 현상입니다. 학습부진으로 인해 학생이 문제행동을 일삼을 수도 있고, 반대로 문제행동을 하다 보니 공부와 거리가 멀어져서 학습부진으로 이어질 수 있습니다. 이 두 현상은 마치 쌍쌍둥이처럼 흔히 함께 나타납니다.

학습부진에는 여러 가지 이유가 있을 수 있습니다. 첫째, 자극을 받아들이고, 저장하고, 인출하는 일련의 정신 과정인 인지능력이 낮은 경우 학습이 부진해집니다. 이런 경우 수리, 언어 등의 공부를 잘하기 어렵습니다.

둘째, 누적된 생활 문제로 공부할 기회를 놓치고 기초를 다지지 못해서 내용을 따라갈 수 없는 경우가 있습니다. 학교 공부를 할 수 있는 능력이 없고, 하고 싶어도 안 되지요.

셋째, 스트레스를 많이 받아도 학습이 부진해집니다. 스트레스는 뇌에 부정적 영향을 미쳐 학습에 필요한 정보를 입수하고 처리하는 과정에 어려움을 겪게 만듭니다. 공부를 해도 효과와 효율이 떨어지지요. 스트레스가 누적되고 심해지면 다양한 문제를 일으키는데, 그중 집중력 저하, 충동적 행동, 기억과 회상능력 저하 등은 공부에 치명적인 악영향을 미칩니다. 성적이 떨어지면 또 공부 스트레스를 느끼게 되니, 심한 스트레스 부작용의 악순환에 들어가게 됩니다.

넷째, 학년이 올라갈수록 공부는 어려워지고 학습량은 많아지는데 기초가 부실하고 집중이 안 되어 학업에 절망감을 느끼고 포기하고 싶어서 학습이 부진한 경우도 있습니다. 학교 공부에 동기 부여가 안 되는 상황이지요.

이처럼 학습이 부진한 데는 아이의 개인적 문제만이 아니라 사회·정서적 요인이 크게 작용합니다.

'국영수사과' 다섯 과목을 잘하는 것만이 공부를 잘하고 머리가 좋은 것은 아닙니다. 지능에는 여러 가지가 있습니다. 수학은 못해도 음악은 잘하고, 영어는 못해도 운동은 잘할 수 있습니다.

한때는 IQ가 지능의 전부라고 생각했지만, 첨단 뇌과학 연구로 IQ가 지능의 5퍼센트 정도밖에 차지하지 않는다는 걸 알게 되었습니다. 낮은 IQ 때문에 학교에서는 성공하지 못하더라도 다른 지능이 높으면 인생에서는 성공할 수 있습니다. 학생의 다른 지능을 발견해 주어 희망을 갖게 해주는 게 중요합니다.

하워드 가드너 교수의 다중지능에 의하면 언어능력도 지능이고, 수학처럼 논리적으로 하는 것도 지능이고, 그림을 잘 그리는 것도 지능이고, 음악적 재능도 지능이고, 대인관계도 지능이고, 자기 자신을 성찰하는 것도 지능입니다. 최근에는 자연을 잘 감상하고 친화적인 것도 지능으로 봅니다. 지능의 종류는 앞으로 더 발견될 수 있을 것입니다.

어른이 모르는 지능이나 장점을 아이가 가졌을 수 있습니다. 아이에게 장점이 있을 거라는 생각에 집중해서 아이가 뭘 좋아하는지, 무엇에 관심이 있는지를 잘 살피면 그것이 결국 장점치료가 될 것이고, 많은 문제들이 해결될 겁니다. 문제에 집중하고, 못하는 것에 집중하는 것은 실패로 가는 길입니다.

아이의 장점에서 잠재력을 발견하라

감정코칭은 단순한 기술이 아니라 아이에 대해 긍정적 마인드를 갖고 진정으로 존중하며 배려하는 자세입니다. 긍정적 마인드를 갖는다는 것은 장점을 보고 희망을 보며 믿어주고 권한을 부여해 주는 것입니다. 이는 최근 심리치료의 새로운 경향인 긍정심리, 긍정치료, 장점치료와 일맥상통합니다.

장점치료란 아이의 문제점보다는 아이의 장점과 아이가 좋아하는 것을 보고 잠재력을 발견하며 성장할 수 있도록 함께 노력하는 방법입니다. 예를 들어, 아이가 부산하고 소란스럽고 활동적이라면, 그것을 장점으로 보고 그중 긍정적으로 쓰일 수 있는 것을 발휘할 환경을 제공해 주거나 방법을 제시해 줍니다. 그렇게 장점을 활용하고 발전시키다 보면 문제를 일으킬 시간이나 기회는 줄어들겠지요.

만일 학생이 음란소설을 본다면, 그 책 한 권을 빼앗는다고 해서 다시 그런 소설을 안 보지는 않습니다. 그럴 때는 그 소설을 선생님이 갖고, 대신 학생들 또래에 맞으면서 재미있고 유익한 책을 주는 겁니다.

예를 들어, 중학생이라면 『모래밭 아이들』, 『배터리』, 『소년, 세상을 만나다』, 『스피릿베어』 등 그 연령대에 공감할 수 있는 성장소설이나 학생이 좋아하는 관심 분야의 흥미롭고 유익한 책을 줍니다. 그러면 처음에는 '이게 뭐야?' 하다가도 공감할 수 있고 재미있으니까 계속 보게 됩니다.

또한 학생들이 수업시간에 불량과자를 먹는다면, 그것을 빼앗는다고 해서 아이들이 다시는 수업시간에 과자를 안 먹지 않습니다. 오히려 더 가지고 올 수도 있지요. 그러니 불량과자를 빼앗되 그것을 대신할 좋은 간식을 주는 겁니다. 사과, 바나나, 땅콩 등 건강에 좋고 맛있는 간식거리를 주면 자연스럽게 수업시간에 몸에 좋지 않은 과자를 먹는 일이 없어질 것입니다.

이렇게 아이들이 좋지 않은 행동을 할 경우 그것을 대체할 수 있는 좋은 행동을 독려해서 좋지 않은 행동이 들어갈 자리가 없게 하는 겁니다. 아이가 인터넷 소설을 밤을 새워 읽는다면 독서력이 있는 것이죠. 그것을 장점으로 보고 그 장점을 다른 것으로 채울 기회를 주면, 즉 좋은 책을 읽을 기회를 주면 자연스럽게 나쁜 행동은 사라지게 됩니다.

장점치료로 아이에게 희망을 심어주어라

장점치료는 어째서 효과적일까요? 누구든 잘하는 일과 못하는 일이 있습니다. 못하는 일에 집중하지 않고 잘하고 좋아하는 일을 많이 하면 발전합니다. 누구나 마찬가지입니다.

요즘은 부모님도, 선생님도 아이들에게 너무 많은 것을 요구합니다. 아이의 장점을 발견하고 발전시켜 주기보다는 이것도 해야 하고 저것도 해야 한다면서 요구하는 게 너무 많습니다. 그중에는 자연히 아이들이 못하는 게 있을 텐데, 그러면 그것에 치중해서 아이를 닦달합니다.

아이들이 잘 못하는 것과 단점에 치중하면 자아상이 나빠집니다. '나는 이것도 못하고, 저것도 못하고, 잘하는 게 없어……' 이렇게 생각하게 됩니다. 자존감이 낮아지고 자신감도 없어지고 분노하고 좌절하게 되겠죠. 반대로 장점을 찾아주면 거기서부터 더 많은 좋은 점을 키워갈 수 있습니다.

장점치료가 긍정적인 자아상을 만들어주고 대인관계기술, 표현력, 협동정신, 상처회복능력 등을 키워주는 데 도움이 된다는 것을 보여주는 사례를 몇 가지 살펴보겠습니다.

HD 교실에 공부도 하지 않고 굉장히 폭력적이던 아이가 있었습니다. 어느 날 학생들에게 도서실에서 각자 좋아하는 책을 찾아 읽으라고 했는데, 그 학생은 의자를 뒤로 빼고 앉아서 가만히 있었습니다. "아무개는 어떤 책을 좋아하니?" 하고 묻자, "없어요. 난 책 읽는 거 싫어요"라고 대답했습니다.

그 아이가 개를 좋아한다는 이야기를 들은 기억이 나서 제가 손을 잡고 "여기 정말 재미있는 책이 없는지 나랑 같이 한번 둘러볼까?" 하며 책장 사이를 둘러보았습니다. 그러다가 동물 과학책 부분에서 다양한 종류의 개와 강아지들의 사진이 담겨 있는 책을 꺼내어 "이건 어떠니?" 하고 물었습니다. 그러자 얼른 가져가서 보더군요.

그 일이 계기가 되었는지 그후 아이는 수의사가 되고 싶다고 했습니다. 그러더니 공부에 재미를 붙이기 시작했습니다. 결국 그 학생은 반에서 학기말 고사 성적이 제일 많이 향상되었습니다. 평균 20점대였던 점수가 80점대로 올라갔습니다. 좋아하는 동물 하나로 학생과 제가 연결이 되었고, 좋아하는 것을 부각시켜 주면서 장점치료의 효과를 볼 수 있었던 것입니다.

또 한 아이는 혼혈아였습니다. 그것만으로도 시설에서 아이들에게 차별을 받았는데, 다른 아이들보다 시설에 늦게 들어와서 더 미움을 받고 있었습니다. 폭력까지 당하고 있었고, 방어를 하겠다고 같이 욕하고 때리며 싸우던, 정말 힘든 아이 중 하나였습니다. 사실 그 아이가 겪어온 고통은 이루 말할 수가 없었죠. 어려서 부모와 헤어져서 무허가 시설에서 지내다가 그 시설이 철거되면서 이 시설로 온 상태였습니다.

처음 만났을 때 그 학생은 5학년이었는데, 여러 가지 문제를 보이고 있었습니다. 스트레스증후군으로 욕도 많이 하고, 악몽을 꾸고, 몽유병 증세도 보였고, 가출도 하는 등 부적응 행동을 많이 보이고 있었습니다.

그런데 이 아이와 함께 놀아보니, 만드는 걸 참 잘하는 아이였습니다. 과학을 좋아한다고 했고, 특히 뭔가를 조립하거나 만드는 일을 좋아했습니다. 운동감각도 뛰어났습니다.

그때 마침 누군가가 학교에 스포츠 후원을 해주겠다고 했습니다. 그래서 이 학생은 운동부에 들어갔고, 운동부에서 두각을 나타내기 시작하더니 시나 도 단위 대회에서 금상과 은상을 받았습니다. 지금은 자기가 좋아하는 일들에 몰입하면서 평화롭고 즐거운 나날을 보내고 있습니다.

그리고 상진이라는 고등학교 2학년 학생이 있었습니다. 상진이는 아무 이유 없이 학교 거울을 깨기도 하고, 양극성장애를 보이며 자해 시도를 여러 번 해서 상담실로 보내졌습니다. 상진이는 노숙자 엄마에게서 태어나 바로 시설에 맡겨졌던 아이였습니다. 유치원 시절부터 ADHD 약을 복용했고, 4학년 때는 짝을 칼로 찔러 죽이겠다는 말도 했다고 합니다.

정신과 병동에 한 달 입원한 적도 있으나 별다른 진전이 없어서 나온 상태였습니다. 상진이는 키가 또래 평균보다 훨씬 작고 왜소했습니다. 친구도 없고, 공부도 싫고, 운동도 싫고, 장래희망을 물으면 술주정뱅이나 노숙자라고 말했습니다. 다음은 상진이의 문장완성검사 내용의 일부입니다.

- 내가 가장 좋아하는 활동은 없다.
- 내 친구들은 나보고 미쳤다고 한다.
- 나의 엄마는 나를 버렸다.
- 나의 아빠는 모른다. 아마 알코올중독자일 것 같다.
- 학교는 빨리 때려치우고 싶다. 아무 재미가 없다.
- 선생님들은 나를 피하는 것 같다.
- 내가 가장 아끼는 것은 커터 나이프. 내 말을 잘 들으니까.
- 내가 만일 동물이 된다면 독수리가 되고 싶다. 자유롭게 훨훨 날아다닐 수 있으니까. 아니면 두더지? 아무도 못 보니까.
- 나의 꿈은 없다. 노숙자?

이런 상진이에게 어떤 장점이 있었을까요? 본인은 아무 장점도 없다고 했지만 저는 상진이를 상담하는 동안 다음과 같은 장점들을 발견했습니다.

- 그림을 잘 그린다.

- 관찰력이 뛰어나다.
- 자기 생각을 조리 있게 말한다.
- 글씨를 반듯하게 잘 쓴다.
- 음식 만들기에 관심이 있다.
- 동물을 좋아한다.
- 여행을 좋아한다.
- 담배를 피우지 않는다.
- 호기심이 많다.
- 유머 감각이 있다.
- 놀이를 빨리 배운다.
- 몸동작이 빠르다.
- 눈이 맑다.
- 귀가 잘생겼다.
- 목소리가 좋다.

이 밖에도 약 35가지의 장점을 찾아서 적어주자 상진이는 그 내용을 한참 들여다보았습니다. 그림을 좋아하고 잘 그린다는 점은 자신도 알고 있었지만 그것을 상담사가 알아주니 매우 기뻐했죠. 그렇게 자신의 장점을 찾자 상진이의 태도는 달라졌습니다.

지금 상진이는 컴퓨터그래픽을 전공하기 위해 전문대학에 진학할 준비를 하고 있습니다. 그림이라는 장점 하나를 살리면서 다른 많은 심각한 문제행동들이 사라지고 좋은 점들이 부각되기 시작했습니다. 상진이는 그림을 그릴 때 가장 마음이 편하다고 합니다. 약을 중단했지만 양극성장애 증상을 몇 달째 한 번도 보이지 않고 있으며, 미술반에서 친구도 사귀었다고 합니다.

　이처럼 아이들의 문제점을 지적하고 고쳐주려하기보다는 장점을 보고 장점을 조금씩 격려해 주는 것이 아이의 학습은 물론 전반적인 발전을 위해 효과적입니다. 그런 긍정적 사고의 힘은 우리가 생각하는 것보다 훨씬 위대할 수 있습니다.

긍정적 마인드세트를 통해서 궁극적으로 아이들을 도와주는 방법은 회복탄력성과 심리적 면역력을 길러주는 것입니다. 아이들이 겪는 고통과 어려움을 이해하고 공감해 주는 것도 중요하지만, 궁극적으로는 회복탄력성과 심리적 면역력을 갖추게 해줘야 합니다. 그래야 졸업하고 선생님과 헤어져도, 부모님이 떠나도 자생력 있게 살아갈 수 있습니다. 그게 바로 어른이 해야 할 일입니다.

7부

우리 청소년들의 내일에 희망을 심기 위하여

29장

모든 아이들에게는
심리적 면역성이 있다

어른부터 긍정적 마인드세트를 지녀라

선영이의 부모님은 학교에서 학부모 대상으로 감정코칭 교육을 실시했을 때 참여한 몇 안 되는 부모였습니다. 어머니와 아버지가 함께 참석한 경우는 극히 드물었습니다. 그러나 자꾸 빗나가는 자식을 보면서 아빠의 심경에 큰 변화가 생겼고, 연수에 적극적으로 참여했습니다.

감정코칭 교육을 받은 선영이 아빠는 크게 두 가지를 반성했습니다. 첫째, 약이 되라고 한 자신의 쓴 소리가 선영이에게는 독이 되었다는 사실이었습니다.

내용이 문제가 아니라 전달 방법이 잘못된 것이었습니다. 자신이 선영이에게 한 말은 거의 부정적인 말이었습니다. 아빠로부터 존중과 보호를 받아야 하는 자식이 업신여김과 인신공격을 받았으니 그동안 얼마나 괴로웠을까를 생각하면 가슴이 저려왔습니다.

둘째, 지금까지 자신은 아이의 단점만 보아왔다는 사실이었습니다. 선영이는 예쁘고 머리도 명석했고 공부도 상위권이었습니다. 하지만 아빠 눈에는 선영이의 행동이 거슬렸습니다. 말투가 고분고분하지 않았고, 사귀는 친구들이 영 못마땅했으며, 늘 이어폰을 꽂고 있어서 말을 걸어도 제대로 대답하지 않는 게 화가 났습니다. '왜 선영이의 부족한 면과 부정적인 점이 먼저 보였을까? 내가 부정적인 사람인가?'

선영이 아빠는 스파르타식으로 살아왔고, 자신의 단점을 철저히 분석하고 보완해서 극복하고 성공했습니다. 그게 자신이 아는 최고의 성공 전략이었습니다.

자신에게는 약이었던 게 어째서 아이에게는 독이 되었을까? 아이가 정신적으로 약한 것일까? 그러나 감정코칭 수업을 들어보니 호감과 존중이 비판과 비난의 다섯 배가 되어야 인간관계가 긍정적으로 형성된다고 했습니다. 그런데 자신은 부정성이 긍정성보다 다섯 배는 높았습니다.

부모가 의지할 수 있는 존재였다면 힘들 때 선영이는 부모를 찾았을 것입니다. 그러나 엄마 아빠는 선영이에게 따뜻한 품이 아니었던 것이죠. 결국 이렇게까지 된 것은 부정적이기만 하던 자기 탓이라는 생각이 들었습니다. 선영이에게 희망을 느끼게 도와주려면 자신이 먼저 긍정적으로 변해야 한다고 생각했습니다.

외상후스트레스증후군, ADHD, 학습부진, 학교폭력 등 특히 어려운 상황에 놓인 아이들에게 필요한 어른은 자신의 감정과 초감정을 잘 다스려서 감정적 중립상태를 이루고, 경청과 공감으로 아이에게 가슴으로 다가가며, 잘될 거라는 희망을 갖고 해결책을 찾으려는 동기와 능력을 부여하는 사람입니다. 그리고 그 과정에 필요한 기술이 감정코칭입니다.

하버드대학교의 로버트 브룩스(Robert Brooks) 교수는 2010년에 개최된 아동심리학 및 교육학 관련 회의에서 이런 능력을 '긍정적 마인드세트'라고 칭했습니다. 긍정적 마인드세트는 교사에게도 학부모에게도 상담사나 치료사에게도 굉장히 중요합니다.

감정코칭의 창시자인 하임 기너트 박사는 자신의 기대와 달랐던 교단과 학교의 실상에 실망하고 자신이 교사를 할 자격이 있는지 고민했습니다. 그리고 '엄청난 결론에 도달했다'고 말하며 자신의 교사관을 밝혔습니다. 하임 기너트 박사의 교사관은 '긍정적 마인드세트'를 그대로 반영하고 있습니다.

우선 하임 기너트 박사는 교사는 교실의 결정적 요인이라고 말했습니다. 교사가 어떻게 하느냐에 따라 교실의 분위기가 달라진다는 것입니다. 남이 바뀌기를 바라는 게 아니라 나부터 바뀌려 하고 나한테 권한을 부여하는 생각입니다.

교사가 어떻게 하느냐에 따라 교실의 분위기가 만들어지고, 교사의 기분이 교실의 기후를 만든다고 했습니다. 이것은 굉장히 큰 무게를 지닌 말입니다. 교사로서 학생의 삶을 비참하게 만들 수도 있고 즐겁게 만들 수도 있는 엄청난 힘을 가졌다는 것이니까요.

또한 하임 기너트 박사는 교사는 아이를 고문하는 도구도 될 수 있고 영감을 주는 악기도 될 수 있다고 말했습니다. 'instrument'라는 영어 단어의 두 가지 뜻을 이용해서 한 말인데, 'instrument'는 '도구'라는 뜻도 되고 '악기(musical instrument)'라는 뜻도 됩니다.

악기를 조율하듯 학생들과 조율을 해서 아름다운 연주를 하는 악기가 될 수도 있고 고문을 하는 도구도 될 수 있다는 말은, 아이에게 상처를 줄 수도 있고 상처를 치유해 줄 수도 있다는 말입니다. 어떤 상황에서 위기를 악화시킬지 가라앉힐지도 교사의 책임이고, 아이를 인간적으로 만들지 비인간적으로 만들지도 교사의 책임이라는 것을 깨달은 것입니다.

자신이 교사로서 자격이 없는 건 아닌지 처절하게 고민하며 바닥까지 내려갔을 때 하임 기너트 박사는 이렇게 위대한 발견을 했고, 좋은 교사가 되기 위해 더 공부를 하기로 결심했던 것입니다.

긍정적 마인드세트를 지닌 어른

긍정적 마인드세트의 핵심은 어떤 아이에게도 자신의 역경을 극복할 수 있는 심리적 면역성이 있다는 걸 확실히 믿는 것입니다. 로버트 브룩스 교수는 이런 마인드를 지닌 사람을 '카리스마 있는 어른'이라고 정의했습니다.

브룩스 교수가 말하는 카리스마 있는 어른은 다음과 같은 특징을 지니고 있습니다.

- 자신과 타인에 대한 믿음이 있고, 잘될 거라는 기대감이 있다.
- 아이들에게 동기를 부여한다.
- 아이들에게 희망을 준다.
- 아이의 상처회복력과 심리적 면역력을 키워준다. (아픈 상처를 위로해 주기만 하는 게 아니라 다음에 그런 일이 또 벌어졌을 때 딛고 일어설 수 있는 회복력과 심리적 면역력을 키워준다.)
- 아동을 우선순위에 둔다. (특히 아이의 감정을 잘 살펴준다.)

HD 교실에서 '지구 시민 이야기'라는 과목을 만들어 수업했던 이야기가 기억나실 겁니다. 그 '지구 시민'들이 바로 여기서 말하는 '카리스마 있는' 사람들입니다. 저는 약 15년 전부터 600여 명의 지구 시민들의 삶을 정리해 보았는데, 그 가운데 한 사람이 호스피스의 창시자인 시셀리 손더스(Cicely Saunders) 여사입니다.

시셀리 여사는 1918년에 영국에서 태어나 2005년에 세상을 떠났습니다. 당시는 대학교에 가는 여성이 거의 없을 때였는데, 시셀리 여사는 명문 대학에 들어가서 영문학을 공부했습니다. 그런데 실제로 사람을 도울 수 있는 일을 하고 싶어서 다시 간호학을 공부해 간호사가 되었습니다.

간호사로 일하다 보니, 말기암 환자나 불치병 환자는 어차피 죽을 것으로 치부하여 폐기처분하듯 놔두는 모습이 굉장히 안타까웠습니다. 그래서 병원장에게 그들도 인격이 있고 존엄성이 있는데, 하루하루를 진통제나 맞으며 무의미하게 보내는 것은 너무하지 않느냐고 말했습니다. 음악도 듣고, 가족, 친구들과 소통도 하고, 동물도 키우고 꽃도 키우는 등 생명이 다할 때까지 할 수 있는 일들을 하게 해주면 어떻겠느냐고요. 그러자 병원장은 그건 사회복지사가 하는 일이니 참견하지 말라고 했습니다.

그 말을 듣고 시셀리 여사는 복지학을 공부해서 사회복지사가 되었습니다. 그리고 불치병 환자들이 마지막 순간까지 의미 있고 행복을 느낄 수 있는 일들을 할 수 있게 했습니다. 그런데 그 과정에서 자꾸 의사들과 부딪쳤습니다. 의사들은 시셀리 여사에게 그들이 하라는 대로 할 것을 요구했던 것입니다.

그래서 시셀리 여사는 30대 후반의 나이에 의학을 공부해서 의사가 되었습니다. 그렇게 의사가 된 시셀리 여사는 호스피스를 창시했습니다. 말기암 환자나 불치병 환자도 한 달이 남았든 6개월이 남았든 마지막까지 인간적인 보살핌을 받으며 충실하게 살 수 있도록 전인적인 치료와 보살핌을 해주자는 것이 목표였습니다.

시셀리 여사의 사례에서 보듯, 긍정적 마인드세트를 지닌 사람들은 개인적으로나 직업적으로 잘 안 될 때 상황이나 다른 사람이 바뀌기를 기다리지 않고 스스로 해야 할 일을 찾습니다. 주저앉아서 불평하고 남을 탓하지 않고, 스스로에게 권한을 부여하여 변화를 도모합니다.

한편, 긍정적 마인드세트의 반대인 부정적 마인드세트는 어떤 특징을 지니고 있을까요?

부정적 마인드세트를 지닌 사람은 무엇을 하겠다는 동기가 부족합니다. 이 세상에서 자신이 할 수 있는 일은 없다고 믿기 때문에 어떤 일을 하고 싶거나 해야겠다는 동기가 부족합니다. '난 뭘 해도 안 돼. 이것도 안 되고 저것도 안 돼' 하며 무기력감에 빠지고 삶에 대한 통제능력이 없어집니다.

아무것도 바뀌지 않을 거라는 절망감에 빠집니다. 이런 절망감에 깊이 빠져 헤어 나오지 못할 때 스스로 목숨을 끊기도 합니다. 어떻게 하더라도 세상이 바뀌지 않을 것 같으니까요.

사람들과 세상에 대한 불신이 깊습니다. 다른 사람들은 나를 이해하지 못할 것이고 도와주지도 못할 거라고 생각합니다. 특히 어려서부터 지속적인 학대를 받은 아이들이 불신이 깊습니다. 세상이 불공평하다고 생각하며 원망합니다.

자신은 사랑받을 가치가 없으며, 있는 그대로 받아들여지지 못할 거라고 생각합니다. 쌍꺼풀 수술을 하거나 화장을 해야 사랑받을 것이고 공부를 잘해야 사랑받거나 가치 있는 사람이 된다고 생각합니다.

회복탄력성이 높은 아이의 특징

긍정적 마인드세트를 통해서 궁극적으로 아이들을 도와주는 방법은 회복탄력성과 심리적 면역력을 길러주는 것입니다. 아이들이 겪는 고통과 어려움을 이해하고 공감해 주는 것도 중요하지만, 궁극적으로는 회복탄력성과 심리적 면역력을 갖추게 해줘야 합니다. 그래야 졸업하고 선생님과 헤어져도, 부모님이 떠나도 자생력 있게 살아갈 수 있습니다. 그게 바로 어른이 해야 할 일입니다.

그렇다면 회복탄력성이 높은 아이들은 어떤 아이들일까요? 부모님들과 선생님들은 아이들을 어떤 아이들로 키워야 하는 걸까요?

실수를 배움을 위한 경험이라고 생각한다

회복탄력성이 높은 아이들은 실수를 하더라도 배움을 위한 경험이라고 생각합니다. 유머감각이 있어서 실수를 하더라도 그게 세상의 끝이라고 생각하지 않습니다. 자신의 결점도 유머러스하게 받아들일 수 있습니다.

타인의 지지와 도움을 편하게 느끼고 감사한다

회복탄력성이 높은 아이들은 타인의 지지와 도움을 편하게 느끼고 감사할 줄 압니다. 남을 도와주는 건 잘하면서 남이 도와준다고 하면 싫어하는 사람들이 있습니다. 그것은 건강하지 않은 태도입니다. 도움을 줄 수도 있고 받을 수도 있고, 필요하다면 도움을 요청할 수도 있어야 합니다. 오랜 기간 방치됐거나 학대를 받은 아이들은 도움을 청하지 못합니다. 타인의 지지를 불편하게 여기지요.

자신이 통제할 수 있는 일에 집중하고 몰입한다

회복탄력성이 높은 아이들은 열악하고 고통스러운 환경 속에서도 자신이 통제할 수 있는 일에 시간과 에너지를 활용할 줄 압니다. 부모가 싸우는 것처럼 자신이 통제할 수 없는 일은 놔두고, 축구를 하거나, 피아노를 치거나, 책을 읽는 등 자기가 할 수 있고 좋아하는 일에 시간과 에너지를 쏟습니다.

문제 해결이 가능하다고 믿는다

회복탄력성이 높은 아이들은 문제를 해결할 수 있다고 믿습니다. 문제 해결은 스트레스 상황에서 하는 것보다 마음의 평화(안전감)를 되찾은 뒤에 하는 것이 안전합니다. 스트레스를 받으면 시야와 사고의 폭이 좁아지기 때문입니다.

심장호흡을 하면서 마음속으로 문제를 서너 걸음 떨어져서 바라보는 상상을 합니다. 그러면 스트레스가 가라앉고 산더미 같던 문제가 서서히 작게 보이면서 시야가 넓어집니다. 그리고 좀더 바람직한 해결책을 찾을 수 있게 됩니다.

스스로 결정하고 선택한다

회복탄력성이 있는 아이들은 스스로 결정하고 선택할 수 있습니다. 스스로 선택하고 결정한다는 것은 결국 실존적 삶을 사는 것입니다. 자기가 원하는 것을 선택하고, 그 선택에 대해 책임을 집니다.

선택권을 박탈당하면 무기력해지기 쉽습니다. 억지로 마지못해 하거나, 저항감과 반발심으로 일을 그르치거나, 일에 속도와 효율이 나지 않습니다. 우리 어른들도 예전에 방학 숙제로 독후감을 쓰려면 책 한 쪽 읽는 데도 몇 시간이 걸렸지만, 자신이 고른 흥미로운 책이라면 하루에 한두 권도 읽었던 기억이 있을 것입니다.

감정코칭은 선택의 여지를 넓혀주고 본인이 결정할 수 있도록 권한을 부여해 주는 것입니다. 그러면 과정도 즐겁고 신날 뿐 아니라 어려워도 끝까지 하려는 의지와 결과에 대한 책임감도 생깁니다.

자신의 장점을 알고 발전시킨다

회복탄력성이 있는 아이들은 아무리 작은 것이라도 자신의 장점을 알고 발전시킬 줄 압니다. 김연아 선수가 처음부터 스케이트를 잘 타지는 않았을 것입니다. 박태환 선수도 처음 수영을 배울 때는 진도가 좀 느린 편이었다고 합니다. 하지만 자신이 잘하고 좋아하는 것을 알고 꾸준히 노력했기에 세계 최고가 된 것이지요.

자존감이 낮고 문제를 일으키는 학생들은 자신의 장점을 잘 모르거나, 안다 해도 별것 아니라고 생각합니다. 장점의 가치와 특별함을 알려주고, 장점이 유익하게 쓰일 수 있도록 의미를 찾아주는 것은 부모와 교사의 몫입니다. 가치나 의미는 전두엽이 어느 정도 성숙해야 생각할 수 있는 것이고, 인생 경험이 어느 정도 누적되어야 개인을 떠나 공동체에 유익하게 사용되는 방법을 생각할 수 있기 때문입니다.

문제 상황을 회피하거나 부인하지 않는다

회복탄력성이 높은 아이들은 문제에 부딪쳤을 때 남 탓을 하거나, 회피하거나 포기하지 않습니다. 부모님의 연이은 사망으로 졸지에 고아가 되었던 혜림이는 처음에 친구들에게 부모님이 외국에 돈을 벌러 가셨다고 거짓말을 했습니다. 그러다 거짓말이 탄로 나자 더 큰 거짓말을 했고, 결국 왕따를 당했습니다. 학생들에게 왕따와 놀림을 당하면서 혜림이의 발음이 불분명해졌고, 이로 인해 더 놀림을 당하는 악순환이 시작되었습니다.

다행히 상담선생님에게 감정코칭을 받고, 자신의 장점을 50가지 발견하고, 다행일기와 선행일기를 석 달 동안 써보면서 회복탄력성이 증가했습니다. 스트레스도 거의 없어졌고, 우울증과 불안증도 안전 수준으로 치유되었습니다.

그후 혜림이는 친구들에게 부모님이 병으로 돌아가셨다는 이야기도 했고, 발음이 어눌하고 불분명한 것을 숨기려 하지 않고 언어치료를 받겠다고 했습니다. 자신이 바라는 것이 단지 반 친구들의 놀림을 피하는 것이 아니라 깊이 있고 진실한 친구를 사귀는 것이라는 것도 알게 되었고, 그러기 위해서는 솔직하게 자신의 문제에 직면해야 한다는 것도 배웠습니다.

긍정적 마인드세트와 장점치료

긍정적 마인드세트와 장점치료는 일맥상통합니다. 장점을 찾으려면 긍정성을 높여야 하고, 긍정성을 높이려면 관계에서 장점을 찾고 표현해 주며 호감과 존중의 문화를 만들어가야 합니다.

민구는 초등학교 3학년입니다. 민구는 주위 아이들을 괴롭히고, 수업을 방해하고, 교실 어항의 물고기를 꺼내서 죽이고, 화분을 뒤집어엎었다는 이유로 상담실로 보내졌습니다. 중국집을 운영하는 민구의 부모님은 밤 12시쯤에야 귀가합니다. 그래서 민구는 학교가 끝나면 태권도장에 다녀온 후 친구들과 군것질을 하며 여기저기 돌아다니다가 집에 와서는 혼자 텔레비전을 보고 잡니다.

민구는 기초학력이 낮고 아직 구구단을 외지 못하는 등 성적은 하위권이었습니다. 상담실에 온 민구는 장난거리를 찾아서 두리번거리고 회전의자에 앉자마자 의자를 빙빙 돌리면서 재미있다고 했습니다.

상담선생님은 상담의뢰서를 통해서 민구의 단점을 이미 알고 있었지만 단점을 지적해서 고쳐줄 생각은 하지 않았습니다. 반대로 민구의 장점이 무엇일까 살펴보기 시작했습니다(긍정적 마인드세트와 장점치료).

회전의자를 빙빙 돌리면서 즐거워하는 것을 보고 민구가 장난기가 많고 밝고 활동성이 높다는 걸 알 수 있었습니다. 그래서 민구 옆에서 같이 회전의자에 앉아 서로 얼마나 빨리 돌릴 수 있는지 시합을 했습니다. 민구는 신이 나서 놀더니 갑자기 "선생님도 이런 장난을 좋아하세요?"라고 눈을 동그랗게 뜨고 물었습니다. 선생님도 어릴 때 개구쟁이였고 지금도 장난을 좋아한다고 하자 민구는 아주 즐거워했습니다.

민구가 조금 차분해지자 선생님은 민구가 가장 좋아하는 게 무엇인지 물었고(긍정적 마인드세트), 민구는 곤충이라고 했습니다. 특히 장수풍뎅이를 가장 좋아한다며 그림을 그리고 장수풍뎅이에 대해 아는 바를 열심히 이야기했습니다(장점치료). 물고기도 좋아하는데, 물고기 지느러미를 만져보고 싶어서(긍정적 마인드세트) 교실 어항에서 꺼냈는데 손에서 미끄러져서 바닥에 떨어졌고, 짝이 모르고 밟아서 죽었다며 눈물을 흘렸습니다(긍정적 마인드세트).

화분 사건에 대해서도 민구의 입장은 달랐습니다. 화분 속에 작은 벌레가 있어서 만지려니까 흙속으로 들어갔고, 손가락을 찔러보다가 안 돼서 화분의 흙을 다 꺼냈다는 것입니다(긍정적 마인드세트).

상담선생님은 민구의 의도를 믿어주었고(긍정적 마인드세트), 곤충과 물고기에 대한 민구의 관심을 존중해 주었습니다(장점치료). 선생님도 어릴 때 곤충을 좋아했고, 특히 개미를 관찰하는 것을 가장 좋아했다고 말했습니다(공감과 긍정적 마인드세트). 이후 민구에게 곤충도감도 주고(장점치료) 민구 부모님께 세계곤충박람회에 민구와 함께 가보시도록 권했습니다(긍정적 마인드세트).

요즘 민구는 수업을 방해하는 일이 거의 없습니다. 수업이 재미없으면 조용히 곤충도감을 보거나 곤충을 그리는 것을 허락받았기 때문입니다(장점치료). 민구의 꿈은 언젠가 파브르 같은 곤충학자가 되는 것이라고 합니다(장점치료).

선영이 아빠는 선영이의 장점을 알고는 있었지만 고쳐야 할 단점이 훨씬 많다고 여겨왔습니다. 어려서부터 칭찬만 해주면 버릇이 나빠지고 자만에 빠질까 염려한 부분도 있었습니다. 하지만 이런 의도와 달리 선영이와는 원수처럼 지냈고, 감정코칭 수업 중에 선영이의 장점을 찾아보면서 하마터면 소중한 딸을 망칠 뻔했다는 것을 깨달았습니다.

장점을 찾아주자 선영이는 아빠에게 마음의 문을 열었습니다. 그리고 엄마와 아빠의 장점을 찾아주었습니다. 아빠는 선영이가 찾은 아빠와 엄마의 장점들을 보며 눈물을 흘렸습니다. 다음은 선영이가 적은 아빠의 장점 50가지 중 25가지를 추린 것입니다.

똑똑하다 / 운전을 잘한다 / 한 번 간 장소와 길을 잘 기억한다 / 영어를 잘한다 / 합리적이다 / 가족을 위해 열심히 일한다 / 책임감이 많다 / 능력이 높다 / 돈을 아끼고 낭비하지 않는다 / 전기를 아끼고 낭비하지 않는다 / 할머니께 효도한다 / 추위를 안 탄다 / 어려움을 잘 참는다 / 목소리가 우렁차다 / 노래를 잘 부른다 / 잘생겼다 / 낚시를 잘한다 / 가족을 위해 장거리 여행을 잘한다 / 엄마를 잘 챙긴다 / 외박하지 않는다 / 학교 때 공부를 잘했다 / 텔레비전에서 방송대학은 꼭 본다 / 전화비를 아낀다 / 저축을 잘한다 / 미래를 대비한다

선영이 아빠는 힘들 때마다 딸이 적어준 자신의 장점 리스트를 보며 힘을 냅니다. 선영이 역시 부모님이 자신의 장점을 찾아준 후 부모님과의 사

이도 좋아졌고 공부에도 취미가 붙었으며 집에 오는 게 즐거워졌습니다. 장점 찾기를 통해 긍정적 마인드세트가 된 후 선영이네 가족은 예전보다 훨씬 행복해지고 평화로워졌습니다.

　민구의 부모님은 이제까지 민구가 '싹이 노랗다'고 걱정만 하고 무엇을 고쳐줄까 생각하며 꾸지람만 했습니다. 그러나 요즘은 민구가 좋아하는 곤충에 대해 아빠도 관심을 갖고 함께 곤충박람회도 갑니다. 문제에 집중할 때는 걱정스럽기만 하던 아들이 장점에 집중하고 장점을 키워주다 보니 누구보다도 자랑스러운 아들이 된 듯하여 부모님은 이루 말할 수 없는 기쁨을 느낍니다.

30장

교실과 가정에서 아이와 함께하는 놀이

🌱 함께하는 긍정적인 문화를 만들자

개별적인 감정코칭도 필요하지만, 교실과 가정의 문화가 긍정적으로 바뀌어야 합니다. 그래야 근본적이고 지속적인 변화가 일어날 수 있습니다.

교실의 문화가 긍정적으로 바뀌면 소란과 무질서, 폭력, 무례함, 욕설 등이 사라지고 평화롭고 안전하며 즐겁게 공부할 수 있는 분위기가 될 것입니다. 우리의 뇌는 안전감을 느껴야 학습을 제대로 할 수 있습니다. 욕설과 폭력이 난무하는 곳에서는 공부를 제대로 할 수 없습니다.

안전하고 편안한 교실·가정 문화를 만드는 것은 작은 실천으로 시작될 수 있습니다. 아침에 만나면 반갑게 인사하기, 서로 그날의 좋았던 일 한 가지씩 말해 보기, 서로의 장점을 찾아주고 말해 주기 등은 쉽고 시간도 많이 들지 않는 방법들입니다.

그런 작은 활동들을 통해 가정과 교실의 분위기가 긍정적이고 우호적이며 안전하게 바뀌면 부모와 자녀, 교사와 학생, 그리고 학생들 간의 관계가 더욱 좋아질 것이고, 학습 문화도 긍정적으로 변화할 것입니다. 다음은 긍정적인 교실과 가정의 문화를 만들기 위해 함께 할 수 있는 몇 가지 구체적인 방법들입니다.

🌱 사랑의 지도 그리기

　사랑의 지도 그리기는 가트맨 박사가 제안하는 '관계의 건강한 집' 중 가장 기초가 되는 것으로, 서로의 내면세계를 알아가는 것입니다. 낯선 곳에 갈 때 지도를 가지고 가면 무작정 헤매는 것보다 안전하고 빠르게 원하는 곳에 찾아갈 수 있듯, 서로의 내면에 대해 알면 서로의 마음을 좀더 잘 알고 이해하고 가까워질 수 있습니다.

　다만 사춘기 남학생들은 '사랑'에 거부반응을 보일 수 있으므로 '사랑'이란 단어를 꼭 사용할 필요는 없습니다. '사랑의 지도 그리기' 대신 '서로의 내면세계 알기'라고 해도 됩니다.

　미혼인 김진호 선생님은 2년 전에 새로 온 초임 교사 정다해 선생님에게 호감을 가졌습니다. 그래서 매일 점심식사 후에 카페라테를 사다가 정다해 선생님 책상 위에 놓아주었습니다. 처음 한두 번은 정다해 선생님이 가볍게 고맙다는 인사를 했지만, 한 달 정도 지나자 어느 날 다른 동료 교사가 귀띔을 해주었습니다. 정다해 선생님은 커피를 싫어하고 특히 카페라테를 싫어해서 남을 주거나 버린다고요.

　김진호 선생님은 자신이 카페라테를 가장 좋아했기에 정다해 선생님도 좋아할 거라고 막연히 생각했던 것입니다. 그런데 정다해 선생님은 자신이 싫어하는 음료를 매일 갖다 주는 김진호 선생님이 자기중심적인 사람처럼 느껴져서 호감이 떨어졌던 것입니다.

　사랑의 지도 그리기를 한 후 김진호 선생님은 정다해 선생님이 좋아하는 차가 국화차라는 것을 알게 되었고, 그후 유기농 국화차를 한 잔씩 갖다 주며 정다해 선생님과 가까워질 수 있었습니다.

　그리고 서로의 세계를 알아갈수록 교육이나 인생에 대해 비슷한 가치관을 갖고 있음을 알게 되었고, 신뢰감과 친밀감이 생겨 일 년 후 두 사람은 결혼을 했습니다.

사랑의 지도 그리기는 관계를 형성하는 시작이자 관계의 기초입니다. 가족끼리 할 수도 있고, 학교에서 선생님과 학생들이 함께 할 수도 있습니다. 특히 새 학기에 서로에 대해 알 수 있는 좋은 방법입니다. 가족이나 친구들도 막상 사랑의 지도 그리기를 해보면 서로에 대해 잘 모르고 있었다는 것을 알게 될 수 있습니다.

처음에는 단순하고 일상적인 질문들로 시작하는 게 좋습니다. 가장 좋아하는 색이나 음식, 연예인, 노래 등으로 시작해서 조금씩 깊은 내면세계를 알아보는 것입니다. 가장 친한 친구, 가장 존경하는 인물, 가장 아끼는 소지품, 장래 희망, 지금 가장 큰 고민 등등.

사랑의 지도 그리기는 다음과 같이 두 단계로 할 수도 있습니다.

1단계 : 서로에 대해 질문을 한다

아래와 같이 서로에 대해 알 수 있을 질문들을 준비한 후, 각자 돌아가며 질문에 답을 합니다. 질문은 서로에 대해 알 수 있는 것이면 어떤 것이든 좋습니다.

- 내가 가장 좋아하는 연예인은?
- 내가 가장 즐겨보는 TV 프로그램은?
- 내가 가장 가보고 싶은 여행지는?
- 내가 가장 좋아하는 (또는 싫어하는) 동물은?
- 내가 가장 좋아하는 (또는 싫어하는) 과목은?
- 내가 5년 안에 이루고 싶은 꿈은?

고등학교 2학년인 세나와 주희는 처음 만났을 때 서로가 다른 부류라고 느꼈습니다. 외동딸인 세나는 별명이 '왕까도녀(대단히 까칠한 도시의 여자라는 뜻)'였습니다. 새침하고 세련되고 키가 크고 늘씬하며 약간 신경질적이고 친구도 까다롭게 선별하여 사귀는 스타일이었습니다. 반면에 주희는 별명이 '동그라미'로 키가 작고 몸집도 아담하며 동그란 얼굴에 순한 인상이었습니다.

둘은 첫눈에 전혀 공통점이 없는 이방인들 같았습니다. 그런데 겨울방학 감정코칭 캠프에서 사랑의 지도 그리기를 해보니 뜻밖에도 둘은 비슷한 점이 무척 많았습니다. 가장 스트레스 받는 일은 성적이 떨어질 때, 가장 좋아하는 음식은 떡볶이, 가장 좋아하는 과목은 수학, 가장 싫어하는 과목은 한문, 가장 좋아하는 아이돌그룹은 샤이니, 등등.

그러면서 둘은 금세 친해져서 1박 2일의 감정코칭 캠프가 끝나고 돌아갈 때는 손을 잡고 헤어지기를 아쉬워했습니다. 고3이 된 세나와 주희는 지금도 자주 연락하며 친한 친구로 지냅니다. 이처럼 서로의 내면을 알게 되면 훨씬 친근해지고 서로를 이해하기가 쉬워집니다.

2단계 : 추측해 보고 확인한다

1단계를 하고 난 뒤에는 조금 변형된 2단계 방식을 해볼 수 있습니다. '내가……'라고 각자의 이야기를 하는 것이 아니라 '내 생각에 아무개는……'이라고 상대방에 대해 추측해 보고, 자신의 생각이 맞는지 틀린지 확인해 봅니다.

- 내 생각에 민혁이가 가장 좋아하는 동물은 고양이다. 맞니?
- 내 생각에 지원이가 가장 좋아하는 아이돌그룹은 슈퍼주니어다. 맞니?

- 내 생각에 담임선생님이 가장 즐겨 보시는 TV 프로그램은 〈무한도전〉입니다. 맞나요?

이렇게 상대방의 생각을 추측하고 확인하면서 서로에 대해 더 잘 알게 될 수 있습니다. 게임 같은 방식이어서 재미있고, 화기애애한 분위기를 만들어줄 수 있습니다.

주의할 점은, 사랑의 지도 그리기를 하는 목적이 서로를 잘 알고 친해지기 위해서지 서로를 놀리거나 수치스럽게 하기 위해서가 아니라는 사실입니다. 그래서 남에게 상처를 줄 수 있는 질문이나 지나치게 사적인 질문은 하지 않는다는 한계를 정해주어야 합니다. 답하기 싫은 질문이 있다면 답을 하지 않아도 된다고 미리 말해 주는 것도 필요합니다.

예를 들어, "네 남자 친구 이름이 뭐지?" "내 생각에는 네가 코 성형수술을 한 것 같은데, 맞아?" "내 생각에 네 아빠는 친아빠가 아닌 것 같은데, 맞아?" 등은 매우 사적이거나 상처를 줄 수 있는 질문입니다. 이런 질문이 나오면 교사가 바로 개입해야 합니다.

악의나 고의가 아니더라도 이런 질문을 받은 사람은 기분이 상할 수 있으니 다른 적절한 질문으로 서로를 알아가자고 한계를 지어주어야 합니다.

서로의 장점 찾기

서로의 장점을 찾아주는 게임도 관계를 회복하고 긍정적인 문화를 만드는 데 무척 좋은 방법입니다. 이것은 가족끼리라면 언제든지 할 수 있지만,

학교에서는 학기가 시작되고 최소 한 달 정도 지나 서로 어느 정도 아는 사이일 때 할 수 있습니다.

- 먼저, 자신의 장점을 50가지 정도 찾아서 적는다.
- 가족이든, 반 친구든, 동료든, 관계를 개선하고 싶은 사람의 장점을 50가지 정도 찾아서 적고 말해 준다.

HD 교실 학생들을 가르쳤을 때, 처음 일주일 동안은 학생들이 너무나 소란스러웠고 저와의 대화는 거부했습니다. 그래서 매일 새벽이면 '오늘은 어떻게 해야 할까?' '무슨 이야기를 해야 할까?'가 고민이었습니다.

그러던 어느 날 문득 학생들의 장점을 찾아줘야겠다는 생각이 들었습니다. 그래서 빨간 색종이를 하트 모양으로 오려서 일주일 동안 봤던 학생들의 장점을 25가지씩 써주었습니다.

아이들은 그 종이를 받자 표정이 달라졌습니다. 그리고 보물처럼 갖고 다니면서 너덜너덜해질 때까지 꺼내서 보고 또 보았습니다. 이렇게 선생님이 먼저 장점을 찾아주는 모범을 보이면 학생들 사이에 그런 문화가 자연스럽게 자리 잡을 수 있습니다.

그러자면 먼저 선생님들이 자신의 장점을 최소한 50가지를 알아야 합니다. 장점을 50가지나 갖고 있는 사람이 어디 있느냐고 생각할 수 있지만, 모든 사람은 그만큼의 장점을 갖고 있습니다. 스스로 자신의 장점을 모르면 남이 아무리 인정해 줘도 알 수 없습니다.

자신의 장점을 먼저 찾은 다음, 배우자건 자녀건 학생이건 동료 교사건 교장선생님이건, 관계를 개선하고 싶은 사람이 있다면 그 사람의 장점을 찾아줍니다. 서로 그렇게 하다 보면 놀랄 정도로 관계가 회복됩니다. 문제가 있는 학생의 경우, 이렇게 장점을 찾아주는 것이 어떤 벌을 주는 것보다 훨씬 더 효과가 있습니다.

초등학교 5학년 남학생이 학교를 그만두겠다고 해서 만났던 적이 있습니다. 혼자 장사를 하며 아들을 키우던 어머니는 무척 속상해하셨죠. 아이의 상황을 들어보고 감정코칭을 해주고 난 후, 언제부터 학교에 다니기 싫었느냐고 물었습니다. 선생님이 자기가 제일 좋아하는 여자아이 앞에서 자신을 야단친 다음부터 가기 싫어졌다고 하더군요.

저는 그 남학생에게 감정코칭을 해주면서 장점을 찾아주었습니다. 비판정신이 뚜렷하고, 머릿결이 굉장히 곱고, 운동을 좋아하고, 의리가 있고, 자존감도 강하고, 등등 여러 가지 장점을 갖고 있는 아이였거든요. 그런 과정을 통해 그 학생과 저는 서로 신뢰를 갖게 되었고, 아이는 결국 학교에 다시 다니고 싶어 하게 되었습니다.

그런데 아이는 학교에 가서 선생님을 다시 만나는 걸 무척 어려워했습니다. 그래서 저는 선생님의 장점을 50가지 적어보라고 했습니다. 두 달 만에 학교에 복귀하면서 아이가 선생님께 장점 리스트를 드리자, 선생님이 아이를 대하는 태도가 완전히 달라졌다고 합니다.

지금 그 학생은 중학교 2학년인데, 학급 반장을 하고 있고, 또래관계도 무척 좋아졌습니다. 이렇게 장점 찾기는 그 어떤 처벌이나 훈계나 비판보다 효과가 있습니다.

매일 함께하는 의식 만들기

　가족끼리, 또는 선생님과 학생들이 매일 함께 할 수 있는 의식이 있습니다. 의식(儀式)은 영어로는 리추얼(ritual)인데, 예법에 맞게 일정하게 치르는 절차를 가리킵니다. 의식은 대개 다음 3요소를 갖추고 있습니다.

　첫째, 매번 같은 방식으로 일정하게 규칙적으로 반복됩니다. 국민의례, 미사, 예배, 제사 등의 의식은 정해진 날짜와 시간에 매번 거의 같은 방식으로 진행됩니다. 어느 날은 국민의례를 춤으로 추고 어느 날은 영어로 하는 등 내키는 대로 한다면 의식이 아니라 파티나 축제나 이벤트입니다.

　둘째, 의식은 공유하는 것입니다. 혼자서 한다면 독무대나 공연이지 의식이 아닙니다. 결혼식, 예배, 조례 등은 혼자가 아닌 공동체나 집단으로 합니다. 가족이 함께 하는 의식도 가족 구성원이 최소한 두 명은 되어야 의식이라 하겠지요.

　셋째, 의미가 있어야 합니다. 대개 의식에는 여러 상징적 의미가 있고, 하는 사람들은 그 가치를 압니다. 초등학교 입학식 때는 뜻 모르고 국기에 대한 경례를 했다 하더라도, 졸업식 때는 국기의 상징적 의미와 가치를 어느 정도 이해하게 됩니다. 예배나 미사를 드린다면 십자가의 의미를 알게 되고, 제사나 불공을 드리면 절을 하는 의미를 배우게 됩니다.

　예전에 가정에서는 아침에 일어나면 손아래 사람들이 손위 어른들께 문안인사를 드리고, 식사할 때는 어른들이 먼저 수저를 드는 등 일상 곳곳에 크고 작은 의식들이 있었습니다. 이것이 가정의 문화가 되고 가풍이 되고 가훈이 되어 다음 세대에게 정신적 유산으로 전해졌지요.

　하지만 요즘은 아침에 눈을 뜨면 텔레비전을 켜고, 아이들은 식사하면서 휴대전화의 문자나 메일을 확인하고, 아빠는 새벽같이 출근하여 인사할 겨를도 없고, 자녀들은 학교 갔다가 학원 몇 군데 갔다가 어두워진 후에야 귀가하여 자기 방으로 들어가버리고…… 서로가 무엇을 하는지, 어떻게 지내는지, 언제 잠드는지도 모른 채 하루를 마감합니다.

쉽고 즐거운 가족의 의식을 다시 만들어보면 어떨까요? 여러 가지 방법이 있겠지만, 다음에 소개하는 것은 긍정심리학의 대가인 마틴 셀리그먼(Martin Seligman, 1942~) 박사가 가족과 함께 매일 밤 한다는 의식을 약간 수정한 것입니다. 각자의 가정이나 교실 상황에 맞게 약간씩 내용을 달리해도 좋습니다.

이 의식을 가족이 함께 한다면 매일 밤 잠자리에 들기 전에 한자리에 모여서 하면 되고, 학교에서 한다면 수업 시작 전 조례시간이나 수업 끝난 후 종례시간에 10분 정도 시간을 내서 하면 됩니다.

오늘[어제] 있었던 일 중 좋았던 일은?

- 엄마 : 오늘 엄마가 만든 음식을 식구들이 맛있게 먹어주어서 좋았어.
- 아빠 : 오늘 아빠 회사에서 프로젝트 발표한 것이 잘되어 좋았어.
- 딸 : 오늘 좋았던 일은 수학 시험에서 90점을 받은 일이에요.
- 아들 : 오늘 수업 끝나고 친구들이랑 축구 했던 게 좋았어요.

이런 식으로 각자 좋았던 일을 돌아가면서 하나씩 이야기합니다. 좋았던 일은 많이 생각할수록 좋으므로 세 바퀴 정도 도는 게 좋습니다.

오늘[어제] 다행이었던 일은?

- 엄마 : 오늘 더운데 바람이 불어서 다행이었어.
- 아빠 : 오늘 건강검진 결과가 나왔는데 아무 이상이 없다고 해서 다행

이었어.
- 딸 : 오늘 아침에 지각하지 않아서 다행이었어요.
- 아들 : 오늘 짝이랑 다퉜는데, 금방 화해할 수 있어서 다행이었어요.

이렇게 돌아가면서 그날 다행스러웠던 일을 한 가지씩 이야기합니다.

오늘[어제] 고마웠던 사람이나 일은? 그 이유는?
- 엄마 : 아침에 지하철 계단을 오를 때 무거운 짐을 함께 들어준 분이 고마웠어.
- 아빠 : 오늘 저녁식사를 맛있게 차려준 엄마에게 고마워.
- 딸 : 오늘 아침에 늦지 않도록 엄마가 깨워주셔서 고마웠어요.
- 아들 : 오늘 과제물을 안 가지고 갔는데 빌려준 친구 민호가 고마워요.

이렇게 돌아가면서 고마웠던 사람이나 일을 한 가지씩 이야기합니다.

오늘 밤 내가 꾸고 싶은 꿈은?

자신이 소망하는 것, 즉 꿈을 오늘 밤 꾸고 싶은 꿈으로 이야기해 보는 것입니다. 이것은 아이들의 상상력과 창의력을 키워주는 데 큰 도움이 됩니다. 그리고 진정 원하는 꿈을 말하고 상상하면 언젠가는 이루어집니다.

- 엄마 : 오늘 밤 내가 꾸고 싶은 꿈은 우리 가족이 함께 호주를 여행하는 꿈이야.
- 아빠 : 오늘 밤 내가 꾸고 싶은 꿈은 다음 달에 승진 심사에 합격하는 꿈이야.

- 딸 : 오늘 밤 내가 꾸고 싶은 꿈은 반 친구들과 모두 친하게 지내는 꿈이에요.
- 아들 : 오늘 밤에는 거대한 장수풍뎅이 등에 타고 정글을 탐험하는 꿈을 꾸고 싶어요.

이렇게 꾸고 싶은 꿈을 하나씩 이야기한 다음, 다 같이 눈을 감고 천천히 심장호흡을 하면 무척 마음이 편안해집니다.

장점 말하기

가족 구성원이 세 명이든 네 명이든 다섯 명이든, 하루에 한 사람을 정해서 나머지 가족들이 그 사람의 장점을 말해 줍니다.

- 지민이의 장점은?
  엄마 : 음식을 골고루 잘 먹는다.
  아빠 : 인사를 잘한다.
  누나 : 축구를 잘한다.

같은 방식으로 교실에서 매일 조례나 종례시간에 '우리 교실의 의식'을 해도 좋습니다. 선생님이 가정에서 먼저 해보고 그 느낌과 효과를 확인한 후 교실에 적용하면 더 좋을 것입니다.

송현주 선생님은 6학년 담임입니다. 한동안 무기력과 짜증 속에서 지냈으나, 감정코칭을 배우고 난 뒤 학생들과의 관계가 아주 좋아졌고 스트레스도 훨씬 줄었습니다.

송현주 선생님은 아침에 수업을 하기 전에 '시프트 앤드 샤인(Shift and

Shine)'이라는 의식을 학생들과 함께 합니다. 시프트 앤드 샤인은 하트매스 연구소에서 개발한 방법 중 하나로, 먼저 오른손을 심장에 얹고 집중한 후(heart focusing), 심장으로 서너 번 천천히 고르게 호흡을 합니다(heart breathing). 그러고 나서 심장에서 따뜻한 기분을 느끼며(heart feeling), 따뜻하고 환한 빛이 자신의 심장에서 뻗어 나와 자신이 가장 보살펴주고 싶은 대상에게 비추는(shine) 것을 상상하면서 5분 정도 고르게 호흡하는 것입니다.

대략 5~7분 정도 밖에 걸리지 않지만 이 의식을 하고 나서는 학생들이 하루를 평화롭고 안정적으로 시작하게 되었습니다.

그리고 교실에서 '짜증나' '재수 없어' '미쳤냐?' 같은 과격하고 부정적인 표현을 부드럽고 긍정적인 표현으로 바꾸기로 했습니다. '짜증나'는 '좀 화가 나'로, '재수 없어'는 '기분 나빠'로, '미쳤어?'는 '무슨 뜻인지 잘 모르겠어' 등으로.

종례시간에는 의례적인 종례 대신 감정코칭 워크숍에서 배운 '체크아웃'이라는 것을 합니다. '체크아웃'이란 한 명씩 돌아가면서 현재 자신의 신체 상태나 기분을 간단히 얘기하고, 그날 가장 좋았던 일이나 고마웠던 사람을 말하는 것입니다.

체크아웃을 하면서 학생들은 서로 고마운 일을 많이 나눌 줄 알게 되었습니다. 학용품을 빌려주거나 나눠 쓰고, 잘 모르는 것을 서로 가르쳐주고, 초콜릿이나 과자를 나눠 먹고, 지각할 것 같을 때는 같이 뛰어주고, 무거운 책가방을 들어주고, 청소할 때 도와주고 기다려주고.

학교가 깨끗하고 나무가 많아서 고맙다, 급식을 만들어주시는 영양사 선생님이 고맙다, 아침마다 인사를 받아주시는 수위아저씨가 고맙다 등 고마운 대상과 내용도 점점 다양해졌습니다. 그래서 매일 보물상자를 열어보는 기분입니다.

아침에 3분, 오후에 15분, 시프트 앤드 샤인과 체크아웃 시간에 좋았던 일을 떠올리고 고마움을 나누면서 교실 분위기는 점점 밝고 따뜻하고 행복하게 변하고 있습니다.

매일 교실에서, 또는 가족끼리 이런 의식을 해보면 하기 전과 후에 기분이 정말 달라지는 것을 느낄 수 있을 것입니다. 가족이나 교실의 분위기가 정말 따뜻해지고 즐거워지고 풍요로워집니다.

지난 30~40년 동안 한국의 가정과 학교는 외형적·물질적으로는 그전과 비교할 수 없을 정도로 커지고 화려해지고 풍족해졌습니다. 하지만 마음과 정신은 어떤가요? 불과 한 세대 전에는 당연하게 여겨졌던 어머니의 도시락이나 가훈 등은 사라졌고, 교실에 감돌던 훈훈하고 흥겹던 분위기도 자꾸 사라지고 있습니다.

이제는 정신적인 빈곤에서 탈피할 시대입니다. 삶의 질을 높인다고도 할 수 있지요. 함께 만드는 우리 가정·교실·학교·직장의 문화는 구성원 모두가 서로 존중하고 배려하며, 즐겁고, 따뜻하고, 평화로우며, 모두가 성장하는 사회로 만드는 데 도움이 될 것입니다.

에필로그

누구나 감정코칭형 사람이 될 수 있다

감정코칭에는 네 가지 요소가 존재합니다. '코치'가 있고, 코치 받는 '대상자'가 있고, 그들 사이에 '감정'이 오가고, '코칭'이란 행위가 실행되지요.

그래서 가장 먼저 대상자인 청소년들에 대해 이해하고자 했습니다. 뇌과학과 심리학, 인간발달학 이론을 설명했고 감정에 대한 다양한 연구를 소개했습니다. 하지만 남의 감정을 알기 전에 나의 감정을 알아차려야 하고, 남의 감정을 다스리기 전에 내 감정부터 다스려야 합니다. 그래서 '초감정'이라는 복잡한 현상을 사례와 함께 소개했습니다.

이해로 끝난다면 소용없습니다. 학(學)이 있으면 습(習)이 따라야 하듯이 '초감정'을 알아차리는 방법을 구체적으로 소개했습니다. 그리고 스트레스 관리법과 자기진정법을 쉽게 실천할 수 있도록 상세히 소개했습니다.

그런 후에 감정코칭의 5단계를 소개했습니다. 얼핏 보면 단순한 5단계지만, 각 단계의 저변에 깔린 학문적 바탕을 드러내 보이고자 했습니다.

그다음에는 감정코칭을 더 잘할 수 있는 방법들과 어려운 상황에서 효과적으로 대처할 수 있는 방법들을 주제별로 소개했습니다. 전문가들이 절대적으로 부족한 현장에서 대략적이라도 문제를 파악하고 응급 대처할 수 있도록 상식 수준보다 더 방대하게 다루었습니다.

이 책을 한꺼번에 처음부터 끝까지 다 읽으실 필요는 없습니다. 필요할 때마다 쉽게 찾아보실 수 있도록 주제별로 장을 구성했습니다.

이제 공은 독자 여러분에게 넘어갔습니다. 실천은 전적으로 독자 여러분에게 달렸습니다. 독자 여러분이 다양한 만큼 감정코칭을 받아들이는 정도 역시 다양할 것입니다.

본래 감정코칭형인 분은 '아, 내가 참 잘해왔구나' 하면서 확신을 얻으셨을 것입니다. 방관형은 '내가 반밖에 모르고 있었구나' 하면서 남은 반에 대한 의지가 생기셨을 것입니다. 축소전환형은 '어이쿠, 큰일 날 뻔했네' 하고 반성하면서 새로운 의지를 품으셨을 것입니다. 억압형은 '아, 그랬었구나. 하지만……' 하면서 깨달음은 얻으셨으되 '과연 내가 변할 수 있을까' 하고 의문을 품고 계실지 모릅니다.

그래서 이 책을 마무리하면서 개인적 경험을 이야기하고자 합니다. 저(최성애)는 본래 감정코칭형이었습니다. '운 좋게 태어난' 덕입니다. 부모님 두 분이 모두 감정코칭형이었기에 말 그대로 '잘 태어난' 것이지요. 저(조벽)는 본래 억압형이었습니다. 잘못 태어나서가 아니라 살아온 환경과 과정이 그리 만들었기 때문입니다.

저(조벽)는 1970년대 초, 만 17세에 혼자 미국으로 유학을 갔습니다. 모든 게 새롭고 도전이고 힘겨웠습니다. 가난한 나라의 사람이 최고의 부자 나라에서 살기 위해서는 마음을 강하게 먹어야 했습니다. 생존하기 위해, 가족을 위해, 국가를 위해 살아야 했기에 '나라는 존재에 신경 쓸 겨를은 없었고 '나의 감정'에 충실할 여유가 없었습니다. 더군다나 기계공학을 전공했기에 감정이 배제된 환경에서 감정을 배제하는 것이 당연하다고 느꼈습니다.

결혼하고 자식을 낳고 키울 때도 저의 초감정(당위적 삶)이 항상 발동했습니다. 아이들의 감정을 포착하지 않고 행동에 초점을 맞추었습니다. 아이들은 엄하게 키워야 제대로 키우는 법이라고 생각했습니다. 학생들에게도 엄하게 대했습니다. 그것이 교수의 권위를 지키는 법이라고 배웠습니다.

하지만 엄한 것과 억압적인 것을 분별하지 못했습니다. 엄한 것은 원칙을 고수하되 한계 안에서는 자유를 주는 것이고, 억압적인 것은 감정조차 허락하지 않고 '내 말대로 해'라는 것이지요. '감정은 수용하되 행동은 수정하라'는 감정코칭은 엄함을 요구합니다. 단, 엄한 방법이 부드러운 것입니다.

다행히 저는 제 처를 통해 억압형에서 감정코칭형으로 상당히 많이 변할 수 있었습니다. 그 결과 아이들이 저를 최고의 아빠라고 믿고 사랑해 주었고, 학생들이 최고의 교수로 인정해 주었으며, 학내 분쟁을 해소해 주는 옴부즈맨으로 활동할 수 있었고, 미국의 상류사회에 진입할 수 있었습니다.

반평생 강하게 살아온 제 모습은 가난했던 한국이 강대국들의 틈바구니에서 경제대국에 진입하기 위해 인성과 감성은 뒤로 하고 강하게만 살아온 모습을 빼닮았습니다. 그러던 제가 감정코칭형으로 변할 수 있었다면 한국사회에서 억압형으로 키워진 많은 분들도 변하실 수 있을 거라고 믿습니다.

이 책을 여러분 모두를 위해 썼다고 말씀드리는 이유가 조금은 이해가 되셨기를 바랍니다. 많은 가정과 학교가 위기에 처한 오늘날 한국에서 감정코칭을 통해 좀더 많은 아이들과 어른들이 가까워지고, 밝아지고, 인성을 회복하기를 기대합니다.

2012년 7월
최성애, 조벽

감사의 글

『최성애·조벽 교수의 청소년 감정코칭』은 하루아침에 뚝딱 쓰인 책이 아닙니다. 외국의 이론과 학문적 내용을 그대로 한국 현장으로 수입해 온 것도 아닙니다.

흔히 책 출간을 출산 과정에 비유하곤 하는데, 저희는 그 이상으로 훌륭한 비유를 알지 못합니다. 아기는 분명 산모의 진통 끝에 태어나지만, 의사, 간호사, 보조원 등 수많은 도우미들의 손길과 지혜가 필요하고, 아버지가 있었고, 조상들이 있었기에 태어날 수 있는 것입니다.

이 책 역시 비록 저희 머리를 통해 나왔지만 수많은 도우미와 지적 조상들이 있습니다. 그분들 모두에게 감사드립니다.

가장 먼저 감정코칭의 창시자인 하임 기너트 박사님께 마음으로 큰절을 올립니다. 그리고 심리학, 인간발달학, 뇌과학 등 감정코칭에 학문적 토대를 구축해 준 수많은 학자들에게도 감사를 드립니다. 그들 모두가 감정코칭의 지적 조상들입니다.

감정코칭을 현재 모습으로 체계화하고 구체화하신 존 가트맨 박사님께 깊은 감사를 드립니다. 존과 줄리 가트맨 부부께는 전문가로서만이 아니라 개인적 차원에서도 감사를 드립니다. 그분들은 저희가 한국에서 감정코칭을 가르칠 수 있도록 허락하셨습니다.

2010년과 2011년에는 저희의 초청에 흔쾌히 응하여 한국에 오셔서 저희의 활동을 전폭적으로 지원해 주셨습니다. 저희와 함께 저술하신 『내 아이를 위한 감정코칭』이 중국어로 번역되어 더 넓은 세상으로 나갈 수 있도록 협력해 주셨고, 저희가 한국을 비롯하여 중미, 남미, 동남아시아, 중국에서 하고 있는 감정코칭 교육을 진심으로 응원해 주셨습니다.

특히 저희가 감정코칭의 5단계를 뇌과학과 심뇌과학(Neuro-cardiology)적으로 새롭게 해석하고 심리상담의 기본 대화방식으로 형식화한 결과에 놀라움을 표하시며, 최고의 교수법으로 체계화된 감정코칭 교육시스템을 미국으로 역수출해 달라는 당부와 격려를 아끼지 않으셨습니다.

2012년 4월 미국 샌 마테오에서 개최된 커플스 컨퍼런스에서 저희가 하는 일을 공식석상에서 알리면서 800여 명의 참석자들로부터 박수를 받게 해주신 세심한 배려에도 감사드리고, 최근 저서인『신뢰의 과학(The Science of Trust)』서두의 감사의 글에서 저희 부부를 두 분의 '친구이자 동료'라고 표현해 주신 데에도 깊은 감사를 드립니다. 가트맨 박사 부부께는 감사하다는 말씀을 드리고 또 드려도 부족하게 느껴집니다.

심뇌과학에 눈을 뜨게 해주신 하트매스 연구소의 캐롤 톰슨과 브라이언 캐베스에게도 감사드립니다. 그들은 저희에게 심뇌과학에 기반을 둔 첨단 IT 도구를 소개해 주고, 저희가 연구소를 방문할 때마다 많은 편리를 봐주었습니다.

수석연구자인 맥크레이티 박사는 저희와 함께 연구 과정과 결과를 논의하는 데 장시간을 할애해 주었습니다. 그 결과, 감정코칭에 또 하나의 최첨단 과학적 기틀을 다지게 되었습니다. 대단히 고맙습니다.

저희가 멕시코와 과테말라에서 영어로 감정코칭을 가르쳤을 때 스페인어로 자료를 번역하고 통역해 준 레온 마르티네즈 님에게도 진심으로 감사드립니다. 브라질에서 포르투갈어 번역과 통역을 맡아준 마가리타 수녀님도 고맙습니다. 중국어 번역과 출판을 관리해 준 한경의 김선희 담당자에게도 감사드립니다.

감정코칭을 전국의 위(Wee)센터 상담사와 상담교사에게 가르칠 수 있도록 감정코칭 연수를 지원해 준 교육과학기술부의 박정희 팀장, 서울시 혁신학교 선생님들에게 감정코칭을 가르칠 기회를 주신 서울시교육청의 관계자들, 전국 중등 수석교사에게 감정코칭을 소개할 수 있게 해주신 교육과학기술부의 김종관 본부장, 전국 초중등 교장선생님께 감정코칭을 소개할 기회를 주신 교과부의 안희숙 연구사에게도 감사드립니다. 그 외에도 여러 지역의 교육지원청의 장학사와 장학관 여러분께 감사드립니다.

저희가 감정코칭을 저소득층이나 위기부부에게 전달하기 위해 추진한 '행복씨앗 심기' 프로젝트를 지원해 주신 대우재단의 김진상 국장과 허재훈 실장께 특별한 감사를 드리고 싶습니다.

첫 번째 씨앗을 성심껏 전파한 김미화, 김희정 선생님과 신미카엘라 수녀님께 깊이 감사드립니다. 이것이 토대가 되어 현재까지 5개 도시에서 수천 명의 고위험군 부부에게 무료로 감정코칭 교육을 실시하고 있습니다.

특히 경주시의 최양식 시장은 저희와 뜻을 같이하면서 경주시에 국립힐링마을 설립을 추진하고 있습니다. 힐링마을이 설립되면 수학여행으로 경주를 찾는 전국의 학생들과 교사들을 비롯하여 수많은 국내외 방문객과 관광객들에게 인성과 감성을 성장시킬 수 있도록 도와주는 기반을 갖추게 될 것입니다. 경주시가 인간관계를 치유하고 회복시키는 세계적 힐링 메카가 될 비전을 한국인 모두와 공유하고 싶습니다.

이 모든 감정코칭 교육 프로그램에 헌신적인 마음으로 참여해준 HD 마음뇌과학연수센터 선생님들은 참으로 고마운 분들입니다. 특히 감정코칭 수석강사로 활약하고 있는 김희정, 김민정 선생님과 신미카엘라 수녀님을 비롯하여 감정코칭 1급 강사인 동시 감정코칭 교육에 적극 협조해준 (가나다 순으로) 김순복, 김영란, 김유정, 김지선, 김진상, 김희주, 박윤희, 박현아, 백미숙, 성인숙, 윤성원, 이봉희, 이학기, 이혜수, 최문선, 최영주, 한숙자, 한이숙, 한정희, 황정현, 황혜숙 선생님께 감사드립니다.

감정코칭을 교실에 시범 실시한 HD 교실을 적극적으로 믿어주고 밀어주신 소피아 수녀님과, 서울시립꿈나무마을 시설아동들에게 감정코칭을 확대 실시하는 프로젝트를 주도해 주신 정말지 수녀님께 진심으로 감사드립니다.

또한 HD 교실 인턴교사로 활약한 김수현, 김민정, 이보리 선생님, 남경데레사 수녀님, 귀한 시간을 내서 봉사해 준 김재숙, 김희주, 성영란, 성은희 선생님을 비롯한 여러 자원봉사자들께 감사드립니다.

특별한 음악적 재능으로 감정코칭 노래를 작사·작곡해 준 김대건 선생님과 치밀한 기획력과 순발력으로 힘을 실어주는 박철민 선생님, 그리고 묵묵히 꼭 필요한 일들을 힘껏 뒷받침해 주는 김형연, 신순분, 조성아, 황애숙 선생님께도 감사드립니다. 그 외에 보조해 주거나 기회가 닿을 때마다 참여한 다른 많은 상담사들께도 감사드립니다. 너무 많은 분들이어서 개별적으로 언급하지 못함을 양해해 주시기 바랍니다.

선생님들이 편리하게 '감정코칭'을 배울 수 있도록 온라인 연수를 개최해 주신 티처빌의 이형세 대표를 비롯하여 많은 관계자에게 감사드립니다.

『최성애·조벽 교수의 청소년 감정코칭』은 해냄출판사의 박신애 편집자가 없었다면 세상에 나올 수 없었을 것입니다. 저희를 위해 많은 일을 하고서도 불평 한마디 없이 힘든 작업을 묵묵히 해주고, 되레 저희에게 피곤하지 않으냐고 걱정해 주었습니다. 세상에 타고난 감정코칭형이 존재한다면 박신애 편집자가 아닐까 싶습니다. 박신애 님을 담당 편집자로 보내준 이혜진 편집장님과 송영석 사장님께도 감사드립니다.

마지막으로 감정코칭을 배우려고 하는 모든 분들께 감사드립니다. 여러분이 진정 우리나라의 희망입니다. 고맙습니다. 정말로 고맙습니다.

최성애, 조벽

최성애 · 조벽 교수의
청소년 감정코칭
초판 1쇄 2012년 7월 22일
초판 41쇄 2025년 8월 10일

지은이 | 최성애 · 조벽
펴낸이 | 송영석

주간 | 이혜진
편집장 | 박신애 **기획편집** | 최예은 · 이나연
디자인 | 박윤정 · 유보람
마케팅 | 김유종 · 한승민
관리 | 송우석 · 전지연 · 채경민

펴낸곳 | (株)해냄출판사
등록번호 | 제10-229호
등록일자 | 1988년 5월 11일(설립일자 | 1983년 6월 24일)

04042 서울시 마포구 잔다리로 30 해냄빌딩 5 · 6층
대표전화 | 326-1600 **팩스** | 326-1624
홈페이지 | www.hainaim.com

ISBN 978-89-6574-345-3

파본은 본사나 구입하신 서점에서 교환하여 드립니다.